어휘가 문해력이다

초등 **6**학년 **2**학기

교과서 어휘

KB218001

교 재 교재 내용 문의는 EBS 초등사이트
내 용 (primary.ebs.co.kr)의 교재 Q&A 서비스를
문 의 활용하시기 바랍니다.

교 재 발행 이후 발견된 정오 사항을 EBS 초등사이트
정 오 표 정오표 코너에서 알려 드립니다.
공 지 교재 검색 → 교재 선택 → 정오표

교 재 공지된 정오 내용 외에 발견된 정오 사항이
정 정 있다면 EBS 초등사이트를 통해 알려 주세요.
신 청 교재 검색 → 교재 선택 → 교재 Q&A

평생을 살아가는 힘,
문해력을 키워 주세요!

문해력을 가장 잘 아는 EBS가 만든 문해력 시리즈

예비 초등 ~ 중학

문해력을 이루는 핵심 분야별 / 학습 단계별 교재

| 어휘 | 쓰기 | ERI 독해 | 배경지식 | 디지털독해 |

우리 아이의 **문해력 수준은?**

더욱 효과적인 문해력 학습을 위한
EBS 문해력 진단 테스트

https://primary.ebs.co.kr/course/literacy

간단하게 문해력 수준을 확인하고
권장 단계에 맞추어 체계적 학습을 시작하세요!

문해력 진단 테스트
테스트 결과에 따라 문해력 수준과 추천 타겟 지수를 알려 드려요!

NEW

내 문해력은 상위 몇 %일까?
문해력 등급 평가

등급으로 확인하는
문해력 수준

문해력
등급 평가
초1 - 중1

어휘가
문해력
이다

초등 6학년 2학기

교과서 어휘

교과서 내용을 이해하지 못하는 우리 아이?
평생을 살아가는 힘, '문해력'을 키워 주세요!

'어휘가 문해력이다'
어휘 학습으로 문해력 키우기

교과서 학습 진도에 따라
과목별(국어/사회/수학/과학)·학기별(1학기/2학기)로 어휘 학습이 가능합니다.

교과 학습을 위한 필수 개념어를 단원별로 선별하여 단원의 핵심 내용을 이해하도록 구성하였습니다.
교과 학습 전 예습 교재로, 교과 학습 후 복습 교재로 활용할 수 있도록 필수 개념어를 엄선하여 수록
하였습니다.

교과 어휘를 학년별 2권, 한 학기별 4주 학습으로
단기간에 어휘 학습이 가능합니다.

한 학기에 310여 개의 중요 단어를 공부할 수 있습니다.
쉬운 뜻풀이와 교과서 내용을 담은 다양한 예문을 수록하여 학교 공부에 직접적으로 도움을 주고자
하였습니다.
해당 학기에 학습해야 할 중요 단어를 모두 모아 한 번에 살펴볼 수 있고, 국어사전에서 단어를 찾는
시간과 노력을 줄일 수 있습니다.

관용어, 속담, 한자 성어, 한자 어휘 학습까지 가능합니다.

글의 맥락을 이해하고 응용하는 데 도움이 되는 관용어, 속담, 한자 성어뿐만 아니라 초등에서 중학
교육용 필수 한자 어휘 학습까지 놓치지 않도록 구성하였습니다.

확인 문제와 주간 어휘력 테스트를 통해 학습한 어휘를 점검할 수 있습니다.

뜻풀이와 예문을 통해 학습한 어휘를 교과 어휘별로 바로바로 점검할 수 있도록 다양한 유형의 확인
문제를 수록하였습니다.
한 주 동안 학습한 어휘를 종합적으로 점검할 수 있는 주간 어휘력 테스트를 수록하였습니다.

효율적인 교재 구성으로 자학자습 및 가정 학습이 가능합니다.

학습한 어휘를 해당 교재에서 쉽게 찾아볼 수 있도록 과목별로 '찾아보기' 코너를 구성하였습니다.
'정답과 해설'은 축소한 본교재에 정답과 자세한 해설을 실어 스스로 공부할 수 있도록 하였습니다.

EBS 〈당신의 문해력〉 교재 시리즈는 약속합니다.

교과서를 잘 읽고 더 나아가 많은 책과 온갖 글을 읽는 능력을 갖출 수 있도록
문해력을 이루는 핵심 분야별, 학습 단계별 교재를 준비하였습니다.
한 권 5회×4주 학습으로 아이의 공부하는 힘,
평생을 살아가는 힘을 EBS와 함께 키울 수 있습니다.

어휘가 문해력이다

어휘 실력이 교과서를 읽고 이해할 수 있는지를 결정하는 척도입니다.
〈어휘가 문해력이다〉는 교과서 진도를 나가기 전에 꼭 예습해야 하는 교재입니다.
20일이면 한 학기 교과서 필수 어휘를 완성할 수 있습니다.
교과서 수록 필수 어휘들을 교과서 진도에 맞춰
날짜별, 과목별로 공부하세요.

쓰기가 문해력이다

쓰기는 자기 생각을 표현하는 미래 역량입니다.
서술형, 논술형 평가의 비중은 점점 커지고 있습니다.
객관식과 단답형만으로는 아이들의 생각과 미래를 살펴볼 수 없기 때문입니다.
막막한 쓰기 공부. 이제 단어와 문장부터 하나씩 써 보며 차근차근 학습하는
〈쓰기가 문해력이다〉와 함께 쓰기 지구력을 키워 보세요.

ERI 독해가 문해력이다

독해를 잘하려면 체계적이고 객관적인 단계별 공부가 필수입니다.
기계적으로 읽고 문제만 푸는 독해 학습은 체격만 키우고 체력은 미달인 아이를 만듭니다.
〈ERI 독해가 문해력이다〉는 특허받은 독해 지수 산출 프로그램을 적용하여 글의 난이도를
체계화하였습니다.
단어 · 문장 · 배경지식 수준에 따라 설계된 단계별 독해 학습을 시작하세요.

배경지식이 문해력이다

배경지식은 문해력의 중요한 뿌리입니다.
하루 두 장, 교과서의 핵심 개념을 글과 재미있는 삽화로 익히고 한눈에 정리할 수 있습니다.
시간이 부족하여 다양한 책을 읽지 못하더라도 교과서의 중요 지식만큼은 놓치지 않도록
〈배경지식이 문해력이다〉로 학습하세요.

디지털독해가 문해력이다

디지털독해력은 다양한 디지털 매체 속 정보를 읽어 내는 힘입니다.
아이들이 접하는 디지털 매체는 매일 수많은 정보를 만들어 내기 때문에
디지털 매체의 정보를 판단하는 문해력은 현대 사회의 필수 능력입니다.
〈디지털독해가 문해력이다〉로 교과서 내용을 중심으로 디지털 매체 속 정보를 확인하고
다양한 과제를 해결해 보세요.

이 책의 구성과 특징

1

교과서 어휘 국어/사회/수학/과학

교과목·단원별로 교과서 속 중요 개념 어휘와 관련 어휘로 교과 어휘 강화!

한자 어휘

초등·중학 교육용 필수 한자, 연관 한자어로 한자 어휘 강화!

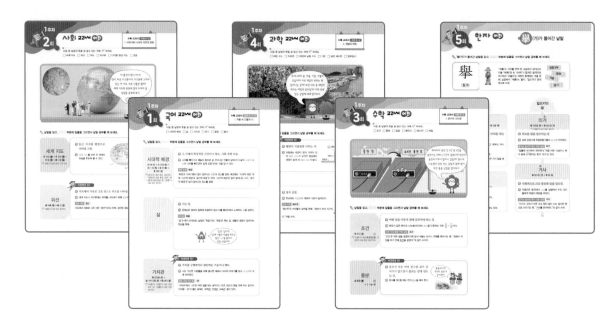

- 교과서 속 핵심 어휘를 엄선하여 교과목 특성에 맞게 뜻과 예문을 이해하기 쉽게 제시했어요.
- 어휘를 이해하는 데 도움이 되는 그림 및 사진 자료를 제시했어요.
- 대표 한자 어휘와 연관된 한자 성어, 초등 수준에서 꼭 알아야 할 속담, 관용어를 제시했어요.

2

확인 문제

교과서(국어/사회/수학/과학) 어휘, 한자 어휘 학습을 점검할 수 있는 다양한 유형의 확인 문제 수록!

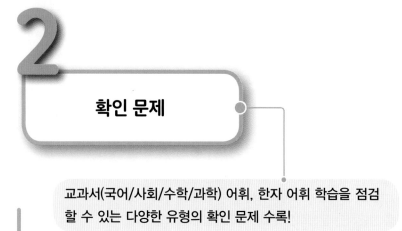

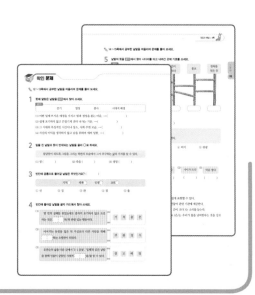

3 어휘력 테스트

한 주 동안 학습한 교과서 어휘, 한자 어휘를 종합적으로
점검할 수 있는 어휘력 테스트 수록!

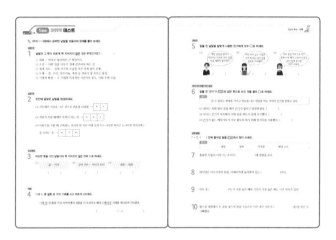

다양한 유형의
어휘 문제로
한 주 마무리!

찾아보기

학습한 어휘를 찾아보기 쉽게 교과목별
ㄱ, ㄴ, ㄷ … 순서로 정리했어요.

정답과 해설

축소한 본교재에 정답과 해설을 실어 자학자습과
학습 지도를 수월히 할 수 있도록 했어요.

초등 6학년 2학기
교과서 연계 목록

✏️ 『어휘가 문해력이다』 초등 6학년 2학기에 수록된 모든 어휘는 초등학교 6학년 2학기 국어, 사회, 수학, 과학 교과서에
실려 있습니다.

✏️ 교과서 연계 목록을 살펴보면 과목별 교과서의 단원명에 따라 학습할 교재의 쪽을 한눈에 파악할 수 있습니다.

✏️ 교과서 진도 순서에 맞춰 교재에서 해당하는 학습 회를 찾아 효율적으로 공부해 보세요!

이 책의 차례

1주차 어휘 미리 보기

한 주 동안 공부할 어휘들이야. 쑥 한번 훑어볼까?

1회 학습 계획일 ◯월 ◯일

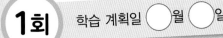

국어 교과서 어휘

시대적 배경	관용 표현
삶	천하를 얻은 듯
가치관	금이 가다
끈기	간이 크다
열정	의도
봉사	홍보

2회 학습 계획일 ◯월 ◯일

사회 교과서 어휘

세계 지도	대륙
위선	대양
적도	북반구
지구본	국경선
디지털 영상 지도	단조롭다
경로	영유권

3회 학습 계획일 ◯월 ◯일

수학 교과서 어휘

조건	비교
통분	가격
밀접	반올림
채우다	소수 셋째 자리
매시간	일의 자리
며칠	저렴하다

4회 학습 계획일 ○월 ○일

과학 교과서 어휘

전기 회로	태양 고도
전류	지표면
도체	태양의 남중 고도
전지의 직렬연결	기온
전자석	공전 궤도면
자기 부상 열차	앙부일구

5회 학습 계획일 ○월 ○일

한자 어휘

일거양득	가식
거행	가면
의거	호가호위
거사	가정

어휘력 테스트

2주차
어휘 학습으로
가 보자!

국어 교과서 어휘

다음 중 낱말의 뜻을 잘 알고 있는 것에 ☑ 하세요.

☐ 시대적 배경 ☐ 삶 ☐ 가치관 ☐ 끈기 ☐ 열정 ☐ 봉사

✎ 낱말을 읽고, ▨ 부분에 밑줄을 그으면서 낱말 공부를 해 보세요.

시대적 배경

時 때 **시** + 代 시대 **대** +
的 ~의 **적** + 背 뒤 **배** +
景 경치 **경**

🖱 '대(代)'의 대표 뜻은 '대신하다', '적(的)'의 대표 뜻은 '과녁', '배(背)'의 대표 뜻은 '등', '경(景)'의 대표 뜻은 '볕'이야.

뜻 그 시대의 특징적인 시간이나 장소, 사회 주변 모습.

예 나라를 빼앗기고 왜놈의 종으로 살 것이냐는 인물의 말에서 이 글의 시대적 배경이 나라를 빼앗겼던 일제 강점기라는 것을 알 수 있다.

관련 어휘 **배경**

'배경'은 이야기에서 일이 일어나는 시간과 장소를 말해. 배경에는 '시대적 배경' 외에 '시간적 배경'과 '공간적 배경'이 있어. '시간적 배경'은 일이 일어나는 시간, '공간적 배경'은 일이 일어나는 장소를 말해.

삶

뜻 사는 일.

예 윤희순은 일제의 침략에 좌절하지 않고 이를 물리치려고 노력하는 삶을 살았다.

반대말 **죽음**

'삶'과 뜻이 반대되는 낱말은 '죽음'이야. '죽음'은 죽는 일, 생물의 생명이 없어지는 현상을 뜻해.

'삶'은 '살다'의 '살'에 사물의 이름을 만드는 말인 '-ㅁ'을 붙여서 만든 낱말이야.

가치관

價 값있을 **가** + 値 가치 있을 **치** + 觀 생각 **관**

🖱 '가(價)'와 '치(値)'의 대표 뜻은 모두 '값', '관(觀)'의 대표 뜻은 '보다'야.

이것만은 꼭!

뜻 가치를 구별하거나 판단하는 기준이나 태도.

예 나는 가난한 사람들을 위해 봉사한 테레사 수녀의 이야기를 읽고 가치관이 크게 바뀌었다.

뜻을 더해 주는 말 **-관**

'가치관'에서 '-관'은 어떤 일을 보는 생각이나 의견, 태도의 뜻을 더해 주는 말이야. 이처럼 '-관'이 붙는 말에는 '세계관, 인생관, 교육관' 등이 있어.

끈기

끈 + 氣 기운 **기**

뜻 쉽게 포기하지 않고 끈질기게 견뎌 나가는 기운.

예 허련은 김정희가 자신을 제자로 받아 주지 않았지만 계속 월성위궁에 머물면서 끈기 있게 노력했다.

여러 가지 뜻을 가진 낱말 끈기

'끈기'에는 물건의 끈끈한 기운이라는 뜻도 있어. "빵이나 과자를 만들 때는 끈기가 없는 밀가루를 써야 해."처럼 쓰여.

열정

熱 더울 **열** + 情 정성 **정**

☞ '정(情)'의 대표 뜻은 '뜻'이야.

뜻 어떤 일에 뜨거운 애정을 가지고 힘과 정성을 쏟는 마음.

예 윤희순은 숯을 굽고 노래를 만드는 등 의병 운동에 열정을 바쳤다.

비슷한말 정열

'열정'과 글자의 순서만 바뀐 '정열'이라는 낱말도 있어. '정열'은 마음속에서 뜨겁고 강하게 일어나는 적극적인 감정이라는 뜻으로, "김 박사는 의학 발전을 위해 온 정열을 쏟았다."처럼 쓰여.

봉사

奉 받들 **봉** + 仕 섬길 **사**

뜻 자신의 이익을 생각하지 않고 남을 위하여 애써 일함.

예 윤희순은 자신의 목숨이 위험할 수 있는데도 나라를 위해 온 힘을 바쳐 봉사를 했다.

꼭! 알아야 할 속담

빈칸
채우기

'＿＿＿＿이 솔잎더러 바스락거린다고 한다'는 자기의 허물은 생각하지 않고 도리어 남의 허물만 나무라는 경우에 씁니다.

다음 중 낱말의 뜻을 잘 알고 있는 것에 ✔ 하세요.

☐ 관용 표현 ☐ 천하를 얻은 듯 ☐ 금이 가다 ☐ 간이 크다 ☐ 의도 ☐ 홍보

✎ 낱말을 읽고, ▨▨▨ 부분에 밑줄을 그으면서 낱말 공부를 해 보세요.

관용 표현

慣 익숙할 관 + 用 쓸 용 +
表 나타낼 표 + 現 나타날 현
☞ '표(表)'의 대표 뜻은 '겉'이야.

이것만은 꼭!

뜻 둘 이상의 낱말이 합쳐져 그 낱말의 원래 뜻과는 다른 새로운 뜻으로 굳어져 쓰이는 표현.

예 '놀랐다' 대신에 '간 떨어지다'와 같은 관용 표현을 쓰면 듣는 이가 말을 쉽게 알아들을 수 있다.

관련 어휘 **속담**

'속담'은 관용 표현의 한 종류로, 예로부터 전해 내려오는 조상의 지혜가 담긴 표현이야. 속담과 같은 관용 표현을 사용하면 자신의 생각을 효과적으로 전달할 수 있어 좋단다.

천하를 얻은 듯

天 하늘 천 + 下 아래 하 +
를 + 얻은 + 듯

뜻 매우 기쁘고 만족스러운 듯.

예 성훈이는 학교 숙제를 끝마친 뒤 천하를 얻은 듯 기뻤다.

'천하를 얻은 듯'은 두 개 이상의 낱말로 이루어져 있으면서, 각 낱말의 뜻만으로는 전체 뜻을 알 수 없는 관용 표현이야.

금이 가다

뜻 서로의 사이가 벌어지거나 틀어지다.

예 친구 간에 약속을 지키지 않거나 거짓말을 하면 우정에 금이 가게 된다.

비슷한말 **사이가 뜨다**

'금이 가다'와 비슷한 뜻을 가진 말로 '사이가 뜨다'가 있어. '사이가 뜨다'는 사람 사이의 관계가 친밀하지 않거나 벌어진다는 뜻이야.

예 오해로 잠시 사이가 떴던 두 친구는 오해를 풀고 다시 친해졌다.

간이 크다

肝 간 **간** + 이 + 크다

뜻 겁이 없고 매우 대담하다.

예 나는 겁이 없고 새로운 일에 도전하는 것을 좋아해 간이 크다는 소리를 자주 듣는다.

아빠랑 번지 점프를 하고 왔어.

정말? 넌 간이 크구나.

의도

意 뜻 **의** + 圖 계획할 **도**
🖱 '도(圖)'의 대표 뜻은 '그림'이야.

뜻 무엇을 하고자 하는 생각이나 계획.

예 내가 어머니께 거짓말한 것은 잘못을 숨기려는 나쁜 의도가 아니었다.

비슷한말 뜻, 의사

'의도'와 비슷한 뜻을 가진 낱말로 '뜻'과 '의사'가 있어. '뜻'은 마음에 있는 생각이나 의견을 뜻하고, '의사'는 무엇을 하고자 하는 생각을 뜻해.

홍보

弘 넓을 **홍** + 報 알릴 **보**
🖱 '홍(弘)'의 대표 뜻은 '크다', '보(報)'의 대표 뜻은 '갚다'야.

뜻 어떤 사실이나 제품을 널리 알리는 것.

예 대형 할인점에서 과자 모양을 한 인형을 만들어 신제품을 홍보하고 있다.

꼭! 알아야 할 관용어

이상하다. 누가 내 빵을 먹었지?

네가 착각한 거겠지. 누가 빵을 먹었다고 그래?

흥분하는 것이 수상하다. 너 지금 가슴이 뜨끔했지?

이런, 들켰네.

네가 범인이었어.

빈칸 채우기 마음이 깜짝 놀라거나 양심의 가책을 받을 때 '____이 뜨끔하다'라는 표현을 씁니다.

✎ 12～13쪽에서 공부한 낱말을 떠올리며 문제를 풀어 보세요.

1 뜻에 알맞은 낱말을 보기 에서 찾아 쓰세요.

> 보기
>
> 끈기   열정   봉사   시대적 배경

(1) 어떤 일에 뜨거운 애정을 가지고 힘과 정성을 쏟는 마음. → (   )

(2) 쉽게 포기하지 않고 끈질기게 견뎌 나가는 기운. → (   )

(3) 그 시대의 특징적인 시간이나 장소, 사회 주변 모습. → (   )

(4) 자신의 이익을 생각하지 않고 남을 위하여 애써 일함. → (   )

2 밑줄 친 낱말과 뜻이 반대되는 낱말을 골라 ○표 하세요.

> 몽당붓이 되도록 그림을 그리는 허련의 모습에서 그가 추구하는 <u>삶</u>의 가치를 알 수 있다.

(1) 생 (   )   (2) 죽음 (   )   (3) 생명 (   )

3 빈칸에 공통으로 들어갈 낱말은 무엇인가요? (   )

> 가치☐   세계☐   인생☐   교육☐

① 선   ② 집   ③ 관   ④ 점   ⑤ 율

4 빈칸에 들어갈 낱말을 글자 카드에서 찾아 쓰세요.

(1) 몇 번의 실패를 겪었는데도 끝까지 포기하지 않고 도전하는 것은 ☐☐와/과 관련 있는 행동이다.

> 기   적   줄   끈

(2) 아버지는 동생을 잃은 뒤 자신보다 다른 사람을 위해 ☐☐하는 소방관이 되었다.

> 주   봉   절   사

(3) 유관순의 삶을 다룬 글에서 '3·1 운동', '일제'와 같은 낱말을 통해 인물이 살았던 시대적 ☐☐을/를 알 수 있다.

> 경   고   배   정

✎ 14～15쪽에서 공부한 낱말을 떠올리며 문제를 풀어 보세요.

5 낱말의 뜻을 보기 에서 찾아 사다리를 타고 내려간 곳에 기호를 쓰세요.

보기
> ㉠ 겁이 없고 매우 대담하다.
> ㉡ 매우 기쁘고 만족스러운 듯.
> ㉢ 무엇을 하고자 하는 생각이나 계획.
> ㉣ 어떤 사실이나 제품을 널리 알리는 것.

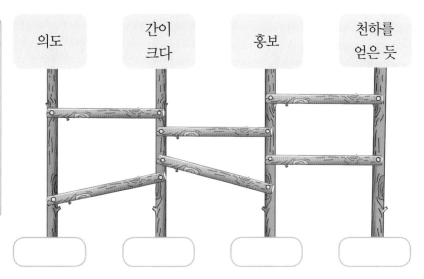

6 빈칸에 공통으로 들어갈 낱말은 무엇인가요? (   )

> • 외국에 우리나라의 관광지를 [   ]해야 한다.
> • 방송국에서 유명 배우가 나오는 드라마를 [   ]했다.

① 활용   ② 홍보   ③ 체험   ④ 의미   ⑤ 관광

7 밑줄 친 말과 뜻이 비슷한 말을 골라 ○표 하세요.

> 약속을 어기는 바람에 친구와의 우정에 금이 갔어.

(1) 귀가 얇다   (2) 사이가 뜨다   (3) 막을 열다

(   )   (   )   (   )

8 (   ) 안에서 알맞은 낱말을 골라 ○표 하세요.

(1) (관용 , 홍보) 표현을 사용하면 전하고 싶은 말을 쉽게 표현할 수 있다.

(2) 새로운 정책이 만들어지면 (홍보 , 의도) 자료를 만들어 관련 기관에 제공한다.

(3) 수연이는 무서운 놀이 기구를 잘 타서 (금이 가다 , 간이 크다)는 소리를 듣는다.

(4) 광고에서 '물 쓰듯'이라는 말을 사용한 (관용 , 의도)은/는 우리가 물을 낭비한다는 것을 강조하기 위해서이다.

사회 교과서 어휘

다음 중 낱말의 뜻을 잘 알고 있는 것에 ✔ 하세요.

☐ 세계 지도 ☐ 위선 ☐ 적도 ☐ 지구본 ☐ 디지털 영상 지도 ☐ 경로

이 물건이 뭔지 아니?
맞아, 바로 지구본이야. 지구본에 그어져 있는 이 가로, 세로 선들은 뭘까?
세계 지도와 관련해 알아 두어야 할 낱말을 공부해 보자.

✏️ 낱말을 읽고,　　　부분에 밑줄을 그으면서 낱말 공부를 해 보세요.

세계 지도

世 세상 **세** + 界 경계 **계** + 地 땅 **지** + 圖 그림 **도**
👆'세(世)'의 대표 뜻은 '인간'이야.

뜻 둥근 지구를 평면으로 나타낸 그림.

예 세계 지도를 보면 전 세계의 모습을 한눈에 볼 수 있다.

▲ 세계 지도

위선

緯 씨줄 **위** + 線 선 **선**
👆'선(線)'의 대표 뜻은 '줄'이야.

이것만은 꼭!

뜻 지도에서 가로로 그은 선으로 위도를 나타냄.

예 세계 지도나 지구본에는 위치를 나타내기 위해 위선과 경선이 그려져 있다.

관련 어휘 **경선**

지도에서 세로로 그은 선은 '경선'이라고 하며, 경선은 경도를 나타내.

적도
赤 붉을 **적** + 道 길 **도**

뜻 지구에서 해에 가장 가까운 곳을 한 줄로 이은 선. 적도를 기준으로 북쪽의 위도를 북위, 남쪽의 위도를 남위라고 함.

예 적도는 지구의 위도를 결정하는 데 기준이 되는 선으로, 위도가 0°이다.

관련 어휘 **본초 자오선**
'본초 자오선'은 지구의 경도를 결정하는 데 기준이 되는 선이야. 이 선을 기준으로 동쪽의 경도를 '동경', 서쪽의 경도를 '서경'이라고 해.

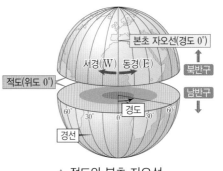
▲ 적도와 본초 자오선

지구본
地 땅 **지** + 球 공 **구** + 本 근본 **본**

뜻 실제 지구의 모습을 아주 작게 줄인 모형.

예 지구본은 실제 지구처럼 둥근 모습이다.

▲ 지구본

디지털 영상 지도
디지털 + 映 비칠 **영** + 像 모양 **상** + 地 땅 **지** + 圖 그림 **도**

뜻 스마트폰, 컴퓨터 등 다양한 기기에서 이용할 수 있도록 디지털 정보로 표현된 지도.

예 디지털 영상 지도는 종이 지도와 달리 원하는 곳만 크게 하거나 작게 줄여서 살펴볼 수 있다.

디지털 영상 지도를 통해 세계 지도나 지구본에서 찾을 수 없는 다양한 정보를 얻을 수 있어.

경로
經 지날 **경** + 路 길 **로**

뜻 지나가는 길.

예 태풍의 경로가 남쪽으로 이동해서 수도권 지역에는 비가 오지 않았다.

여러 가지 뜻을 가진 낱말 **경로**
"여러 경로를 통해서 정보를 수집하다."에서 '경로'는 일이 이루어지는 방법이나 과정을 뜻하는 말로 쓰였어.

사회 교과서 어휘

다음 중 낱말의 뜻을 잘 알고 있는 것에 ✔ 하세요.

☐ 대륙   ☐ 대양   ☐ 북반구   ☐ 국경선   ☐ 단조롭다   ☐ 영유권

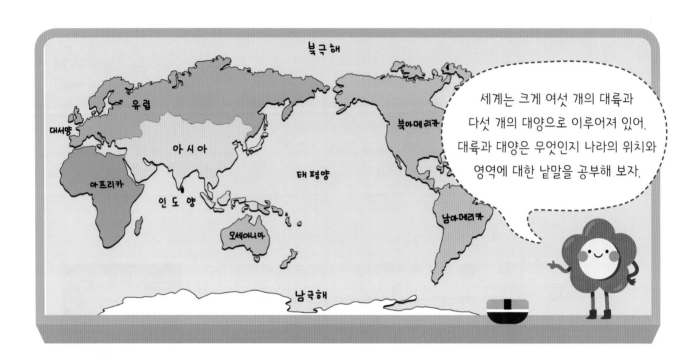

세계는 크게 여섯 개의 대륙과 다섯 개의 대양으로 이루어져 있어. 대륙과 대양은 무엇인지 나라의 위치와 영역에 대한 낱말을 공부해 보자.

✏️ 낱말을 읽고, ___ 부분에 밑줄을 그으면서 낱말 공부를 해 보세요.

대륙
大 클 대 + 陸 육지 륙
✏ '륙(陸)'의 대표 뜻은 '뭍'이야.

뜻 바다로 둘러싸인 큰 땅덩어리.

예 여섯 개의 대륙에는 아시아, 아프리카, 유럽, 오세아니아, 북아메리카, 남아메리카가 있다.

대륙 안에는 여러 나라가 이웃해 있고, 바다나 산맥이 대륙과 대륙을 구분 지어요.

대양
大 클 대 + 洋 큰 바다 양

뜻 아주 넓은 바다.

예 태평양은 다섯 개의 대양 중 가장 큰 바다이다.

관련 어휘 5대양

'5대양'은 '태평양, 대서양, 인도양, 북극해, 남극해'를 말해. '북극해'와 '남극해'는 얼음으로 뒤덮여 있고, '대서양'에도 얼음과 빙산이 있어. '인도양'에는 아름다운 섬이 많지.

비슷한말 대해

'대양'과 뜻이 비슷한 낱말로 '대해'가 있어. '대해'는 아주 넓은 바다를 뜻해.

이것만은 꼭!

북반구

北 북녘 **북** + 半 반 **반** +
球 공 **구**

뜻 적도를 기준으로 지구를 둘로 나누었을 때의 북쪽 부분.

예 우리나라와 미국, 프랑스, 러시아 등은 북반구에 속해 있는 나라들이다.

관련 어휘 남반구

'남반구'는 적도를 기준으로 지구를 둘로 나누었을 때의 남쪽 부분을 말해. 남반구에 속하는 대륙에는 남아메리카, 아프리카 남부, 오세아니아, 남극이 있어. 그리고 북반구에 속하는 대륙에는 아시아, 유럽, 북아메리카, 아프리카 북부와 남아메리카 일부가 있어.

국경선

國 나라 **국** + 境 국경 **경** +
線 선 **선**
'경(境)'의 대표 뜻은 '지경', '선(線)'의 대표 뜻은 '줄'이야.

뜻 한 나라와 다른 나라를 나누는 선.

예 국경선은 대부분 산이나 강 같은 땅이 생긴 모양을 경계로 정해진다.

육지에는 국경선이 있지만, 바다는 각 나라의 소유를 어떻게 정할까? 바다에도 국경선이 있어. 각 나라의 바다인 영해는 그 나라의 영토로부터 3해리에서 12해리까지 상황에 따라 정하기로 약속했어.

단조롭다

單 복잡하지 않을 **단** +
調 고를 **조** + 롭다
'단(單)'의 대표 뜻은 '홀, 하나'야.

뜻 변화가 없이 단순하여 새로운 느낌이 없다.

예 미국과 캐나다의 국경선은 반듯한 직선이어서 단조로운 편이다.

뜻을 더해 주는 말 **-롭다**

'단조롭다'에 쓰인 '-롭다'는 '그러함' 또는 '그럴 만함'의 뜻을 더해 주는 말이야. 맛이 아주 달콤하다는 뜻의 '감미롭다'와 놀랍고 신기하다는 뜻의 '경이롭다'처럼 쓰이지.

영유권

領 거느릴 **영** + 有 있을 **유** +
權 권세 **권**
'권(權)'의 대표 뜻은 '저울추'야.

뜻 땅을 차지해 가질 권리.

예 일본은 역사적 사실에도 불구하고 계속해서 독도의 영유권을 주장하고 있다.

지금도 영유권 분쟁을 겪고 있는 나라가 많아. 영유권 문제는 각 나라의 이익이 달려 있기 때문에 어떤 나라도 쉽게 포기하지 않지.

✎ 18~19쪽에서 공부한 낱말을 떠올리며 문제를 풀어 보세요.

1 뜻에 알맞은 낱말이 되도록 보기 에서 글자를 찾아 쓰세요.(같은 글자를 두 번 쓸 수 있어요.)

보기

| 계 | 도 | 상 | 선 | 세 | 영 | 위 | 적 | 지 |

(1) 둥근 지구를 평면으로 나타낸 그림. → ☐☐ ☐☐

(2) 지도에서 가로로 그은 선으로 위도를 나타냄. → ☐☐

(3) 지구에서 해에 가장 가까운 곳을 한 줄로 이은 선. → ☐☐

(4) 스마트폰, 컴퓨터 등 다양한 기기에서 이용할 수 있도록 디지털 정보로 표현된 지도.

→ 디지털 ☐☐ 지도

2 빈칸에 알맞은 말을 완성하세요.

세계 지도에서 위도의 기준이 되는 (1) ☐ ㅈ ☐ ㄷ 을/를 중심으로 북위와 남위로 구분한다. 그리고 경도의 기준이 되는 (2) ☐ ㅂ ☐ ㅊ ☐ ㅈ ☐ ㅇ ☐ ㅅ 을/를 중심으로 동경과 서경으로 구분한다.

3 ( ) 안에 들어갈 말을 보기 에서 찾아 쓰세요.

보기

경로　　　　지구본　　　　디지털 영상 지도

(1) (　　　　　)을/를 이용하면 장소의 실제 모습을 여러 각도에서 볼 수 있다.

(2) 우리 집에서 학교까지 가는 가장 짧은 (　　　　　)은/는 공원을 가로질러 가는 것이다.

(3) (　　　　　)에 그려진 위도와 경도를 이용해 세계 여러 나라의 정확한 위치를 나타낼 수 있다.

✎ 20~21쪽에서 공부한 낱말을 떠올리며 문제를 풀어 보세요.

4 뜻에 알맞은 낱말을 글자판에서 찾아 묶으세요. (낱말은 가로(一), 세로(ㅣ), 대각선(╱╲) 방향에 숨어 있어요.)

후	상	성	구	연
대	륙	배	영	처
신	지	국	유	대
명	경	가	권	양
선	매	식	세	질

❶ 아주 넓은 바다.
❷ 땅을 차지해 가질 권리.
❸ 바다로 둘러싸인 큰 땅덩어리.
❹ 한 나라와 다른 나라를 나누는 선.

1주차

2회

5 ( ) 안에 알맞은 낱말을 각각 쓰세요.

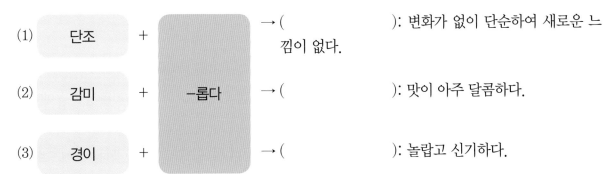

(1) 단조 + ─롭다 → ( ): 변화가 없이 단순하여 새로운 느낌이 없다.

(2) 감미 + ─롭다 → ( ): 맛이 아주 달콤하다.

(3) 경이 + ─롭다 → ( ): 놀랍고 신기하다.

6 밑줄 친 낱말의 쓰임이 알맞으면 ○표, 알맞지 않으면 ✕표 하세요.

(1) 우리나라와 가까이 있는 <u>대양</u>은 태평양이다. ( )

(2) 여섯 개의 <u>대양</u>에는 아시아, 아프리카, 유럽 등이 있다. ( )

(3) 북극해와 가까이 있는 북아메리카는 <u>북반구</u>에 속해 있다. ( )

(4) 캐나다와 미국은 공동 영토였던 땅을 두고 <u>영유권</u>을 다투었다. ( )

(5) 우리나라의 남해안은 해안선에 들고 나감이 많아 해안선이 <u>단조로운</u> 편이다. ( )

수학 교과서 어휘

다음 중 낱말의 뜻을 잘 알고 있는 것에 ✓ 하세요.

☐ 조건 ☐ 통분 ☐ 밀접 ☐ 채우다 ☐ 매시간 ☐ 며칠

✏️ 낱말을 읽고,   부분에 밑줄을 그으면서 낱말 공부를 해 보세요.

조건

條 조리 조 + 件 조건 건

🖱 '조(條)'의 대표 뜻은 '가지', '건(件)'의 대표 뜻은 '물건'이야.

뜻 어떤 일을 이루기 전에 갖추어야 하는 것.

예 분모가 같은 분수의 나눗셈식이라는 조건을 만족하는 것은 $\frac{5}{9} \div \frac{7}{9}$ 이다.

여러 가지 뜻을 가진 낱말 조건

'조건'은 어떤 일을 결정하기에 앞서 내놓는 요구나 견해를 뜻하기도 해. "컴퓨터 게임을 하기 전에 조건을 걸었다."와 같이 쓰이지.

통분

通 통할 통 + 分 나눌 분

이것만은 꼭!

뜻 분모가 다른 여러 분수를 값이 달라지지 않으면서 분모는 같게 만드는 것.

예 분수를 계산할 때는 먼저 통분을 해야 한다.

통분하니까 우리의 분모가 같아졌어.

$\frac{3}{6}$ $\frac{4}{6}$

$\frac{1}{2}$ $\frac{2}{3}$

밀접

密 가까울 밀 + 接 접할 접

🖱 '밀(密)'의 대표 뜻은 '빽빽하다', '접(接)'의 대표 뜻은 '잇다'야.

뜻 아주 가깝게 마주 닿아 있음.

예 곱셈과 나눗셈처럼 분수와 소수도 밀접한 관계에 있다.

채우다

뜻 가득 차게 하다.

예 빈 통에 바닷물 $\frac{4}{5}$ L를 채웠더니 통의 $\frac{2}{3}$ 가 찼다.

글자는 같지만 뜻이 다른 낱말 채우다

"자물쇠를 채우다."에서 '채우다'는 자물쇠 등으로 잠가서 문이나 서랍 등을 열지 못하게 한다는 뜻으로 쓰였어.

매시간

每 마다 매 + 時 때 시 + 間 사이 간

🖱 '매(每)'의 대표 뜻은 '매양(늘)'이야.

뜻 한 시간 한 시간마다.

예 전기 자동차 배터리가 매시간 충전되는 양이 일정할 때 1칸을 충전하는 데 4분이 걸린다.

어법 매

'매'는 각각의를 뜻하는 말로 '매 순간', '매 경기'처럼 뒤에 오는 낱말과 띄어 써야 해. 하지만 '매끼', '매년', '매일', '매시간'처럼 하나의 낱말로 굳어진 낱말은 붙여 써.

며칠

뜻 몇 날.

예 우유 3L를 하루에 $\frac{2}{5}$ L씩 마신다면 며칠 동안 마실 수 있을지 구해 보자.

어법 며칠

'몇 년', '몇 월'처럼 '몇 일'로 쓰기 쉽지만 '몇 일'은 잘못된 표현이야. 반드시 '며칠'이라고 써야 해.

수학 교과서 어휘

다음 중 낱말의 뜻을 잘 알고 있는 것에 ✓ 하세요.

☐ 비교 ☐ 가격 ☐ 반올림 ☐ 소수 셋째 자리 ☐ 일의 자리 ☐ 저렴하다

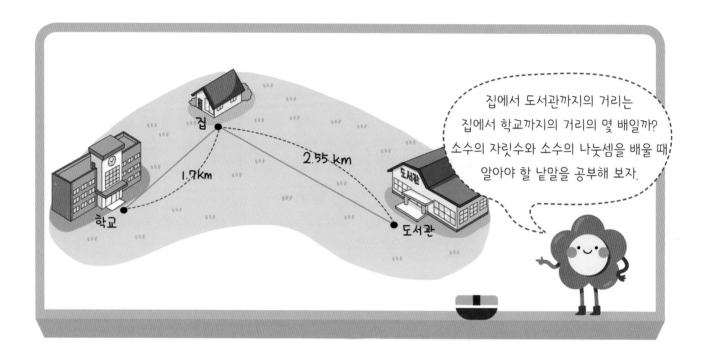

집에서 도서관까지의 거리는 집에서 학교까지의 거리의 몇 배일까? 소수의 자릿수와 소수의 나눗셈을 배울 때 알아야 할 낱말을 공부해 보자.

✏️ 낱말을 읽고, ▢ 부분에 밑줄을 그으면서 낱말 공부를 해 보세요.

비교

比 견줄 비 + 較 견줄 교

뜻 둘 이상의 것을 함께 놓고 어떤 점이 같고 다른지 살펴봄.

예 62.5 ÷ 25와 6.25 ÷ 2.5의 계산 결과를 비교하면 몫이 2.5로 모두 같다.

관용어 비교도 되지 않다

'비교'가 들어가는 관용어로 '비교도 되지 않다'라는 말이 있어. 이 말은 어느 것이 월등하게 뛰어나 다른 것과 견줄 만한 가치도 없다는 뜻이야. "너를 향한 나의 사랑은 세상 어떤 것과 비교도 되지 않을 만큼 크다."처럼 쓰여.

가격

價 값 가 + 格 잴 격

'격(格)'의 대표 뜻은 '격식'이야.

뜻 물건의 값.

예 옷감 1.8 m의 가격이 7200원일 때 옷감 1 m의 가격은 4000원이다.

비슷한말 값

'가격'과 뜻이 비슷한 낱말로 '값'이 있어. '값'은 사고파는 물건에 일정하게 매겨진 돈의 액수라는 뜻이지.

반올림

半 반 **반** + 올림

뜻 어림수를 구할 때 구하려는 자리의 한 자리 아래 숫자가 0~4이면 버리고 5~9이면 윗자리에 1을 더하는 것.

예 소수 0.5를 반올림하면 1이 된다.

뜻을 더해 주는 말 반-
'반올림'에서 '반'은 낱말의 앞에 붙어 '절반 정도'의 뜻을 더해 주는 말이야. '반팔, 반자동'처럼 쓰여.

소수 셋째 자리

小 작을 **소** + 數 셈 **수** + 셋째 + 자리

이것만은 꼭!

뜻 소수에서 소수점 아래에 있는 소수 부분 중 세 번째 자리.

예 0.3333……을 반올림하여 소수 셋째 자리까지 나타내면 0.333이다.

소수 둘째 자리
↓
3.285
↑   ↑
소수 첫째 자리 소수 셋째 자리

일의 자리

一 한 **일** + 의 + 자리

뜻 소수에서 소수점 위의 자연수 부분의 자리.

예 3.3을 반올림하여 일의 자리까지 나타내면 3이다.

9.16
↑
일의 자리

3.7을 반올림하면 일의 자리는 4가 되겠지?

저렴하다

低 쌀 **저** + 廉 값쌀 **렴** + 하다
⌂'저(低)'의 대표 뜻은 '낮다', '렴(廉)'의 대표 뜻은 '청렴하다'야.

뜻 값이 싸다.

예 같은 양의 포도 음료를 살 때 더 저렴하게 파는 가게를 찾으려고 한다.

비슷한말 값싸다
'저렴하다'와 뜻이 비슷한 낱말로 무엇을 사거나 쓰는 비용이 적다는 뜻의 '값싸다'가 있어. "좋은 물건을 값싸게 샀다."처럼 쓰여.

✎ 24～25쪽에서 공부한 낱말을 떠올리며 문제를 풀어 보세요.

1 뜻에 알맞은 낱말을 완성하세요.

(1) | ㅁ | ㅅ | ㄱ | : 한 시간 한 시간마다.

(2) | ㅁ | ㅈ | : 아주 가깝게 마주 닿아 있음.

(3) | ㅈ | ㄱ | : 어떤 일을 이루기 전에 갖추어야 하는 것.

(4) | ㅌ | ㅂ | : 분모가 다른 여러 분수를 값이 달라지지 않으면서 분모는 같게 만드는 것.

2 밑줄 친 낱말의 뜻을 보기 에서 찾아 기호를 쓰세요.

보기
    ⊙ 가득 차게 하다.   ⓒ 문이나 서랍 등을 열지 못하게 하다.

(1) 동생은 동전이 생길 때마다 저금통을 채웠다. (   )

(2) 날씨가 쌀쌀해서 점퍼의 지퍼를 채웠더니 따뜻해졌다. (   )

(3) 준비해 온 빵으로 배를 채운 우리는 계속 앞으로 나갔다. (   )

3 다음 문장에서 잘못 쓴 부분을 찾아 바르게 고치세요.

여름 방학이 몇 일밖에 남지 않았다.   (   ) → (   )

4 밑줄 친 낱말을 알맞게 사용하지 못한 친구에게 ✕표 하세요.

(1) 감염병을 예방하기 위해 환자와의 밀접 접촉을 피해야 해.
(   )

(2) 텔레비전에서 태풍 소식을 매시간 보도해 주고 있어.
(   )

(3) 교통사고가 나자 경찰이 사고의 원인을 조건하러 왔어.
(   )

✏️ 26~27쪽에서 공부한 낱말을 떠올리며 문제를 풀어 보세요.

5 뜻에 알맞은 낱말이 되도록 보기 에서 글자를 찾아 쓰세요.

보기

올   저

가   반   림

렴   격

(1) 물건의 값. → ⬜⬜

(2) 값이 싸다. → ⬜⬜ 하다

(3) 어림수를 구할 때 구하려는 자리의 한 자리 아래 숫자가 0~4이면
버리고 5~9이면 윗자리에 1을 더하는 것. → ⬜⬜⬜

6 무엇에 대한 설명인지 보기 에서 찾아 기호를 쓰세요.

보기

3.285
㉠ ㉡ ㉢ ㉣

(1) 일의 자리. → (   )

(2) 소수 셋째 자리. → (   )

7 빈칸에 공통으로 들어갈 낱말을 쓰세요.

• 우리 언니는 나와 ⬜⬜ 도 되지 않을 만큼 공부를 잘한다.

• 거북은 토끼에게 바닷속은 산속과 ⬜⬜ 도 되지 않을 만큼 좋다고 말했다.

⬜⬜

8 (   ) 안에 들어갈 말을 보기 에서 찾아 쓰세요.

보기

가격   비교   저렴

(1) 4.8÷0.3과 48÷3의 몫을 (   )하면 몫이 16으로 서로 같다.

(2) 가게마다 판매하는 물건의 값을 알면 어느 가게가 더 (   )한지 알 수 있다.

(3) 줄 1.8m의 가격이 8400원일 때 1m의 (   )은/는 얼마인지 구하는 식을 써 보자.

과학 교과서 어휘

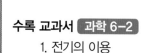
다음 중 낱말의 뜻을 잘 알고 있는 것에 ✔ 하세요.

☐ 전기 회로 ☐ 전류 ☐ 도체 ☐ 전지의 직렬연결 ☐ 전자석 ☐ 자기 부상 열차

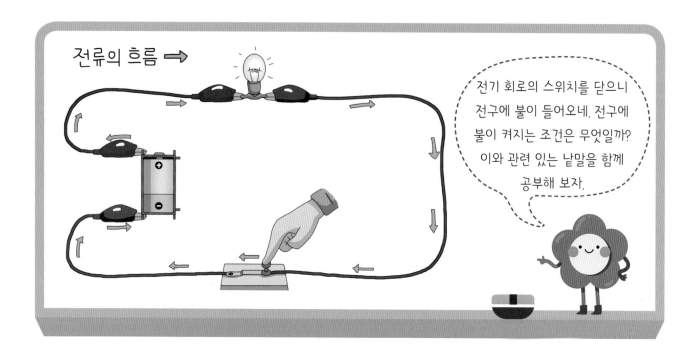

전류의 흐름 ➡

전기 회로의 스위치를 닫으니 전구에 불이 들어오네. 전구에 불이 켜지는 조건은 무엇일까? 이와 관련 있는 낱말을 함께 공부해 보자.

✏️ 낱말을 읽고,　　　부분에 밑줄을 그으면서 낱말 공부를 해 보세요.

전기 회로

電 전기 **전** + 氣 기운 **기** +
回 돌 **회** + 路 길 **로**

🖱️ '전(電)'의 대표 뜻은 '번개', '회(回)'의 대표 뜻은 '돌아오다'야.

🟦 **뜻** 전지, 전선, 전구 등 전기 부품을 서로 연결해 전기가 흐르도록 한 것.

🟦 **예** 전기 회로에서 전구에 불이 켜지려면 전지, 전선, 전구를 끊기지 않게 연결해야 한다.

전기는 눈에 보이지 않지만 전구에 불이 켜졌기 때문에 전기가 흐른다는 것을 알 수 있어.

전류

電 전기 **전** + 流 흐를 **류**

이것만은 꼭!

🟦 **뜻** 전기 회로를 따라 흐르는 전기.

🟦 **예** 전기 회로에서 전류는 항상 (+)극에서 (−)극으로 흐른다.

전기 회로에서 전기가 통하는 것을 '전류가 흐른다'라고 말해. 전류가 흐르는 방향은 화살표로 표시하지.

도체

導 통할 **도** + 體 물체 **체**
🖱 '도(導)'의 대표 뜻은 '인도하다',
'체(體)'의 대표 뜻은 '몸'이야.

뜻 철, 구리, 알루미늄, 흑연 등 전류가 잘 흐르는 물질.

예 집게 달린 전선에서 도체는 금속으로 만든 집게 부분이다.

관련 어휘 부도체

'부도체'는 종이, 유리, 비닐, 나무 등 전류가 잘 흐르지 않는 물질이야. 플라스틱도 전기가 통하지 않는 물질이어서 전기 제품의 겉면이 플라스틱인 경우가 많아.

전지의 직렬연결

電 전기 **전** + 池 못 **지** + 의 +
直 곧을 **직** + 列 줄지을 **렬** +
連 잇닿을 **연** + 結 맺을 **결**
🖱 '렬(列)'의 대표 뜻은 '벌이다'야.

뜻 전기 회로에서 전지 두 개 이상을 서로 다른 극끼리 한 줄로 연결하는 방법.

예 전지의 직렬연결은 전지의 병렬연결보다 전기 회로에서 전구의 밝기가 더 밝다.

관련 어휘 전지의 병렬연결

전지 두 개 이상을 서로 같은 극끼리 나란하게 연결하는 방법은 '전지의 병렬연결'이야.

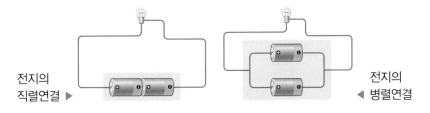

전지의 직렬연결 ▶   ◀ 전지의 병렬연결

전자석

電 전기 **전** + 磁 자석 **자** +
石 돌 **석**

뜻 전류가 흐를 때에만 자석이 되는 것.

예 철심에 에나멜선을 여러 번 감은 다음 전기 회로와 연결해 전자석을 만든다.

관련 어휘 영구 자석

'영구 자석'은 막대자석처럼 한번 자석이 된 뒤 그 성질을 끝까지 잃지 않는 자석을 말해.

자기 부상 열차

磁 자석 **자** + 氣 기운 **기** +
浮 뜰 **부** + 上 윗 **상** +
列 줄지을 **열** + 車 수레 **차**

뜻 자기력으로 선로 위에 떠서 달리는 열차.

예 자기 부상 열차는 전자석을 우리 생활에 이용한 예 중 하나이다.

우리나라에도 '에코비'라는 자기 부상 열차가 있어. 에코비는 인천 공항 자기 부상 철도를 달리지.

과학 교과서 어휘

다음 중 낱말의 뜻을 잘 알고 있는 것에 ✓ 하세요.

☐ 태양 고도 ☐ 지표면 ☐ 태양의 남중 고도 ☐ 기온 ☐ 공전 궤도면 ☐ 앙부일구

우리나라의 봄, 여름, 가을, 겨울의 모습이야. 이런 계절의 변화는 왜 일어나는 걸까? 또한 하루 중 태양의 위치는 어떻게 달라질까? 이와 관련 있는 낱말에 대해 알아보자.

✎ 낱말을 읽고, ▨ 부분에 밑줄을 그으면서 낱말 공부를 해 보세요.

이것만은 꼭!

태양 고도

太 클 **태** + 陽 태양 **양** + 高 높을 **고** + 度 정도 **도**

☞ '양(陽)'의 대표 뜻은 '볕', '도(度)'의 대표 뜻은 '법도'야.

뜻 태양이 지표면과 이루는 각.

예 아침에는 태양이 땅과 가까이 있어 태양 고도가 낮지만 점심에는 태양이 높게 떠 태양 고도가 높다.

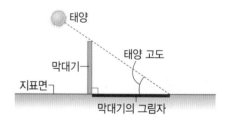

지표면

地 땅 **지** + 表 겉 **표** + 面 겉 **면**

☞ '면(面)'의 대표 뜻은 '낯(얼굴)'이야.

뜻 땅의 겉면.

예 한낮에는 지표면이 데워져 기온이 높아진다.

관련 어휘 **해수면**

'해수면'은 바닷물의 겉면을 뜻해. "빙하가 녹아 지구의 해수면이 점점 높아지고 있다."처럼 쓰여.

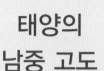

태양의 남중 고도

太 클 **태** + 陽 태양 **양** + 의 +
南 남녘 **남** + 中 가운데 **중** +
高 높을 **고** + 度 정도 **도**

뜻 하루 중 태양이 남쪽 하늘 한가운데(정남쪽)에 있을 때의 높이.

예 **태양의 남중 고도**가 높으면 태양 빛이 좁은 면적을 비추기 때문에 일정한 면적에 도달하는 에너지양이 많다.

태양이 남중했을 때(낮12시 30분 무렵)

동   남   서

하루 중 태양이 정남쪽에 위치하면 태양이 남중했다고 하고, 이때의 고도를 '태양의 남중 고도'라고 해.

기온

氣 공기 **기** + 溫 온도 **온**
🔖'기(氣)'의 대표 뜻은 '기운', '온(溫)'의 대표 뜻은 '따뜻하다'야.

뜻 공기의 온도.

예 일기 예보에서 낮 **기온**이 많이 올라간다고 전했다.

관련 어휘 온도, 수온

'온도'는 따뜻하고 차가운 정도, 또는 그것을 나타내는 수치로 "실내 <u>온도</u>를 조절하다."처럼 써여. '수온'은 물의 온도로, "여름이 되면 기온이 높아지면서 <u>수온</u>이 올라간다."처럼 쓰이지.

공전 궤도면

公 널리 **공** + 轉 회전할 **전** +
軌 궤도 **궤** + 道 길 **도** +
面 겉 **면**
🔖'공(公)'의 대표 뜻은 '공평하다', '전(轉)'의 대표 뜻은 '구르다', '궤(軌)'의 대표 뜻은 '바퀴 자국'이야.

뜻 어떤 별이 다른 별 둘레를 돌 때 지나가는 길이 이루는 평평한 면.

예 지구는 자전축이 **공전 궤도면**에 기울어진 상태로 태양의 주위를 공전한다.

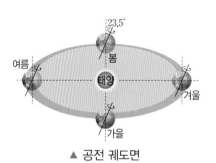

▲ 공전 궤도면

앙부일구

仰 우러를 **앙** + 釜 가마 **부** +
日 해 **일** + 晷 그림자 **구**
🔖'일(日)'의 대표 뜻은 '날'이야.

뜻 조선 세종 때 만든 해시계.

예 우리 조상은 솥 모양 그릇 안에 바늘을 넣어 **앙부일구**를 만들고, 바늘의 그림자로 시각을 알아보았다.

▲ 앙부일구

확인 문제

30~31쪽에서 공부한 낱말을 떠올리며 문제를 풀어 보세요.

1 ( ) 안에서 알맞은 낱말을 골라 ○표 하세요.

(1) 전기 회로를 따라 흐르는 전기를 (전류 , 전선)(이)라고 한다.

(2) 전류가 흐를 때에만 자석이 되는 것을 (전자석 , 영구 자석)이라고 한다.

(3) 철, 구리, 알루미늄, 흑연 등 전류가 잘 흐르는 물질을 (도체 , 부도체)라고 한다.

(4) 전기 회로에서 전지 두 개 이상을 서로 다른 극끼리 한 줄로 연결하는 방법을 전지의 (직렬 , 병렬)연결이라고 한다.

2 친구가 말한 '이것'은 무엇인지 빈칸에 알맞은 낱말을 완성하세요.

 '이것'은 자기력으로 선로 위에 떠서 달리는 열차야.

ㅈ	ㄱ		ㅂ	ㅅ	ㅇ	ㅊ

3 무엇에 대한 설명인지 빈칸에 알맞은 낱말을 쓰세요.

> 전지, 전선, 전구 등 전기 부품을 서로 연결해 전기가 <u>흐르도록</u> 한 것.

4 밑줄 친 낱말이 알맞게 쓰였는지 ○, ✕를 따라가며 선을 긋고 몇 번으로 나오는지 쓰세요.

( )

✏️ 32~33쪽에서 공부한 낱말을 떠올리며 문제를 풀어 보세요.

5 낱말과 그 뜻을 알맞게 선으로 이으세요.

(1) 기온 •   • 공기의 온도.

(2) 앙부일구 •   • 태양이 지표면과 이루는 각.

(3) 태양 고도 •   • 조선 세종 때 만든 해시계.

(4) 공전 궤도면 •   • 어떤 별이 다른 별 둘레를 돌 때 지나가는 길이 이루는 평평한 면.

6 밑줄 친 낱말을 알맞게 사용하지 <u>못한</u> 친구에게 ✕표 하세요.

(1)
지표면은 땅의 겉면을 뜻해.
(   )

(2)
해수면은 바닷물의 겉면을 뜻해.
(   )

(3)
태양 고도는 태양이 남쪽 하늘 한가운데에 있을 때의 높이를 뜻해.
(   )

7 빈칸에 알맞은 낱말을 글자 카드에서 찾아 쓰세요.

(1) 태양의 [ ][ ] 고도가 낮으면 기온이 낮고, 낮의 길이가 짧아져 겨울이 된다.

도　남　중　고

(2) 태양 [ ][ ] 은/는 오전부터 점점 높아져 낮 12시 30분쯤 최고점에 달하고 오후에는 점차 낮아진다.

고　집　도　랑

(3) 계절이 바뀌는 까닭은 지구의 자전축이 [ ][ ] 궤도면에 대해 기울어진 채 태양 주위를 돌기 때문이다.

전　대　공　명

5회 한자 어휘

擧(거)가 들어간 낱말

'擧(거)'가 들어간 낱말을 읽고, ▢ 부분에 밑줄을 그으면서 낱말 공부를 해 보세요.

擧
들 거

'거(擧)'는 아이를 번쩍 든 모습에서 생겨났어. 더불 '여(與)'와 손 '수(手)'가 합쳐진 글자인데, 여기에서 '더불다'는 여럿이 함께하는 것을 뜻해. 낱말에서 '거(擧)'는 '들다', '일으키다' 등의 뜻으로 쓰여.

일擧양득
擧행
의擧
擧사

들다
擧

일거양득

一 한 일 + 擧 들 거 + 兩 두 양 + 得 얻을 득

뜻 한 가지 일을 해서 두 가지 이익을 얻는 것.

예 학습 만화를 읽으면 재미도 있고 공부도 되니 일거양득이다.

비슷한말 일석이조, 꿩 먹고 알 먹는다

'일석이조', '꿩 먹고 알 먹는다' 모두 한 가지 일을 해서 두 가지 이익을 얻는다는 뜻이야.

거행

擧 들 거 + 行 행할 행

☞ '행(行)'의 대표 뜻은 '다니다'야.

뜻 행사나 의식을 치르는 것.

예 지금부터 졸업식을 거행하겠습니다.

여러 가지 뜻을 가진 낱말 거행

'거행'에는 시키는 대로 행함이라는 뜻도 있어.

일으키다
擧

의거

義 의로울 의 + 擧 일으킬 거

☞ '의(義)'의 대표 뜻은 '옳다'야.

뜻 의로운 일을 일으키는 것.

예 일제 강점기에 독립운동가들의 의거가 이어졌다.

글자는 같지만 뜻이 다른 낱말 의거

"법률에 의거하여 판단하다."처럼 어떤 사실이나 원리 등에 근거한다는 뜻의 '의거'도 있어.

거사

擧 일으킬 거 + 事 일 사

뜻 사회적으로 크고 중요한 일을 일으킴.

예 안중근은 중국에서 거사를 실행하여 우리 국민들에게 독립의 희망을 주었다.

글자는 같지만 뜻이 다른 낱말 거사

'거사'는 규모가 아주 크고 힘이 많이 드는 일이란 뜻으로 쓰이기도 해. "거사를 준비하다."와 같이 쓰여.

假(가)가 들어간 낱말

🖊 '假(가)'가 들어간 낱말을 읽고, ▢▢▢ 부분에 밑줄을 그으면서 낱말 공부를 해 보세요.

假

거짓 가

'가(假)'는 사람 '인(人)'과 빌릴 '가(叚)'가 합쳐진 글자야. '가(假)'는 물건을 주고받는 모습에서 '빌려주다', '임시'를 뜻했는데, 빌려주는 것은 진짜로 주는 게 아니기 때문에 '거짓, 가짜'라는 뜻도 가지게 됐어.

假식

假면

호假호위

假정

거짓 假

🌸 가식

假 거짓 **가** + 飾 꾸밀 **식**

뜻 말이나 행동을 거짓으로 꾸밈.

예 수연이는 솔직한 성격이라 가식이 전혀 없다.

비슷한말 가장

'가식'과 뜻이 비슷한 낱말로 '가장'이 있어. '가장'은 태도를 거짓으로 꾸미는 것을 뜻해.

🌸 가면

假 거짓 **가** + 面 낯 **면**

뜻 종이나 나무로 사람이나 동물의 얼굴을 본떠서 만들어 얼굴에 쓰는 물건.

예 연극에 쓸 호랑이 가면을 만들었다.

여러 가지 뜻을 가진 낱말 가면

'가면'은 속뜻을 감추고 겉으로 거짓을 꾸미는 엉큼한 얼굴 또는 그런 태도나 모습의 뜻으로도 쓰여.

빌리다 · 임시 假

🌸 호가호위

狐 여우 **호** + 假 빌릴 **가** + 虎 호랑이 **호** + 威 세력 **위**

👆 '위(威)'의 대표 뜻은 '위엄'이야.

뜻 여우가 호랑이의 힘을 빌려 잘난 체한다는 뜻으로, 남의 힘을 빌려 권력을 휘두름을 말함.

예 호가호위라고 힘센 수혁이와 친하다고 내 준비물을 함부로 가져가네.

🌸 가정

假 임시 **가** + 定 정할 **정**

뜻 임시로 인정한다는 뜻으로 어떤 일이 실제로 일어났다고 여기거나 미리 생각해 보는 것.

예 지구의 자전축이 기울어지지 않고, 수직인 채로 공전한다고 가정하면 계절은 변하지 않을 것이다.

확인 문제

✎ 36쪽에서 공부한 낱말을 떠올리며 문제를 풀어 보세요.

1 뜻에 알맞은 낱말을 빈칸에 쓰세요.

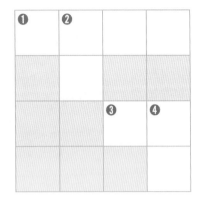

가로 열쇠 ❶ 한 가지 일을 해서 두 가지 이익을 얻는 것으로,
'일석이조'와 뜻이 비슷한 말.
❸ 의로운 일을 일으키는 것.

세로 열쇠 ❷ 행사나 의식을 치르는 것.
❹ 사회적으로 크고 중요한 일을 일으킴.

2 빈칸에 공통으로 들어갈 낱말은 무엇인가요? (   )

• 법률에 [   ]하여 집행하다.

• 부패한 관리를 향한 [   ]가 일어나다.

① 선거   ② 과거   ③ 의거   ④ 수거   ⑤ 열거

3 일석이조와 뜻이 비슷한 속담은 무엇인지 빈칸에 알맞은 말을 쓰세요.

일석이조	=	[ ] 먹고 [ ] 먹는다
동시에 두 가지 이득을 얻게 됨을 이르는 말.		한 가지 일을 하여 두 가지 이익을 보게 됨을 비유적으로 이르는 말.

4 밑줄 친 낱말을 알맞게 사용한 친구에게 모두 ○표 하세요.

(1) 축제를 거행하기에 앞서 선생님께서 당부 말씀을 하셨어.

(   )

(2) 많은 경기에서 의거를 한 선수를 기념하기 위한 행사가 열린대.

(   )

(3) 한옥 마을 여행으로 가족과 친해지고, 공부도 되었으니 일거양득이야.

(   )

✎ 37쪽에서 공부한 낱말을 떠올리며 문제를 풀어 보세요.

5 뜻에 알맞은 낱말이 되도록 보기 에서 글자를 찾아 쓰세요.

보기

| 가 | 면 | 식 | 위 | 호 |

(1) 말이나 행동을 거짓으로 꾸밈. → | 가 | |

(2) 남의 힘을 빌려 권력을 휘두름. → | 호 | 가 | |

(3) 어떤 일이 실제로 일어났다고 여기거나 미리 생각해 보는 것. → | | 정 |

(4) 종이나 나무로 사람이나 동물의 얼굴을 본떠서 만들어 얼굴에 쓰는 물건. → | 가 | |

6 (   ) 안에서 밑줄 친 낱말과 뜻이 비슷한 낱말을 골라 ○표 하세요.

나는 <u>가식</u>된 말과 행동을 하는 사람들이 싫다.

(가로 , 가장 , 가열)

7 빈칸에 들어갈 낱말을 글자 카드에서 찾아 쓰세요.(같은 글자를 두 번 쓸 수 있어요.)

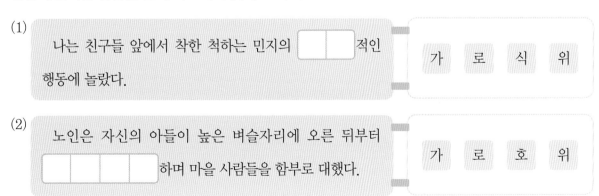

(1)
나는 친구들 앞에서 착한 척하는 민지의 | | | 적인 행동에 놀랐다.

| 가 | 로 | 식 | 위 |

(2)
노인은 자신의 아들이 높은 벼슬자리에 오른 뒤부터 | | | | 하며 마을 사람들을 함부로 대했다.

| 가 | 로 | 호 | 위 |

✎ 1주차 1~5회에서 공부한 낱말을 떠올리며 문제를 풀어 보세요.

낱말 뜻

1 낱말과 그 뜻이 바르게 짝 지어지지 <u>않은</u> 것은 무엇인가요? (   )

① 대륙 – 바다로 둘러싸인 큰 땅덩어리.
② 조건 – 어떤 일을 이루기 전에 갖추어야 하는 것.
③ 세계 지도 – 실제 지구의 모습을 아주 작게 줄인 모형.
④ 도체 – 철, 구리, 알루미늄, 흑연 등 전류가 잘 흐르는 물질.
⑤ 시대적 배경 – 그 시대의 특징적인 시간이나 장소, 사회 주변 모습.

낱말 뜻

2 빈칸에 알맞은 낱말을 완성하세요.

(1) 지도에서 가로로 그은 선으로 위도를 나타냄. → | ㅇ | ㅅ |

(2) 전류가 흐를 때에만 자석이 되는 것. → | ㅈ | ㅈ | ㅅ |

(3) 어림수를 구할 때 구하려는 자리의 한 자리 아래 숫자가 0~4이면 버리고 5~9이면 윗자리에

1을 더하는 것. → | ㅂ | ㅇ | ㄹ |

비슷한말

3 비슷한 뜻을 가진 낱말끼리 짝 지어지지 <u>않은</u> 것에 ✕표 하세요.

(1) 값 – 가격   (2) 금이 가다 – 사이가 뜨다   (3) 대륙 – 대양

(   )   (   )   (   )

어법

4 ㉠과 ㉡ 중 <u>잘못</u> 쓴 것의 기호를 쓰고 바르게 고치세요.

㉠몇 일 전 출장 가신 아버지께서 선물을 사 오신다고 해서 ㉡매시간 시계를 쳐다보며 기다렸다.

(   ) → (   )

관용어

5 밑줄 친 낱말을 알맞게 사용한 친구에게 모두 ○표 하세요.

(1) 매일 운동을 했더니 이전과는 비교도 되지 않을 만큼 체력이 좋아졌어.

( )

(2) 이번 한자 급수 시험은 전과 비교도 되지 않을 정도로 어려웠어.

( )

(3) 하루 종일 아무것도 먹지 못해 너무 배가 고파서 비교도 되지 않게 음식을 먹어 치웠어.

( )

여러 가지 뜻을 가진 낱말

6 밑줄 친 '끈기'가 보기 와 같은 뜻으로 쓰인 것을 골라 ○표 하세요.

> 보기
>
> 날 수 있다는 희망을 가지고 하늘을 나는 연습을 하는 거위의 끈기를 본받고 싶다.

(1) 엄마는 묵힌 쌀로 밥을 해서 끈기가 없다고 말씀하셨다. ( )

(2) 언니는 끈기가 부족해서 어떤 일을 하든지 쉽게 포기했다. ( )

(3) 끈기가 없는 메밀가루가 서로 붙도록 하기 위해 밀가루를 사용했다. ( )

낱말 활용

7 ~ 10 ( ) 안에 들어갈 말을 보기 에서 찾아 쓰세요.

> 보기
>
> 대양   천하   가치관   태양 고도

7 훌륭한 인물의 이야기는 우리의 ( )에 영향을 준다.

8 대서양은 아프리카와 유럽, 아메리카에 둘러싸여 있는 ( )이다.

9 하루 중 ( )이/가 가장 높은 때와 기온이 가장 높은 때는 시간 차이가 있다.

10 월드컵 대회에서 두 골을 넣으며 팀을 우승으로 이끈 축구 선수가 ( )을/를 얻은 듯 기뻐했다.

2주차 어휘 미리 보기

한 주 동안 공부할 어휘들이야. 쓱 한번 훑어볼까?

1회 학습 계획일 ○월 ○일

국어 교과서 어휘

뒷받침하다	매체 자료
판단하다	대조되다
수집하다	언어폭력
설문 조사	격식
면담	인용하다
기사문	제작하다

2회 학습 계획일 ○월 ○일

사회 교과서 어휘

열대 기후	국경
온대 기후	연안
건조 기후	고원
냉대 기후	천연자원
한대 기후	긴밀하다
고산 기후	교류하다

3회 학습 계획일 ○월 ○일

수학 교과서 어휘

공간	전항
방향	비의 성질
층별	자연수의 비
작성	비례식
구분	외항
설계	세우다

4회

학습 계획일 ◯월 ◯일

과학 교과서 어휘

발화점	소화
탈 물질	감전
연소	유용하다
산소 비율	소화기
마찰	부주의
뿌옇다	대피하다

5회

학습 계획일 ◯월 ◯일

한자 어휘

안전	인과응보
보전	보답
전력투구	보도
전국	예보

어휘력 테스트

3주차 어휘 학습으로 가 보자!

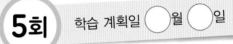

국어 교과서 어휘

다음 중 낱말의 뜻을 잘 알고 있는 것에 ✔ 하세요.

☐ 뒷받침하다   ☐ 판단하다   ☐ 수집하다   ☐ 설문 조사   ☐ 면담   ☐ 기사문

낱말을 읽고, ⬜ 부분에 밑줄을 그으면서 낱말 공부를 해 보세요.

뒷받침하다

 이것만은 꼭!

뜻 뒤에서 지지하고 도와주다.

예 글쓴이가 자신의 주장을 뒷받침하려고 도표를 자료로 활용하였다.

어법 **뒷받침**

'뒷받침'은 순우리말인 '뒤'와 '받침'이 만나 이루어진 낱말로, [뒤빧침]으로 소리 나. 이와 같이 순우리말로 이루어지면서 뒷말의 첫소리가 된소리로 소리 나는 경우에는 두 낱말 사이에 'ㅅ'을 넣어야 해. '뒤받침'이 아니라 '뒷받침'이라고 써야 한다는 것을 잊지 마.

판단하다

判 판단할 **판** + 斷 결단할 **단** + 하다

'단(斷)'의 대표 뜻은 '끊다'야.

뜻 논리나 기준에 따라 어떠한 것에 대한 생각을 정하다.

예 주장에 대한 근거가 적절한지 판단하며 글을 읽어야 한다.

 논설문을 읽을 때 근거의 타당성을 판단해야 돼. 근거가 주장과 관련 있는지, 근거가 주장을 잘 뒷받침하는지, 근거를 뒷받침하는 자료가 적절한지를 기준으로 판단해.

수집하다

蒐 모을 **수** + 集 모을 **집** + 하다

뜻 취미나 연구를 위하여 여러 가지 물건이나 재료를 찾아 모으다.

예 논설문을 쓰려고 그림 자료와 동영상 자료를 수집하였다.

관련 어휘 **수집가, 수집광**

'수집가'란 여러 가지 물건이나 재료를 찾아 모으는 것을 전문적으로 하는 사람을 말해. 반면에 '수집광'은 귀중한 것만이 아니라 쓸데없는 것까지 무엇이든 찾아 모으려고 하는 병적인 버릇이 있는 사람을 말해. 그러므로 '수집가'와 '수집광'의 뜻을 잘 구별해서 써야 해.

설문 조사

說 말씀 **설** + 問 물을 **문** +
調 조사할 **조** + 査 조사할 **사**
🖱 '조(調)'의 대표 뜻은 '고르다'야.

뜻 조사를 하거나 통계 자료를 얻기 위해 여러 사람에게 문제를 내어 묻는 방식.

예 논설문을 쓰기 위한 자료 조사 방법에는 설문 조사, 인터넷 검색하기, 책이나 신문에서 찾아보기 등이 있다.

관련 어휘 **조사지**

설문 조사를 하기 위해 어떤 주제에 대해 문제를 내어 묻는 질문지를 '조사지'라고 해.

면담

面 만날 **면** + 談 말씀 **담**
🖱 '면(面)'의 대표 뜻은 '낯'이야.

뜻 서로 만나서 이야기함.

예 주장을 뒷받침하기 위한 자료를 수집하기 위해 해당 분야의 전문가와 면담을 하였다.

▲ 면담하는 장면

기사문

記 기록할 **기** + 事 일 **사** +
文 글월 **문**

뜻 사실을 보고 들은 그대로 적은 글.

예 신문에 실린 기사문을 주장을 뒷받침하는 자료로 수집하였다.

관련 어휘 **육하원칙**

'육하원칙'은 기사문을 쓸 때 지켜야 할 기본적인 원칙으로 '누가, 언제, 어디에서, 무엇을, 어떻게, 왜'의 여섯 가지를 말해. 이렇게 육하원칙을 지켜서 글을 쓰면 글을 좀 더 정확하고 자세하게 쓸 수 있을 뿐만 아니라 읽는 사람도 이해하기 쉬워.

꼭! 알아야 할 속담

빈칸 채우기 개는 도토리를 먹지 않기 때문에 밥 속에 있어도 먹지 않고 남긴다는 뜻에서, 따돌림을 받아서 무리에 끼지 못하는 사람을 비유적으로 '개밥에 [   ]'라고 표현합니다.

국어 교과서 어휘

다음 중 낱말의 뜻을 잘 알고 있는 것에 ✔ 하세요.

☐ 매체 자료 ☐ 대조되다 ☐ 언어폭력 ☐ 격식 ☐ 인용하다 ☐ 제작하다

✏️ 낱말을 읽고, ▨▨▨ 부분에 밑줄을 그으면서 낱말 공부를 해 보세요.

이것만은 꼭!

매체 자료

媒 매개 매 + 體 물체 체 +
資 바탕 자 + 料 재료 료

🖱 '매(媒)'의 대표 뜻은 '중매', '체
(體)'의 대표 뜻은 '몸', '자(資)'의
대표 뜻은 '재물', '료(料)'의 대표
뜻은 '헤아리다'야.

뜻 어떤 사실이나 정보, 의견을 담아서 듣는 사람에게 전하려고 활용
하는 것으로, 영상, 사진, 표, 지도, 도표, 그림, 소리, 음악 등을
말함.

예 다양한 매체 자료를 활용하면 내용을 효과적으로 전할 수 있다.

■ 매체 자료의 예

▲ 사진

▲ 그림

▲ 지도

대조되다

對 대조할 대 + 照 대조할 조 + 되다

🖱 '대(對)'의 대표 뜻은 '대하다', '조
(照)'의 대표 뜻은 '비치다'야.

뜻 서로 달라서 맞대어져 비교되다.

예 인물의 표정이나 행동을 대조되는 장면으로 영상을 구성하였다.

관련 어휘 대조

'대조'란 서로 달라서 대비가 된다는 뜻으로 "아빠의 까맣게 탄 얼굴과 하얀 이가 대
조를 보인다."와 같이 쓰일 수 있어.

언어폭력

言 말씀 언 + 語 말씀 어 +
暴 사나울 폭 + 力 힘 력

뜻 말로써 온갖 욕설, 협박 등을 하는 일.

예 언어폭력으로 다른 사람에게 상처를 주는 친구들이 늘고 있다.

속담 말이란 아 해 다르고 어 해 다르다

'말이란 아 해 다르고 어 해 다르다'는 말이란 같은 내용이라도 표현하는 데 따라서
아주 다르게 들린다는 말이야. 좋은 의도를 가지고 말했더라도 어떻게 말하느냐에
따라 상대방의 기분이 달라질 수 있으니 우리는 항상 말을 할 때 조심해야 해.

격식

格 격식 **격** + 式 법 **식**

뜻 격에 맞는 일정한 방식.

예 비속어, 은어와 같은 언어는 격식에 맞지 않는다.

관련 어휘 **격식체**

대화를 나누는 상대에게 예의를 갖추어 말하는 상대 높임법의 하나야. 공적인 상황에서는 말하는 이가 듣는 이보다 나이가 많아도 격식체를 사용해야 돼.

인용하다

引 인용할 **인** + 用 쓸 **용** + 하다

🐭 '인(引)'의 대표 뜻은 '끌다'야.

뜻 남의 말이나 글을 자신의 말이나 글 속에 끌어 쓰다.

예 인용한 자료는 출처를 정확히 밝혀야 한다.

비슷한말 **따다**

'따다'가 가진 여러 가지 뜻 가운데에서 글이나 말 등에서 필요한 부분을 뽑아 쓴다는 뜻이 있어. "선생님 말씀을 그대로 따서 수첩에 적었다."와 같이 쓰여.

제작하다

製 만들 **제** + 作 만들 **작** + 하다

🐭 '제(製)'와 '작(作)'의 대표 뜻은 모두 '짓다'야.

뜻 재료를 가지고 새로운 물건이나 예술 작품을 만들다.

예 취재한 내용을 효과적으로 알릴 수 있게 뉴스 영상을 제작하고 편집하였다.

꼭! 알아야 할 관용어

○표 하기

용기나 줏대 없이 남에게 굽히는 것을 가리켜 '간도 (쓸개 , 신장)도 없다'라고 합니다.

✏ 44~45쪽에서 공부한 낱말을 떠올리며 문제를 풀어 보세요.

1 뜻에 알맞은 낱말을 글자판에서 찾아 묶으세요.(낱말은 가로(─), 세로(│), 대각선(╱╲) 방향에 숨어 있어요.)

수	매	대	판
기	집	정	단
사	료	하	하
문	면	담	다

❶ 서로 만나서 이야기함.
❷ 논리나 기준에 따라 어떠한 것에 대한 생각을 정하다.
❸ 취미나 연구를 위하여 여러 가지 물건이나 재료를 찾아 모으다.

2 빈칸에 들어갈 낱말을 완성하세요.

(1) 사실을 보고 들은 그대로 적은 글을 [ㄱ][ㅅ][ㅁ](이)라고 한다.

(2) 조사를 하거나 통계 자료를 얻기 위해 여러 사람에게 문제를 내어 묻는 방식을 [ㅅ][ㅁ] 조사라고 한다.

3 (   ) 안에 들어갈 낱말을 보기 에서 찾아 쓰세요.

> **보기**
> 판단   수집   뒷받침   기사문

(1) 자신의 주장을 (   )하려면 타당한 근거를 들어야 한다.

(2) 자료가 근거를 잘 뒷받침하는지 (   )하기 위해서 자료가 근거의 내용과 관련 있는지 따져 보아야 한다.

(3) 자료를 (   )할 때에는 되도록 다양한 종류의 자료를 활용할 수 있도록 하고, 믿을 수 있는 자료여야 한다.

(4) 숲을 보호하자는 주장을 뒷받침하기 위해 나무가 이산화 탄소를 흡수한다는 내용의 ○○ 신문에 실린 (   )을 자료로 수집하였다.

✎ 46~47쪽에서 공부한 낱말을 떠올리며 문제를 풀어 보세요.

4 빈칸에 들어갈 낱말을 글자 카드에서 찾아 쓰세요.

(1)
모습은 거의 똑같은 쌍둥이이지만 둘의 성격은 매우 달라서 [ ][ ]된다.

| 언 | 대 | 어 | 조 | 용 |

(2)
화가는 예술 작품을 [ ][ ]하기 위해서 좁은 작업실에 틀어박혀 살았다.

| 제 | 격 | 자 | 식 | 작 |

5 무엇에 대한 설명인지 빈칸에 들어갈 낱말을 완성하세요.

어떤 사실이나 정보, 의견을 담아서 듣는 사람에게 전하려고 활용하는 것으로, 영상, 사진, 표, 지도, 도표, 그림, 소리, 음악 등을 말함.

| ㅁ | ㅊ | ㅈ | ㄹ |

6 ( ) 안에서 알맞은 낱말을 골라 ○표 하세요.

(1)
친구에게 욕설과 협박 등의 (언어폭력 , 언행일치)을/를 하지 말자는 내용의 논설문을 썼다.

(2)
주장을 뒷받침하기 위해서 신문 기사를 (대조 , 인용)하고 출처를 바로 아래 써 놓았다.

(3)
친구들 앞에서 발표를 할 때 비속어나 은어와 같은 언어를 사용하는 것은 (법 , 격식)에 어긋나는 일이다.

(4)
'건강 주간'을 맞아 우리 반은 '건강한 생활을 위해 실천하면 좋은 일'을 직접 영상으로 (제작 , 조작)해 보았다.

사회 교과서 어휘

다음 중 낱말의 뜻을 잘 알고 있는 것에 ✔ 하세요.

☐ 열대 기후   ☐ 온대 기후   ☐ 건조 기후   ☐ 냉대 기후   ☐ 한대 기후   ☐ 고산 기후

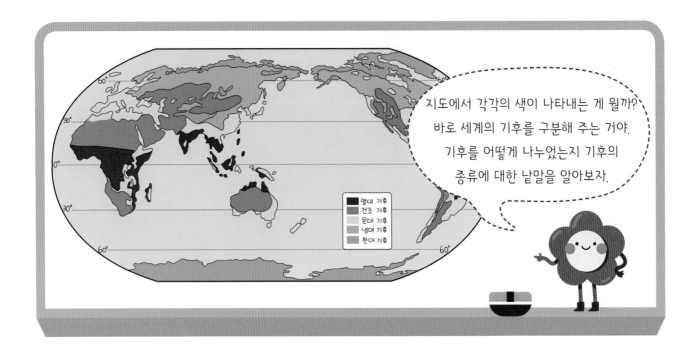

지도에서 각각의 색이 나타내는 게 뭘까?
바로 세계의 기후를 구분해 주는 거야.
기후를 어떻게 나누었는지 기후의
종류에 대한 낱말을 알아보자.

✏️ 낱말을 읽고, ▨ 부분에 밑줄을 그으면서 낱말 공부를 해 보세요.

열대 기후

熱 더울 열 + 帶 띠 대 +
氣 기후 기 + 候 기후 후
🖱 '기(氣)'의 대표 뜻은 '기운'이야.

뜻 일 년 내내 기온이 높고 강수량이 많은 기후로, 건기와 우기가 나타나는 곳도 있음.

예 열대 기후 지역에서는 화전 농업 방식을 활용해 얌, 카사바 등을 재배한다.

관련 어휘 건기, 우기
'건기'는 비가 내리지 않아 메마른 시기를, '우기'는 일 년 중 비가 많이 오는 시기를 말해.

온대 기후

溫 따뜻한 온 + 帶 띠 대 +
氣 기후 기 + 候 기후 후

이것만은 꼭!

뜻 사계절이 비교적 뚜렷한 기후로 여름에는 기온이 높고 강수량이 많으며, 겨울에는 기온이 낮고 강수량이 적음.

예 사계절이 뚜렷한 온대 기후 지역은 인구가 많고 여러 산업이 발달하였다.

▲ 봄   ▲ 여름   ▲ 가을   ▲ 겨울

2
주
차

2회

건조 기후

乾 마를 **건** + 燥 마를 **조** +
氣 기후 **기** + 候 기후 **후**
'건(乾)'의 대표 뜻은 '하늘'이야.

뜻 일 년 동안의 강수량을 모두 합쳐도 500mm가 채 안 될 정도로 비가 내리지 않는 기후.

예 건조 기후 지역은 수분이 부족해서 수목이 자라기 힘들고, 삼림이 충분히 발달하지 못하여 사막이나 초원이 나타난다.

사막 ▶

냉대 기후

冷 찰 **냉** + 帶 띠 **대** +
氣 기후 **기** + 候 기후 **후**

뜻 온대 기후와 마찬가지로 사계절이 나타나지만 온대 기후보다 겨울이 더 춥고 긴 기후.

예 냉대 기후 지역은 잎이 뾰족한 침엽수림이 널리 분포해 목재를 생산하고 펄프 공업이 발달하였다.

냉대 기후 지역에서 볼 수 있는 대규모 침엽수림 지대를 '타이가'라고 해.

한대 기후

寒 찰 **한** + 帶 띠 **대** +
氣 기후 **기** + 候 기후 **후**

뜻 일 년 내내 평균 기온이 매우 낮은 기후로 평균 기온이 가장 높은 달도 10℃보다 낮음.

예 한대 기후 지역의 주민들은 여름에 얼음이 녹아 이끼나 풀이 자라는 땅에서 순록을 기르는 유목 생활을 하기도 한다.

한대 기후 지역은 농사를 짓기 어려워 사람들은 순록 유목, 수렵, 물고기 잡는 일 등을 해.

고산 기후

高 높을 **고** + 山 메 **산** +
氣 기후 **기** + 候 기후 **후**

뜻 위도의 차이에 의해 생겨나는 기후가 아닌, 해발 고도가 높은 곳에서 나타나는 기후. 일 년 내내 월평균 기온이 15℃ 내외로 우리나라의 봄철과 같은 온화한 날씨가 나타남.

예 고산 기후는 무더운 평지보다 인간이 생활하기에 유리해서 고도가 높은 곳에 도시가 발달하기도 한다.

사회 교과서 어휘

다음 중 낱말의 뜻을 잘 알고 있는 것에 ☑ 하세요.

☐ 국경 ☐ 연안 ☐ 고원 ☐ 천연자원 ☐ 긴밀하다 ☐ 교류하다

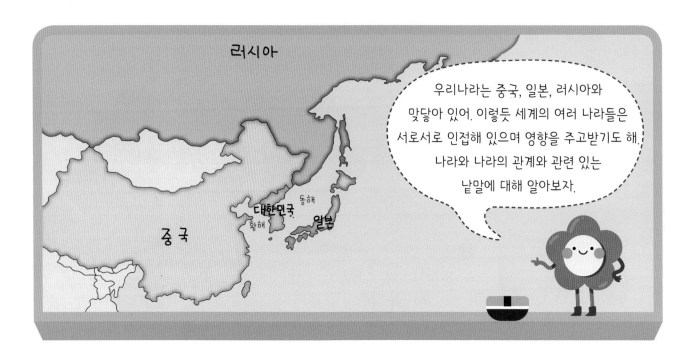

러시아

우리나라는 중국, 일본, 러시아와 맞닿아 있어. 이렇듯 세계의 여러 나라들은 서로서로 인접해 있으며 영향을 주고받기도 해. 나라와 나라의 관계와 관련 있는 낱말에 대해 알아보자.

대한민국 동해
황해 일본
중국

✏️ 낱말을 읽고, ▢ 부분에 밑줄을 그으면서 낱말 공부를 해 보세요.

이것만은 꼭!

국경

國 나라 **국** + 境 지경 **경**

뜻 나라와 나라의 영역을 가르는 경계.

예 우리나라는 중국, 일본, 러시아와 **국경**을 마주하고 있다.

> 세계 지도를 보면 우리나라와 맞닿아 있는 나라와 그 나라들의 위치를 알 수 있어.

연안

沿 물 따라갈 **연** + 岸 언덕 **안**

뜻 강이나 호수, 바다를 따라 잇닿아 있는 육지.

예 일본은 태평양 **연안**을 따라 공업 지역이 발달하였다.

고원

高 높을 **고** + 原 언덕 **원**

뜻 보통 해발 고도 600미터 이상에 있는 넓은 벌판.

예 러시아의 동부는 주로 고원과 산악 지대이다.

우리나라의 대표적 고원 지대는 강원도의 대관령이야.

천연자원

天 자연 **천** + 然 상태 **연** + 資 바탕 **자** + 源 근원 **원**

🐭 '천(天)'의 대표 뜻은 '하늘', '연 (然)'의 대표 뜻은 '그러하다', '재 (資)'의 대표 뜻은 '재물'이야.

뜻 천연적으로 존재하여 인간 생활이나 생 산 활동에 이용할 수 있는 물자나 에너지 를 통틀어 이르는 말.

예 러시아는 세계에서 영토가 가장 넓은 나라로, 풍 부한 천연자원을 바탕으로 한 산업이 발달했다.

▲ 천연자원의 하나인 석탄

긴밀하다

緊 긴할 **긴** + 密 가까울 **밀** + 하다

🐭 '밀(密)'의 대표 뜻은 '빽빽하다' 야.

뜻 서로의 관계가 매우 가까워 빈틈이 없다.

예 우리나라는 이웃 나라와 긴밀한 관계에 있다.

비슷한말 가깝다

'가깝다'는 서로의 사이가 다정하고 친하다는 뜻으로 '긴밀하다'와 서로 바꾸어 쓸 수도 있어.

교류하다

交 사귈 **교** + 流 흐를 **류** + 하다

뜻 문화나 사상 등을 서로 통하게 하다.

예 우리나라는 이웃 나라와 교류하며 여러 문제를 해결하려고 함께 노력한다.

한국, 중국, 일본의 환경 장관들이 모여 미세 먼지 문제에 함께 대처하고, 해결을 위해 노력하기로 약속했어.

이런 것들이 모두 이웃 나라와 교류하며 문제를 함께 해결하려는 노력이라고 볼 수 있겠네.

✎ 50～51쪽에서 공부한 낱말을 떠올리며 문제를 풀어 보세요.

1 뜻에 알맞은 낱말이 되도록 보기 에서 글자를 찾아 쓰세요.(같은 글자를 두 번 쓸 수 있어요.)

보기
고 냉 대 열 조 산 건

(1) 온대 기후와 마찬가지로 사계절이 나타나지만 온대 기후보다 겨울이 더 춥고 긴 기후.

→ ☐☐ 기후

(2) 일 년 내내 기온이 높고 강수량이 많은 기후로, 건기와 우기가 나타나는 곳도 있음.

→ ☐☐ 기후

(3) 일 년 동안의 강수량을 모두 합쳐도 500mm가 채 안 될 정도로 비가 내리지 않는 기후.

→ ☐☐ 기후

(4) 위도의 차이에 의해 생겨나는 기후가 아닌, 해발 고도가 높은 곳에서 나타나는 기후. 일 년 내내 월평균 기온이 15℃ 내외로 우리나라의 봄철과 같은 온화한 날씨가 나타남.

→ ☐☐ 기후

2 친구가 설명하는 지역의 기후는 무엇인가요? ( )

이 지역의 주민들은 여름에 얼음이 녹아 이끼나 풀이 자라는 땅을 찾아다니며 순록을 기르는 유목 생활을 해.

① 냉대 기후   ② 한대 기후
③ 고산 기후   ④ 온대 기후
⑤ 열대 기후

3 ( ) 안에서 알맞은 낱말을 골라 ○표 하세요.

(1) 우리나라의 대부분은 사계절이 뚜렷한 (온대 기후 , 냉대 기후)로, 여름에는 기온이 높고 강수량이 많으며, 겨울에는 기온이 낮고 강수량이 적은 기후이다.

(2) 사막은 수분이 부족해서 수목이 자라기 힘든 곳으로 (건조 기후 , 열대 기후) 지역이다.

✎ 52～53쪽에서 공부한 낱말을 떠올리며 문제를 풀어 보세요.

4 뜻에 알맞은 낱말을 빈칸에 쓰세요.

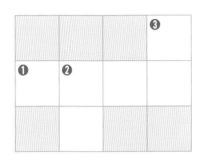

가로 열쇠 ❶ 천연적으로 존재하여 인간 생활이나 생산 활동에 이용할 수 있는 물자나 에너지를 통틀어 이르는 말.

세로 열쇠 ❷ 강이나 호수, 바다를 따라 잇닿아 있는 육지.
❸ 보통 해발 고도 600미터 이상에 있는 넓은 벌판.

5 뜻에 알맞은 낱말을 골라 ○표 하세요.

(1) 나라와 나라의 영역을 가르는 경계.

(국경 , 국적 , 국력)

(2) 문화나 사상 등을 서로 통하게 하다.

(긴밀하다 , 교류하다)

6 빈칸에 들어갈 말이 순서대로 알맞게 짝 지어진 것을 골라 ○표 하세요.

 한중일 합작 만화 영화가 우리나라에서 개봉되었대. 이웃 나라와 활발하게 [   ] 모습이 보기 좋아.

한국, 중국, 일본은 거리가 가까운 만큼 영향을 [   ] 주고받는 관계인 것 같아.

(1) 교류하는 – 긴밀하게 (   )   (2) 긴밀하는 – 교류하게 (   )

7 빈칸에 들어갈 낱말을 완성하세요.

(1) 우리나라와 [ㄱ | ㄱ] 을/를 접하고 있는 나라는 중국, 일본, 러시아이다.

(2) 러시아는 천연가스, 석탄, 철광석 등 세계적으로 [ㅊ | ㅇ | ㅈ | ㅇ] 이/가 매우 풍부한 곳이다.

수학 교과서 어휘

다음 중 낱말의 뜻을 잘 알고 있는 것에 ✓ 하세요.

☐ 공간 ☐ 방향 ☐ 층별 ☐ 작성 ☐ 구분 ☐ 설계

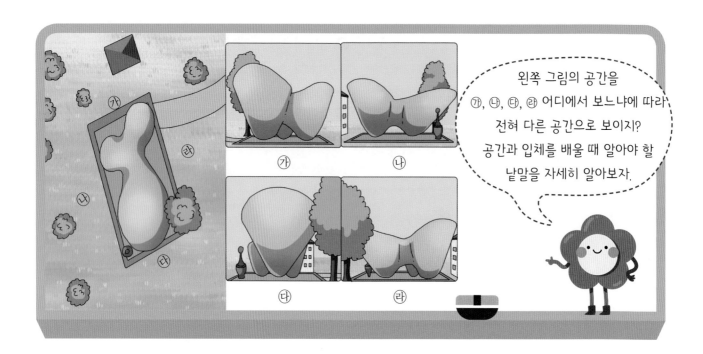

왼쪽 그림의 공간을
㉮, ㉯, ㉰, ㉱ 어디에서 보느냐에 따라
전혀 다른 공간으로 보이지?
공간과 입체를 배울 때 알아야 할
낱말을 자세히 알아보자.

✏️ 낱말을 읽고,　　　 부분에 밑줄을 그으면서 낱말 공부를 해 보세요.

이것만은 꼭!

공간

空 공간 **공** + 間 사이 **간**
↳'공(空)'의 대표 뜻은 '비다'야.

뜻 널리 퍼져 있는 범위.

예 도시 공간에서 볼 수 있는 여러 건물의 모양에 대해서 살펴보았다.

여러 가지 뜻을 가진 낱말 공간

'공간'은 "이 집은 수납 공간이 충분해서 편리하다."처럼 아무것도 없는 빈 곳이나 자리라는 뜻으로 쓰이기도 해.

방향

方 방위 **방** + 向 향할 **향**
↳'방(方)'의 대표 뜻은 '모'야.

뜻 어떤 지점이나 방위를 향하는 쪽.

예 같은 공간도 어느 방향에서 보느냐에 따라 공간의 모양이 달라 보인다.

여러 가지 뜻을 가진 낱말 방향

'방향'은 어떤 일이 일정한 목표를 향하여 나아가는 쪽을 뜻하기도 해. "신제품의 개선 방향을 논의하다."와 같이 쓰이지.

층별

層 층 **층** + 別 나눌 **별**

뜻 층에 따라서 나눈 구별.

예 쌓기나무로 쌓은 모양을 층별로 모양을 그려 보았다.

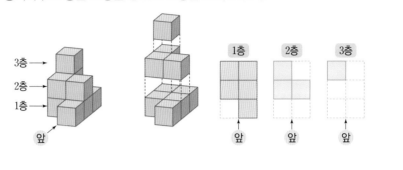

작성

作 지을 **작** + 成 이룰 **성**

뜻 서류, 원고 등을 만듦.

예 모둠 친구들은 쌓기나무로 쌓은 모양을 여러 방향에서 보고, 체험 활동 보고서를 작성하였다.

여러 가지 뜻을 가진 낱말 작성

'작성'은 "그는 이번 올림픽에서 신기록을 작성했다."처럼 운동 경기 등에서, 기록에 남길 만한 일을 이루어 냄의 뜻으로도 쓰여.

구분

區 구분할 **구** + 分 나눌 **분**

뜻 일정한 기준에 따라 전체를 몇 개로 갈라 나눔.

예 쌓기나무의 색을 구분하여 어떻게 만든 모양인지 나타내었다.

비슷한말 분류, 구별

'분류'란 종류에 따라서 가르는 것을 말하고, '구별'이란 성질이나 종류에 따라 갈라 놓는 것으로 '구분', '분류', '구별' 모두 뜻이 비슷한 낱말이야.

설계

設 세울 **설** + 計 계획할 **계**

'설(設)'의 대표 뜻은 '베풀다', 계(計)'의 대표 뜻은 '세다'야.

뜻 건축, 토목, 기계 등에 관한 계획을 세우거나 그 계획을 그림 등으로 나타내는 것.

예 건축가가 건물을 설계하는 방법에 대해 알아보았다.

여러 가지 뜻을 가진 낱말 설계

'설계'에는 앞으로 할 일에 대하여 계획을 세움, 또는 그 계획이라는 뜻도 있어. "행복한 생활을 설계한다.", "설날에 가족과 새해 설계를 하였다." 등이 이런 뜻으로 쓰인 예야.

다음 중 낱말의 뜻을 잘 알고 있는 것에 ✓ 하세요.

☐ 전항 ☐ 비의 성질 ☐ 자연수의 비 ☐ 비례식 ☐ 외항 ☐ 세우다

왼쪽 건물은 높이가 8m이고, 오른쪽 건물은 16m야. 왼쪽 건물과 오른쪽 건물의 높이의 비는 8 : 16으로 나타낼 수 있어.

왼쪽 건물과 오른쪽 건물의 높이의 비는 1 : 2라고 할 수도 있어.

남자아이는 건물의 높이를 비교하여 비율로 나타내었고, 여자아이는 비의 성질을 이용하여 나타내었네. 이와 관련한 낱말을 좀 더 자세히 알아볼까?

✏️ 낱말을 읽고,   부분에 밑줄을 그으면서 낱말 공부를 해 보세요.

전항

前 앞 전 + 項 항목 항

뜻 둘 이상의 항 가운데에서 앞의 항.

예 비 3 : 4에서 기호 ' : ' 앞에 있는 3을 전항이라고 한다.

관련 어휘 후항

'후항'은 둘 이상의 항 가운데에서 뒤의 항으로, 비 3 : 4에서 기호 ' : ' 뒤에 있는 4를 후항이라고 해.

비 3 : 4에서 3과 4를 비의 항이라고 해.

비의 성질

比 견줄 비 + 의 +
性 성질 성 + 質 바탕 질
🔎 '성(性)'의 대표 뜻은 '성품'이야.

뜻 비의 전항과 후항에 0이 아닌 같은 수를 곱하여도 비율은 같고, 비의 전항과 후항을 0이 아닌 같은 수로 나누어도 비율은 같다.

예 비의 성질을 이용하여 12 : 16과 비율이 같은 비를 구하였다.

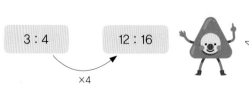

3 : 4   12 : 16

×4

3 : 4의 비율은 $\frac{3}{4}$, 12 : 16의 비율은 $\frac{12}{16} = \frac{3}{4}$. 어때? 비율이 같지?

정답과 해설 ▶ 25쪽

자연수의 비

自 스스로 **자** + 然 그럴 **연** +
數 셈 **수** + 의 + 比 견줄 **비**

뜻 자연수로 이루어진 비.

예 소수의 비를 간단히 자연수의 비로 바꿀 수 있다.

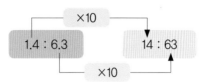

비례식

比 견줄 **비** + 例 법식 **례** +
式 법 **식**

뜻 두 개의 비가 같음을 나타내는 식.

예 비율이 같은 두 비를 기호 '='를 사용하여 6 : 4 = 18 : 12와 같이 나타낼 수 있는데, 이와 같은 식을 비례식이라고 한다.

외항

外 바깥 **외** + 項 항목 **항**

이것만은 꼭!

뜻 비례식의 바깥쪽에 있는 두 항.

예 비례식 6 : 4 = 18 : 12에서 바깥쪽에 있는 6과 12를 외항이라고 한다.

관련 어휘 내항

'내항'은 비례식의 안쪽에 있는 두 항을 말해. 비례식 6 : 4 = 18 : 12에서 안쪽에 있는 4와 18이 내항이야.

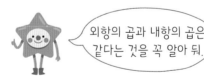

외항의 곱과 내항의 곱은 같다는 것을 꼭 알아 둬.

세우다

뜻 계획, 방안 등을 정하거나 짜다.

예 1부터 10까지의 수 카드 중에서 네 장을 골라 비례식을 세우는 활동을 하였다.

여러 가지 뜻을 가진 낱말 세우다

'세우다'는 주로 "머리를 꼿꼿이 세우다.", "무릎을 세우고 앉다."와 같이 몸이나 몸의 일부를 곧게 펴게 하거나 일어서게 한다는 뜻으로 많이 쓰여. 또는 "집 앞에 차를 세우다."처럼 다른 곳으로 가던 대상을 어느 한 곳에 멈추게 한다는 뜻으로도 쓰이지.

✎ 56~57쪽에서 공부한 낱말을 떠올리며 문제를 풀어 보세요.

1 뜻에 알맞은 낱말이 되도록 보기에서 글자를 찾아 쓰세요.

보기

간 향 공 설 성 작 방 계

(1) 널리 퍼져 있는 범위. → ☐☐

(2) 서류, 원고 등을 만듦. → ☐☐

(3) 어떤 지점이나 방위를 향하는 쪽. → ☐☐

(4) 건축, 토목, 기계 등에 관한 계획을 세우거나 그 계획을 그림 등으로 나타내는 것.

→ ☐☐

2 빈칸에 공통으로 들어갈 낱말은 무엇인가요? (   )

• 쌓기나무의 수를 구할 때 층별로 색깔을 ☐하면 쉽게 구할 수 있다.
• 새로 산 수학 문제집은 문제가 난이도에 따라 ☐되어 있다.

① 조립   ② 설계   ③ 구분   ④ 작성   ⑤ 공간

3 밑줄 친 낱말의 쓰임이 알맞으면 ○표, 알맞지 않으면 ✕표 하세요.

(1) 같은 방향도 위에서 보느냐 앞에서 보느냐에 따라 모양이 크게 다르다. (   )

(2) 쌓기나무로 쌓은 모양을 1층, 2층, 3층으로 나누어 층별로 그렸다. (   )

(3) 도시를 작성하기 위해 도시에 있어야 할 건축물이나 시설물 등을 쌓기나무를 이용하여 만들어
보았다. (   )

✎ 58~59쪽에서 공부한 낱말을 떠올리며 문제를 풀어 보세요.

4 낱말의 뜻을 보기 에서 찾아 사다리를 타고 내려간 곳에 기호를 쓰세요.

보기
㉠ 비례식의 바깥쪽에 있는 두 항.
㉡ 두 개의 비가 같음을 나타내는 식.
㉢ 둘 이상의 항 가운데에서 앞의 항.

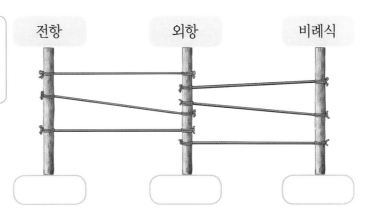

5 두 친구의 대화에서 빈칸에 공통으로 들어갈 말은 무엇인가요? (   )

 비의 전항과 후항에 0이 아닌 같은 수를 곱하여도 비율은 [   ].

비의 전항과 후항을 0이 아닌 같은 수로 나누어도 비율은 [   ].

① 커져   ② 같아   ③ 높아   ④ 달라   ⑤ 작아져

6 밑줄 친 낱말의 뜻이 다른 하나를 골라 ○표 하세요.

(1) 건물 옆에 자전거를 세워 두었다. (   )

(2) 엄마는 지나가는 택시를 세우셨다. (   )

(3) 동생과 나의 몸무게로 비례식을 세웠다. (   )

7 (   ) 안에서 알맞은 말을 골라 ○표 하세요.

(1)   2 : 5는 (소수의 비 , 자연수의 비)이다.

(2)   1 : 4에서 1을 (전항 , 후항)이라고 하고, 4를 (전항 , 후항)이라고 한다.

(3)   2 : 5 = 4 : 10에서 2와 10을 (내항 , 외항)이라고 하고, 5와 4를 (내항 , 외항)이라고 한다.

과학 교과서 어휘

다음 중 낱말의 뜻을 잘 알고 있는 것에 ✔ 하세요.

☐ 발화점　☐ 탈 물질　☐ 연소　☐ 산소 비율　☐ 마찰　☐ 뿌옇다

불은 정말 무시무시해.
이렇게 무서운 불은 왜 나는 걸까?
물질이 타기 위해서 필요한 요소가
있어. 이와 관련 있는 낱말을
공부해 보자.

✎ 낱말을 읽고, ▢▢▢ 부분에 밑줄을 그으면서 낱말 공부를 해 보세요.

발화점

發 일어날 **발** + 火 불 **화** +
點 점 **점**
🖱'발(發)'의 대표 뜻은 '피다'야.

뜻 어떤 물질이 불에 직접 닿지 않아도 타기 시작하는 온도.

예 물질이 타려면 산소가 필요하고, 온도가 발화점 이상이 되어야 한다.

여러 가지 뜻을 가진 낱말 **발화점**
'발화점'은 화재 원인을 조사할 때 처음 화재가 일어난 자리라는 뜻으로도 쓰여.

탈 물질

탈 + 物 물건 **물** + 質 바탕 **질**

뜻 불에 탈 수 있는 재료.

예 탈 물질에는 나무, 종이와 같은 고체 연료, 휘발유, 알코올과 같은 액체 연료,
천연가스와 같은 기체 연료 등이 있다.

비슷한말 **연료**
태워서 빛이나 열을 내거나 기계를 움직이는 에너지를 얻을 수 있는 물질을 '연료'라
고 해. "주유소에 들러 차에 연료를 공급했다."처럼 쓰여.

연소

燃 탈 **연** + 燒 불사를 **소**

이것만은 꼭!

뜻 물질이 산소와 빠르게 결합하면서 빛과 열을 내는 현상.

예 물질이 연소가 되려면 탈 물질, 산소, 발화점 이상의 온도 세 가지의 요소가 모두 갖추어져야 한다.

▲ 연소의 조건

관련 어휘 **연소 반응**

물질을 태우면 원래 물질과는 성질이 다른 물질(물, 이산화 탄소 등)이 생성되는 것을 '연소 반응'이라고 해.

산소 비율

酸 산소 **산** + 素 본디 **소** + 比 견줄 **비** + 率 비율 **율**

'산(酸)'의 대표 뜻은 '시다'야.

뜻 공기를 구성하는 기체 중 산소가 차지하는 양.

예 초가 타기 전에 비커 속 산소 비율이 21%였던 것이 초가 타고 난 후에는 17%로 줄었다.

초가 타고 나서 산소가 줄어들었다는 것은 초가 타면서 산소를 사용했다는 뜻이야. 이로써 연소가 이루어지려면 산소가 필요하다는 것을 알 수 있어.

마찰

摩 문지를 **마** + 擦 문지를 **찰**

뜻 두 물체가 서로 닿아 비벼짐.

예 성냥의 머리 부분을 성냥갑에 마찰하면 직접 불을 붙이지 않고도 물질을 태울 수 있다.

여러 가지 뜻을 가진 낱말 **마찰**

'마찰'은 이해나 의견이 서로 다른 사람이나 집단이 충돌함이라는 뜻으로 쓰이기도 해. 이때는 '갈등'과 뜻이 비슷하지.

뿌옇다

뜻 연기나 안개가 낀 것처럼 선명하지 못하고 조금 허옇다.

예 촛불이 꺼지고 난 다음 석회수가 뿌옇게 흐려지는 것으로 보아, 초가 연소한 후 이산화 탄소가 생긴다는 것을 알 수 있다.

어법 **뿌옇다**

'뿌옇다'의 받침 'ㅎ'이 뒤에 오는 'ㄷ'과 만나면 'ㄷ'이 'ㅌ'으로 바뀌어 소리가 나. 그래서 '뿌옇다'는 [뿌여타]라고 발음해야 해. 또한 '뿌옇다'는 '뿌예', '뿌예서', '뿌여니'와 같이 모양이 바뀐다는 것을 기억해.

다음 중 낱말의 뜻을 잘 알고 있는 것에 ☑ 하세요.

☐ 소화 ☐ 감전 ☐ 유용하다 ☐ 소화기 ☐ 부주의 ☐ 대피하다

불은 어떻게 꺼야 할까?
불을 끄는 방법에 대해 생각해 보며
관련 있는 낱말에 대해 이어서
공부해 보자.

✎ 낱말을 읽고, ▩▩▩ 부분에 밑줄을 그으면서 낱말 공부를 해 보세요.

이것만은 꼭!

소화

消 사라질 소 + 火 불 화

뜻 연소의 조건 중에서 한 가지 이상의 조건을 없애 불을 끄는 것.

예 소화 방법은 탈 물질에 따라 다르다.

글자는 같지만 뜻이 다른 낱말 소화
'소화'에는 먹은 음식물을 뱃속에서 분해하여 영양분으로 흡수함이라는 뜻도 있어.
"점심 먹은 것이 모두 소화됐다."와 같이 쓰이지.

감전

感 느낄 감 + 電 전기 전
☞'전(電)'의 대표 뜻은 '번개'야.

뜻 전기가 통하고 있는 물체가 몸에 닿아 충격을 받음.

예 기름이나 가스, 전기로 생긴 화재는 물로 끄면 불이 더 크게 번지거나 감전이 될 수 있어 위험하다.

기름이나 가스, 전기로
생긴 화재는 소화기를 사용하거나
모래를 덮는 등 적절한 방법으로
불을 꺼야 해.

유용하다

有 있을 유 + 用 쓸 용 + 하다

뜻 쓸모가 있다.

예 소화기는 화재의 초기 단계에서 불을 끌 수 있는 유용한 도구이므로 사용 방법을 잘 알아 두어야 한다.

반대말 무용하다

'무용하다'는 쓸모가 없다는 뜻으로, "비가 그치자 들고 나온 우산은 무용하게 되었다."와 같이 쓰여.

소화기

消 사라질 소 + 火 불 화 +
器 도구 기

☞ '기(器)'의 대표 뜻은 '그릇'이야.

뜻 불을 끄는 기구.

예 분말 소화기 이외에도 간편하게 사용할 수 있는 분무 소화기, 불이 난 곳에 던져서 사용하는 투척용 소화기도 있다.

▲ 분무 소화기

뜻을 더해 주는 말 -기

'-기'는 낱말 뒤에 붙어 '도구' 또는 '기구'라는 뜻을 더해 줘. '-기'가 들어가는 낱말에는 습도를 조절하는 전기 기구인 '가습기', 각도를 재는 도구인 '각도기', 계산을 빠르고 정확하게 하기 위하여 사용하는 기기인 '계산기' 등이 있지.

부주의

不 아닐 부 + 注 부을 주 +
意 뜻 의

뜻 조심을 하지 않음.

예 화재는 사람들의 부주의나 사고 등 다양한 원인으로 발생한다.

비슷한말 방심

'방심'이란 마음을 다잡지 않고 풀어 놓아 버림이라는 뜻으로 '부주의'와 서로 바꾸어 쓸 수 있어.

반대말 주의

'주의'란 마음에 새겨 두고 조심함을 뜻하는 말로 '부주의'와 뜻이 반대야.

대피하다

待 기다릴 대 + 避 피할 피 +
하다

뜻 위험이나 피해를 입지 않도록 일시적으로 피하다.

예 화재가 발생하면 젖은 수건으로 코와 입을 막으며 몸을 낮춰 대피하고 119에 신고한다.

▲ 화재 대피 훈련

✎ 62~63쪽에서 공부한 낱말을 떠올리며 문제를 풀어 보세요.

1 낱말의 뜻과 뜻에 알맞은 낱말은 무엇인지 골라 ○표 하세요.

(1)
발화점

어떤 물질이 불에 직접 닿지 않아도 타기 시작하는 (온도 , 거리).

(2)
연소

물질이 (물 , 산소)와/과 빠르게 결합하면서 빛과 열을 내는 현상.

(3)
(마찰 , 접촉)

두 물체가 서로 닿아 비벼짐.

(4)
(뿌옇다 , 또렷하다)

연기나 안개가 낀 것처럼 선명하지 못하고 조금 허옇다.

2 두 친구의 대화에서 빈칸에 공통으로 들어갈 낱말을 쓰세요.

온도를 [   ] 미만으로 낮추면 불을 끌 수 있어.

 이번 산불의 최초 [   ]이/가 바로 우리 학교 뒤편으로 밝혀졌어.

3 (   ) 안에 들어갈 말을 보기 에서 찾아 쓰세요.

보기			
마찰	연소	탈 물질	산소 비율

(1) 불이 나려면 나무, 종이, 휘발유, 알코올과 같은 (   )이/가 반드시 있어야 한다.

(2) 초가 타고 나서 줄어든 (   )을/를 보면 연소할 때에 반드시 산소가 필요하다는 것을 알 수 있다.

(3) 부싯돌과 쇳조각을 (   )시키면 직접 불을 붙이지 않고도 물질을 태울 수 있다.

(4) 탈 물질, 산소, 발화점 이상의 온도 중 한 가지만 없어도 (   )은/는 이루어지지 않는다.

✎ 64~65쪽에서 공부한 낱말을 떠올리며 문제를 풀어 보세요.

4 뜻에 알맞은 낱말을 글자판에서 찾아 묶으세요. (낱말은 가로(ㅡ), 세로(ㅣ) 방향에 숨어 있어요.)

유	용	하	다
지	감	전	부
소	화	기	주
화	면	다	의

❶ 쓸모가 있다.
❷ 불을 끄는 기구.
❸ 조심을 하지 않음.
❹ 연소의 조건 중에서 한 가지 이상의 조건을 없애 불을 끄는 것.

5 '부주의'와 뜻이 비슷한 낱말과 반대인 낱말을 보기 에서 골라 쓰세요.

보기
방심	주의	부정확	불분명

(1) 뜻이 비슷한 낱말: (   )　　　　(2) 뜻이 반대인 낱말: (   )

6 빈칸에 들어갈 낱말을 골라 ○표 하세요.

학교에서 실제로 불이 난 상황을 가정하여 [   ] 훈련을 하였다.

(기피하는 , 회피하는 , 대피하는)

7 ( ) 안에서 알맞은 낱말을 골라 ○표 하세요.

(1) 전기로 생긴 화재에 물을 뿌리면 (감전 , 소화)의 위험이 있다.

(2) (소화기 , 가습기)로 불을 끌 때에는 바람을 등지고 있어야 한다.

(3) 소화기를 사용하는 방법을 잘 알아 두면 가정에서 작은 불이 났을 때 (애용하게 , 유용하게) 불을 끌 수 있다.

한자 어휘

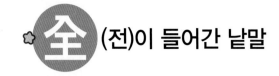
全 (전)이 들어간 낱말

✏️ '全(전)'이 들어간 낱말을 읽고, ▨▨▨ 부분에 밑줄을 그으면서 낱말 공부를 해 보세요.

全

온전할 전

'전(全)'은 값비싼 옥을 사들이는 모습을 본떠 만들었어. 값비싼 옥을 사들일 때에는 제품의 상태가 온전해야 하므로 '온전하다'는 뜻을 갖게 되었지. 이 밖에도 낱말에서 '전(全)'은 '모두', '갖추다' 등의 뜻을 나타내.

> 안全
> 보全
> 全력투구
> 全국

온전하다 全

안전

安 편안 **안** + 全 온전할 **전**

뜻 위험이 생기거나 사고가 날 염려가 없음.

예 과학실에서 실험을 할 때에는 안전 수칙을 잘 지켜야 한다.

보전

保 보호할 **보** + 全 온전할 **전**
👆'보(保)'의 대표 뜻은 '지키다'야.

뜻 온전하게 보호하여 유지함.

예 환경 보전을 위해 일회용품 사용을 줄여야 한다.

비슷한말 **보존**

'보존'은 중요한 것을 잘 보호하여 그대로 남김을 뜻해. "자연의 개발보다 보존에 힘써야 한다."와 같이 쓰여.

모두 全

전력투구

全 모두 **전** + 力 힘 **력** + 投 던질 **투** + 球 공 **구**

뜻 모든 힘을 다 기울임.

예 나는 우리 반 대표로 나간 달리기 대회에서 전력투구로 달렸다.

비슷한말 **전심전력**

'전심전력'이란 온 마음과 온 힘을 한곳에 모아 씀이라는 뜻이야. "시험에 통과하려고 전심전력이었다."와 같이 쓰여.

전국

全 모두 **전** + 國 나라 **국**

뜻 온 나라.

예 월드컵 경기가 전국으로 중계 방송이 되었다.

報(보)가 들어간 낱말

✏️ '報(보)'가 들어간 낱말을 읽고, ▢▢▢ 부분에 밑줄을 그으면서 낱말 공부를 해 보세요.

報
갚을 보

'보(報)'는 수갑을 차고 있는 죄수를 붙잡아 두고 있는 모습을 표현한 글자야. 원래는 벌을 받아 죗값을 치른다는 뜻이었는데, 이후에 '갚다', '알리다'의 뜻을 나타내는 글자로 바뀌었어.

인과응報
報답
報도
예報

갚다 報

인과응보

因 인할 인 + 果 결과 과 + 應 받을 응 + 報 갚을 보
🖱️ '과(果)'의 대표 뜻은 '실과', '응(應)'의 대표 뜻은 '응하다'야.

뜻 이전에 행한 선악에 따라 현재의 행복이나 불행이 결정되는 것.

예 공부를 안 했으니 시험을 망친 것은 모두 인과응보다.

비슷한말 자업자득
'자업자득'이란 자기가 저지른 일의 결과를 자기가 받는다는 뜻이야.

보답

報 갚을 보 + 答 보답할 답
🖱️ '답(答)'의 대표 뜻은 '대답하다'야.

뜻 남의 호의나 은혜를 갚음.

예 부모님은 자식에게 보답을 바라지 않고 사랑을 베풀어 준다.

알리다 報

보도

報 알릴 보 + 道 말할 도
🖱️ '도(道)'의 대표 뜻은 '길'이야.

뜻 대중 전달 매체를 통해 일반 사람들에게 새로운 소식을 알림. 또는 그 소식.

예 신문 보도는 항상 공정하고 정확해야 한다.

예보

豫 미리 예 + 報 알릴 보

뜻 앞으로 일어날 일을 미리 알림. 또는 그런 보도.

예 오후에 비가 온다는 예보를 듣고 우산을 들고 나갔다.

관련 어휘 일기 예보
'일기 예보'는 앞으로의 날씨를 미리 짐작하여 신문이나 방송 등을 통해 알리는 것을 말해.

확인 문제

✎ 68쪽에서 공부한 낱말을 떠올리며 문제를 풀어 보세요.

1 뜻에 알맞은 낱말이 되도록 보기에서 글자를 찾아 쓰세요.

보기

구   보   안   국

(1)
| | 전 |

위험이 생기거나 사고가 날 염려가 없음.

(2)
| 전 | |

온 나라.

(3)
| 전 | 력 | 투 | |

모든 힘을 다 기울임.

(4)
| | 전 |

온전하게 보호하여 유지함.

2 빈칸에 들어갈 말로, 밑줄 친 낱말과 뜻이 비슷한 낱말을 완성하세요.

마라톤 선수가 전심전력으로 달리는 모습을 보니 마음이 뭉클했어.

정말 [   ](으)로 뛰던걸!

| ㅈ | ㄹ | ㅌ | ㄱ |

3 (   ) 안에 들어갈 낱말을 보기에서 찾아 쓰세요.

보기

안전   보전   전국

(1) 일기 예보에 따르면 내일부터 (   )에 걸쳐 비가 내린다고 하였다.

(2) 생태계의 (   )을 위해 우리가 실천할 수 있는 일을 생각해 보았다.

(3) 수영장에서 놀 때에는 (   )을 위해 반드시 구명조끼를 착용해야 한다.

정답과 해설 ▶ 31쪽

✎ 69쪽에서 공부한 낱말을 떠올리며 문제를 풀어 보세요.

4 뜻에 알맞은 낱말을 빈칸에 쓰세요.

(1)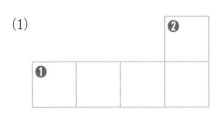

가로 열쇠 ❶ 이전에 행한 선악에 따라 현재의 행복이나 불행이 결정되는 것.

세로 열쇠 ❷ 앞으로 일어날 일을 미리 알림. 또는 그런 보도.

(2)

가로 열쇠 ❶ 대중 전달 매체를 통해 일반 사람들에게 새로운 소식을 알림. 또는 그 소식.

세로 열쇠 ❶ 남의 호의나 은혜를 갚음.

5 빈칸에 들어갈 낱말을 완성하세요.

 놀부가 벌을 받게 된 것은 제비 다리를 부러뜨린 일에 대한 [   ](이)야.

| ㅇ | ㄱ | ㅇ | ㅂ |

6 빈칸에 들어갈 낱말을 찾아 선으로 이으세요.

(1) 우리 가족은 태풍이 올 거라는 [   ]을/를 듣고 가족 여행을 취소하였다. •

• 보답

(2) 친구가 나를 도와준 일에 [   ]하려고 나도 친구가 어려울 때 도와주었다. •

• 예보

(3) 나의 장래 희망은 신속하고 정확한 기사를 취재하고 [   ]하는 기자이다. •

• 보도

✎ 2주차 1~5회에서 공부한 낱말을 떠올리며 문제를 풀어 보세요.

낱말 뜻

1 뜻에 알맞은 낱말을 보기에서 찾아 기호를 쓰세요.

보기
ㄱ 면담   ㄴ 구분
ㄷ 작성   ㄹ 격식

(1) 서로 만나서 이야기함. (   )

(2) 격에 맞는 일정한 방식. (   )

(3) 서류, 원고 등을 만듦. (   )

(4) 일정한 기준에 따라 전체를 몇 개로 갈라 나눔. (   )

낱말 뜻

2 낱말의 뜻은 무엇인지 (   ) 안에서 알맞은 낱말을 골라 ○표 하세요.

(1) **비례식**   두 개의 비가 (같음 , 다름)을 나타내는 식.

(2) **고원**   보통 해발 고도 600미터 (이하 , 이상)에 있는 넓은 벌판.

(3) **감전**   (물 , 전기)이/가 통하고 있는 물체가 몸에 닿아 충격을 받음.

여러 가지 뜻을 가진 낱말

3 밑줄 친 '마찰'이 다음과 같은 뜻으로 쓰인 문장의 기호를 쓰세요.

두 물체가 서로 닿아 비벼짐.

ㄱ 나무에 사포를 마찰시켜 표면을 부드럽게 하였다.

ㄴ 우리 가족은 마찰이 생길 때마다 늘 대화로 해결하였다.

ㄷ 쓰레기 매립지 건설 문제로 시와 주민 간의 마찰이 계속되었다.

(   )

속담

4 다음 뜻을 가진 속담을 골라 ○표 하세요.

말이란 같은 내용이라도 표현하는 데 따라서 아주 다르게 들린다는 말.

(1) 개밥에 도토리 (   )

(2) 돌다리도 두들겨 보고 건너라 (   )

(3) 말이란 아 해 다르고 어 해 다르다 (   )

뜻을 더해 주는 말

5 빈칸에 공통으로 들어갈 말은 무엇인지 쓰세요.

- 각도◻ – 각도를 재는 도구.
- 가습◻ – 수증기를 내어 실내의 습도를 조절하는 전기 기구.
- 계산◻ – 여러 가지 계산을 빠르고 정확하게 하기 위해서 사용하는 기기.

(   )

낱말 활용

6 밑줄 친 낱말을 알맞게 사용한 친구에게 ◯표 하세요.

(1)
진실을 말해도 아무도 양치기 소년의 말을 믿지 않은 것은 거짓말을 일삼던 과거 때문이므로 모두 <u>인과응보</u>야.

(   )

(2)
최선을 다하지 않고 매번 <u>전력투구</u>를 하니, 달리기 시합에서 꼴찌를 하지.

(   )

낱말 활용

7 ~ 10 (   ) 안에 들어갈 말을 보기 에서 찾아 쓰세요.

> **보기**
>
> 연안   층별   긴밀한   인용하여

7 지중해 (   )을/를 따라 관광 산업이 매우 발달해 있다.

8 전문가의 의견을 (   ) 손 씻기의 필요성을 강조하였다.

9 미술관은 1층부터 3층까지 (   )(으)로 전시하는 작품의 주제가 나뉘어 있다.

10 우리나라와 중국은 국경을 마주하고 있어서 (   ) 관계에 있다.

3주차 어휘 미리 보기

한 주 동안 공부할 어휘들이야. 쓱 한번 훑어볼까?

1회
학습 계획일 ◯월 ◯일

국어 교과서 어휘

관점	뉴스
예상하다	여론
독자	긍정적
토론하다	과장 광고
반박	적절성
추천하다	취재

2회
학습 계획일 ◯월 ◯일

사회 교과서 어휘

군사적	분단
관할하다	휴전선
보고	국방비
지속적	경쟁력
항로	자본
민간단체	기여하다

3회
학습 계획일 ◯월 ◯일

수학 교과서 어휘

비례식의 성질	원주
배분	지름
비례배분	반지름
비용	원주율
수확하다	원의 넓이
포기	한없이
이동 거리	과녁

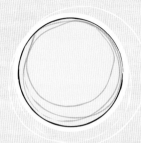

어휘력 테스트

4회 학습 계획일 ◯월 ◯일

과학 교과서 어휘

기관	노폐물
운동 기관	배설 기관
소화 기관	자극
배출	감각 기관
호흡 기관	맥박
순환 기관	인공 기관

4주차
어휘 학습으로
가 보자!

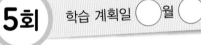

5회 학습 계획일 ◯월 ◯일

한자 어휘

추궁	지도
궁지	도감
궁여지책	각자도생
궁핍	시도

국어 교과서 어휘

다음 중 낱말의 뜻을 잘 알고 있는 것에 ✅ 하세요.

☐ 관점 ☐ 예상하다 ☐ 독자 ☐ 토론하다 ☐ 반박 ☐ 추천하다

낱말을 읽고, ⬜ 부분에 밑줄을 그으면서 낱말 공부를 해 보세요.

 이것만은 꼭!

관점
觀 볼 관 + 點 점 점

뜻 사물이나 현상을 관찰할 때 그 사람이 바라보는 태도나 방향 또는 처지.

예 관점에 따라 같은 사물이나 현상도 다르게 보일 수 있다.

사람마다 관점이 다른 까닭은 사람마다 가지고 있는 지식이 다르기 때문이야.

사람마다 경험이 다르기 때문에 관점이 달라지기도 해.

예상하다
豫 미리 예 + 想 생각 상 + 하다

뜻 어떤 일을 직접 당하기 전에 미리 생각하여 두다.

예 글을 쓸 때에는 누가 이 글을 읽을지 예상하며 써야 한다.

비슷한말 예측하다

'예측하다'는 미리 헤아려 짐작한다는 뜻으로, "기업은 사회의 변화를 예측하여 상품을 생산한다."처럼 쓰여.

독자
讀 읽을 독 + 者 사람 자

뜻 책, 신문, 잡지 등의 글을 읽는 사람.

예 예상 독자가 누구일지 생각하면 글쓴이의 생각을 파악하는 데 도움이 된다.

글의 제목, 글쓴이의 생각이 담긴 표현, 글쓴이가 글을 쓴 의도와 목적 등을 통해 글쓴이의 생각을 파악할 수 있어.

관련 어휘 필자

'필자'란 글을 쓴 사람 또는 쓰고 있거나 쓸 사람을 말해. 필자는 독자를 생각하며 글을 써야 해.

토론하다

討 칠 토 + 論 논할 론 + 하다

뜻 어떤 문제에 대하여 여러 사람이 각각 의견을 말하며 논의하다.

예 자신의 생각과 상대의 생각을 비교하며 토론한다.

관련 어휘 토의하다

'토의하다'는 어떤 문제에 대하여 검토하고 협의한다는 뜻으로, 찬성과 반대로 나뉘어 말하는 토론과는 달리 어떤 문제를 해결할 수 있는 다양한 의견을 말하는 것을 뜻해.

반박

反 반대할 반 + 駁 논박할 박

'반(反)'의 대표 뜻은 '돌이키다'야.

뜻 어떤 의견, 주장, 논설 등에 반대하여 말함.

예 상대편의 반론에 대해 반박 의견을 말하였다.

비슷한말 논박

'논박'이란 어떤 주장이나 의견에 대하여 그 잘못된 점을 조리 있게 공격하여 말함을 뜻해. "토론자는 발표자의 주장에 근거를 들어 논박했다."처럼 쓰여.

추천하다

推 밀 추 + 薦 천거할 천 + 하다

뜻 어떤 조건에 적합한 대상을 책임지고 소개하다.

예 친구에게 추천하고 싶은 책의 제목을 떠올렸다.

책을 읽고 깨달은 점을 생각하며 책을 추천해.

꼭! 알아야 할 속담

너 뭐 해?

땅 파고 있잖아.

뿍

푹

땅을 왜 파는데?

나만의 비밀 땅굴을 만들 거야. 엄마가 숙제하라고 하면 여기 숨으려고.

그렇게 해서 어느 세월에 만들어!

'낙숫물이 댓돌을 뚫는다'라는 속담 몰라? 작은 힘이라도 꾸준히 계속하면 큰일을 이룰 수 있다고.

빈칸 채우기

'[   ]이 댓돌을 뚫는다'는 작은 힘이라도 꾸준히 계속하면 큰일을 이룰 수 있다는 뜻입니다.

국어 교과서 어휘

다음 중 낱말의 뜻을 잘 알고 있는 것에 ✓ 하세요.

☐ 뉴스 ☐ 여론 ☐ 긍정적 ☐ 과장 광고 ☐ 적절성 ☐ 취재

✎ 낱말을 읽고, ▢ 부분에 밑줄을 그으면서 낱말 공부를 해 보세요.

 이것만은 꼭!

뉴스

뜻 새로운 소식을 전하여 주는 방송의 프로그램.

예 뉴스는 사람들에게 새로운 정보를 알려 준다.

여러 가지 뜻을 가진 낱말 뉴스

'뉴스'에는 일반에게 잘 알려지지 않은 새로운 소식이라는 뜻도 있어. "내가 오늘 좋은 뉴스 하나 들려줄게."와 같이 쓸 수 있지.

여론

興 많을 여 + 論 의견 론
☞ '여(興)'의 대표 뜻은 '수레', '논 (論)'의 대표 뜻은 '논하다'야.

뜻 사회 대중의 공통된 의견.

예 뉴스는 여러 사람의 생각에 영향을 주어 여론을 형성한다.

비슷한말 국론, 공론

'국론'과 '공론' 모두 국민 또는 사회 일반의 공통된 의견이라는 뜻으로, '여론'과 뜻이 비슷해서 서로 바꾸어 쓸 수 있어.

뉴스는 국민들의 여론을 기업이나 국가에 전달하는 역할을 해. 그러면 이 여론에 따라 국가의 정책이나 기업의 방향이 달라지기도 하지.

긍정적

肯 옳이 여길 긍 + 定 정할 정 + 的 ~한 상태로 되는 적
☞ '긍(肯)'의 대표 뜻은 '즐기다', '적 (的)'의 대표 뜻은 '과녁'이야.

뜻 그러하거나 옳다고 인정하는 것.

예 뉴스는 어떤 일을 긍정적이거나 비판적인 시각으로 보게 한다.

반대말 부정적

'부정적'이란 그렇지 않다고 단정하거나 옳지 않다고 반대하는 것을 말해. "반 친구들은 선착순으로 앉을 자리를 정하는 것에 대하여 부정적이었다."와 같이 쓰여.

속담 말이 씨가 된다

'말이 씨가 된다'는 늘 말하던 것이 마침내 사실대로 되었을 때를 이르는 말이야. 긍정적인 말과 행동을 많이 해야 좋은 결과가 따라온다는 뜻이지.

과장 광고

誇 자랑할 **과** + 張 크게 떠벌일 **장** + 廣 널리 **광** + 告 알릴 **고**

🖱 '장(張)'의 대표 뜻은 '베풀다', '광(廣)'의 대표 뜻은 '넓다', '고(告)'의 대표 뜻은 '고하다'야.

🈯 상품이 잘 팔리게 하려고 상품 기능을 실제보다 부풀린 광고.

📋 과장 광고에는 '무조건', '세계 최고', '100퍼센트'와 같은 과장된 표현이 쓰이기도 한다.

관련 어휘 **허위 광고**

'허위'는 진실이 아닌 것을 진실인 것처럼 꾸민 것이라는 뜻이므로 '허위 광고'란 있지도 않은 상품 기능을 있는 것처럼 설명하는 광고를 말해.

적절성

適 맞을 **적** + 切 적절할 **절** + 性 성질 **성**

🖱 '절(切)'의 대표 뜻은 '끊다', '성(性)'의 대표 뜻은 '성품'이야.

🈯 어떤 기준이나 정도에 맞아 어울리는 성질.

📋 광고 표현의 적절성을 판단할 때에는 광고에 과장하거나 감추는 내용이 있지 않은지 살펴본다.

관련 어휘 **타당성**

'타당성'은 사물의 이치에 맞아 올바른 성질을 뜻하는 낱말로, "주장을 뒷받침하는 근거의 타당성을 검토하다."와 같이 쓰여.

취재

取 가질 **취** + 材 재료 **재**

🖱 '재(材)'의 대표 뜻은 '재목'이야.

🈯 작품이나 기사에 필요한 재료를 조사하여 얻음.

📋 뉴스를 만들 때에는 어떤 내용을 보도할지 회의한 다음에 알리려는 내용을 취재한다.

 꼭! 알아야 할 관용어

○표 하기
너무 믿기 어려운 이야기를 들어서 잘못 들은 게 아닌가 생각할 때에는 (귀를 의심하다 , 귀가 번쩍 뜨이다)라는 말을 씁니다.

확인 문제

🖊 76~77쪽에서 공부한 낱말을 떠올리며 문제를 풀어 보세요.

1 뜻에 알맞은 낱말을 보기 에서 글자를 찾아 쓰세요.

보기
> 관   반   토   박   론   점

(1) 어떤 의견, 주장, 논설 등에 반대하여 말함. → ☐ ☐

(2) 어떤 문제에 대하여 여러 사람이 각각 의견을 말하며 논의하다. → ☐ ☐ 하다

(3) 사물이나 현상을 관찰할 때 그 사람이 바라보는 태도나 방향 또는 처지. → ☐ ☐

2 밑줄 친 말과 관련 있는 낱말을 골라 ◯표 하세요.

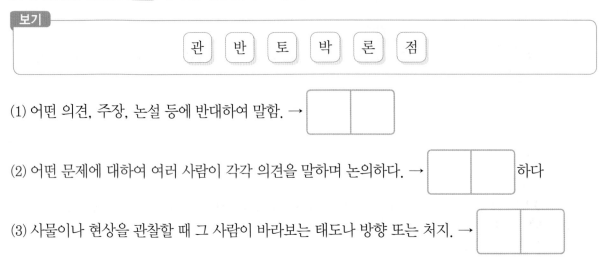

> 글쓴이의 생각을 파악하려면 어떻게 해야 하지?

> 글 내용과 관련해 글쓴이가 미리 생각해 둔 독자는 누구인지, 글쓴이가 글을 쓴 의도와 목적은 무엇인지 생각해 봐.

(반박 , 토론 , 예상)

3 빈칸에 알맞은 낱말을 완성하세요.

(1) 나에게 힘이 되었던 책을 친구에게 읽어 보라며 ㅊ ㅊ 하였다.

(2) "착한 사마리아인의 법을 제정해야 한다."를 주제로 찬성편과 반대편으로 나누어 ㅌ ㄹ

하였다.

(3) 상대편이 우리 편의 주장에 대하여 반론을 펼치자, 우리 편은 상대편 반론에 ㅂ ㅂ 하기

위한 근거를 제시하였다.

✎ 78～79쪽에서 공부한 낱말을 떠올리며 문제를 풀어 보세요.

4 뜻에 알맞은 낱말을 글자 카드에서 찾아 쓰세요.

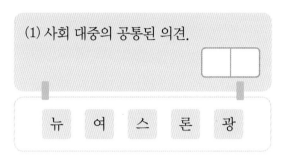

(1) 사회 대중의 공통된 의견.

□ □

뉴　여　스　론　광

(2) 그러하거나 옳다고 인정하는 것.

□ □ □

정　긍　부　적　고

5 밑줄 친 낱말이 다음과 같은 뜻으로 쓰인 문장을 찾아 ○표 하세요.

> 새로운 소식을 전하여 주는 방송의 프로그램.

(1) <u>뉴스</u>에서 내일 날씨에 대해 보도하였다. (　　　)

(2) 엄마가 들으시면 깜짝 놀랄 만한 <u>뉴스</u>가 있다. (　　　)

6 뜻이 서로 반대인 낱말끼리 짝 지어진 것을 골라 ○표 하세요.

(1) 여론 – 공론
(　　　)

(2) 긍정적 – 부정적
(　　　)

(3) 과장 광고 – 허위 광고
(　　　)

7 (　) 안에서 알맞은 낱말을 골라 ○표 하세요.

(1) 기사에 필요한 자료를 조사하기 위하여 환경 피해가 심각한 곳으로 (취재 , 소개)를 나갔다.

(2) 이 자전거 광고는 '세계 최고의 기술력'이라는 과장된 표현이 사용된 (공익 , 과장) 광고이다.

(3) 광고에 사용된 '사용자 만족도 1위'라는 문구를 보고 어떤 조사에서 1위를 한 것인지 광고의 (전문성 , 적절성)을 따져 보았다.

사회 교과서 어휘

다음 중 낱말의 뜻을 잘 알고 있는 것에 ✓ 하세요.

☐ 군사적 ☐ 관할하다 ☐ 보고 ☐ 지속적 ☐ 항로 ☐ 민간단체

이 섬의 이름이 무엇인지 아니?
바로 독도야. 우리나라 동쪽 끝에 위치한
섬이지. 이번에는 우리 땅 독도와 관련된
낱말에 대해 공부해 보자.

✎ 낱말을 읽고, ▨▨▨ 부분에 밑줄을 그으면서 낱말 공부를 해 보세요.

군사적

軍 군사 **군** + 事 일 **사** +
的 ~한 상태로 되는 **적**
🖐 '적(的)'의 대표 뜻은 '과녁'이야.

뜻 군대, 전쟁 등 군에 관계되는 것.

예 독도는 동해의 한가운데에 자리잡고 있어 군사적으로도 중요한 위치에 있다.

이것만은 꼭!

관할하다

管 주관할 **관** + 轄 다스릴 **할** +
하다
🖐 '관(管)'의 대표 뜻은 '대롱'이야.

뜻 일정한 권한을 가지고 통제하거나 지배하다.

예 독도는 우리나라가 관할하는 엄연한 우리 땅이다.

◀ 독도에 휘날리는 태극기

독도는 소중한
우리의 영토야!

보고

寶 보배 **보** + 庫 곳집 **고**

뜻 귀중한 것이 많이 나거나 간직되어 있는 곳을 비유적으로 이르는 말.

예 독도는 다양한 동식물이 서식하는 생태계의 보고이다.

글자는 같지만 뜻이 다른 낱말 보고

'보고'에는 일에 관한 내용이나 결과를 말이나 글로 알림이라는 뜻도 있어. "선생님께 상황을 보고하였다."와 같이 쓰여.

지속적

持 유지할 **지** + 續 계속할 **속** + 的 ~한 상태로 되는 **적**

👆'지(持)'의 대표 뜻은 '가지다', '속(續)'의 대표 뜻은 '잇다'야.

뜻 어떤 상태가 오래 계속되는 것.

예 독도를 지속적으로 이용할 수 있도록 여러 법령을 시행하고 있다.

관련 어휘 간헐적

'간헐적'은 일정한 시간 간격을 두고 되풀이하는 것을 뜻하는 말로, "지수는 일주일에 2~3번 간헐적으로 달리기 운동을 한다."처럼 쓰여.

항로

航 배 **항** + 路 길 **로**

뜻 선박이 지나다니는 길.

예 독도는 선박의 항로에서 중요한 위치에 있다.

여러 가지 뜻을 가진 낱말 항로

'항로'에는 비행기 등이 공중에서 지나다니는 길이라는 뜻도 있어. "제주도로 향하던 비행기가 태풍으로 항로를 변경했다."처럼 쓰여.

민간단체

民 백성 **민** + 間 참여할 **간** + 團 단체 **단** + 體 체제 **체**

👆'간(間)'의 대표 뜻은 '사이', '단(團)'의 대표 뜻은 '둥글다', '체(體)'의 대표 뜻은 '몸'이야.

뜻 민간인으로 이루어진 단체.

예 정부와 민간단체들은 외국에 독도를 알릴 수 있는 홍보 활동을 다양하게 하고 있다.

'반크'라는 민간단체는 인터넷에서 독도와 관련된 사실을 전달하는 데 힘쓰고 있어.

3주차 2회 사회 교과서 어휘

수록 교과서 사회 6-2
2. 통일 한국의 미래와 지구촌의 평화

다음 중 낱말의 뜻을 잘 알고 있는 것에 ✓ 하세요.

☐ 분단 ☐ 휴전선 ☐ 국방비 ☐ 경쟁력 ☐ 자본 ☐ 기여하다

전쟁이 일어날까 봐 무서워.

북에 계신 어머니를 만나러 갈 수 없어서 너무 슬퍼.

우리나라는 분단으로 인한 아픔을 갖고 있어. 남북 분단으로 겪는 어려움에 대해 생각해 보면서 관련 있는 낱말을 공부해 보자.

✏️ 낱말을 읽고, ▨▨ 부분에 밑줄을 그으면서 낱말 공부를 해 보세요.

 이것만은 꼭!

분단

分 나눌 **분** + 斷 끊을 **단**

뜻 본래 하나였던 것을 둘 이상으로 끊어 나눔.

예 남북 분단으로 이산가족들이 고향을 가지 못하거나 부모 형제가 서로 만날 수 없게 되었다.

 그 밖에도 남북 분단으로 인해 전쟁에 대한 공포, 남북 간의 언어 · 문화 차이, 국토의 제한적 활용 등 많은 어려움을 겪고 있어.

휴전선

休 쉴 **휴** + 戰 전쟁 **전** + 線 선 **선**

💡 '전(戰)'의 대표 뜻은 '싸움', '선(線)'의 대표 뜻은 '줄'이야.

뜻 1953년 7월 27일, 6 · 25 전쟁의 휴전에 따라서 한반도의 가운데를 가로질러 설정된 군사 경계선.

예 남북 사이에는 분단의 상징인 휴전선이 있다.

국방비

國 나라 **국** + 防 막을 **방** +
費 비용 **비**

⌒'비(費)'의 대표 뜻은 '쓰다'야.

뜻 국가가 외국의 침략에 대비 태세를 갖추고 국토를 안전하게 지키는 데에 쓰는 비용.

예 분단으로 남한과 북한이 각각 사용하는 국방비의 비율이 높아 경제적으로 손실을 보고 있다.

경쟁력

競 겨룰 **경** + 爭 경쟁할 **쟁** +
力 힘 **력**

⌒'경(競)'과 '쟁(爭)'의 대표 뜻은 모두 '다투다'야.

뜻 경쟁할 만한 힘. 또는 그런 능력.

예 북한의 풍부한 자원과 남한의 높은 기술력을 이용하면 경쟁력 있는 제품을 만들 수 있다.

북한의   남한의   값싸고 질 좋은
철광석   기술력   철광 제품

뜻을 더해 주는 말 **-력**

'-력'은 '능력' 또는 '힘'의 뜻을 더해 주는 말이야. '경제'에 '력'을 합하면 경제 행위를 하여 나가는 힘이라는 뜻의 '경제력', '군사'에 '력'을 합하면 전쟁을 수행할 수 있는 능력이라는 뜻의 '군사력'이라는 낱말이 되는 거야.

자본

資 재물 **자** + 本 근본 **본**

뜻 장사나 사업 등의 기본이 되는 돈.

예 남한의 자본과 기술력에 북한의 노동력이 결합한 개성 공단이 활발하게 운영되었다.

기여하다

寄 임무 **기** + 與 도울 **여** + 하다

⌒'기(寄)'의 대표 뜻은 '부치다', '여(與)'의 대표 뜻은 '더불다'야.

뜻 도움이 되다.

예 지구촌 평화에 기여하는 통일 한국의 모습을 그려 보았다.

비슷한말 **공헌하다**

'공헌하다'란 힘을 써 일이 되게 하는 데에 도움을 준다는 뜻으로 '기여하다'와 서로 바꾸어 쓸 수 있어. "독립에 크게 공헌한 이에게 훈장을 수여했다."와 같이 쓰이지.

✎ 82～83쪽에서 공부한 낱말을 떠올리며 문제를 풀어 보세요.

1 낱말의 뜻을 보기 에서 찾아 사다리를 타고 내려간 곳에 기호를 쓰세요.

보기

ㄱ 선박이 지나다니는 길.

ㄴ 어떤 상태가 오래 계속되는 것.

ㄷ 귀중한 것이 많이 나거나 간직되어 있는 곳을 비유적으로 이르는 말.

항로   보고   지속적

2 낱말의 뜻은 무엇인지 ( ) 안에서 알맞은 낱말을 골라 ○표 하세요.

(1)

민간단체

(군인 , 민간인)으로 이루어진 단체.

(2)

군사적

군대, 전쟁 등 (군 , 학교)에 관계되는 것.

3 밑줄 친 낱말의 뜻이 다른 하나를 골라 ○표 하세요.

(1) 경주는 세계 문화유산의 보고이다. ( )

(2) 생태계의 보고인 독도를 천연기념물 제336호로 지정하였다. ( )

(3) 반장은 교실에서 일어난 싸움에 대하여 선생님께 보고하였다. ( )

4 ( ) 안에서 알맞은 낱말을 골라 ○표 하세요.

(1)

중국 어선이 (항로 , 도로)를 벗어나 우리나라 영해 안으로 들어왔다.

(2)

대한 제국 칙령 제41호 제2조에는 울릉도에 울릉군청을 두고 독도를 (기여할 , 관할할) 것으로 기록하고 있다.

✏️ 84~85쪽에서 공부한 낱말을 떠올리며 문제를 풀어 보세요.

5 뜻에 알맞은 낱말을 글자판에서 찾아 묶으세요.(낱말은 가로(─), 세로(│), 대각선(╲╱) 방향에 숨어 있어요.)

기	국	방	비
휴	여	역	자
분	전	하	본
결	단	선	다

❶ 도움이 되다.
❷ 장사나 사업 등의 기본이 되는 돈.
❸ 본래 하나였던 것을 둘 이상으로 끊어 나눔.
❹ 국가가 외국의 침략에 대비 태세를 갖추고 국토를 안전하게 지키는 데에 쓰는 비용.

6 빈칸에 공통으로 들어갈 말은 무엇인가요? (   )

- 경쟁◻ – 경쟁할 만한 힘.
- 경제◻ – 경제 행위를 하여 나가는 힘.
- 군사◻ – 전쟁을 수행할 수 있는 능력.

① 력   ② 적
③ 부   ④ 률
⑤ 물

7 빈칸에 들어갈 낱말을 [보기]에서 찾아 쓰세요.

[보기]
분단   휴전선   국방비

(1) 우리나라는 세계에서 유일한 ◻국가야.

(   )

(2) 분단을 상징하는 ◻이/가 남북을 가로지르고 있지.

(   )

(3) 그래서 우리나라는 국토를 지키는 데에 드는 ◻이/가 높을 수밖에 없어.

(   )

다음 중 낱말의 뜻을 잘 알고 있는 것에 ✓ 하세요.

☐ 비례식의 성질 ☐ 배분 ☐ 비례배분 ☐ 비용 ☐ 수확하다 ☐ 포기 ☐ 이동 거리

✏️ 낱말을 읽고, ▨▨▨ 부분에 밑줄을 그으면서 낱말 공부를 해 보세요.

이것만은 꼭!

비례식의 성질

比 견줄 **비** + 例 법식 **례** + 式 법 **식** + 의 + 性 성질 **성** + 質 바탕 **질**

🖱 '성(性)'의 대표 뜻은 '성품'이야.

뜻 비례식에서 외항의 곱과 내항의 곱은 같다.

예 외항의 곱과 내항의 곱을 비교하여 비례식의 성질을 이해하였다.

외항의 곱과 내항의 곱이 40으로 같지?

외항
2 : 5 = 8 : 20   2 × 20 = 5 × 8
내항

배분

配 나눌 **배** + 分 나눌 **분**

뜻 각각의 몫으로 나눔.

예 슬기와 연수는 빵 10개를 3 : 2로 배분하였다.

 **비슷한말** 분배

'배분'과 뜻이 비슷한 말로 '분배'가 있어. '분배'는 몫에 따라 나눔이라는 뜻으로, "일한 시간에 따라 급여가 분배된다."처럼 쓰여.

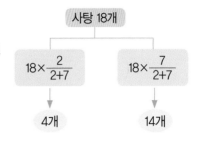

비례배분

比 견줄 **비** + 例 법식 **례** +
配 나눌 **배** + 分 나눌 **분**

뜻 전체를 주어진 비로 배분하는 것.

예 서우와 지연이는 사탕 18개를 2 : 7로 비례배분하여 가지기로 했다.

사탕 18개

$18 \times \dfrac{2}{2+7}$ $18 \times \dfrac{7}{2+7}$

4개   14개

비용

費 쓸 **비** + 用 쓸 **용**

뜻 어떤 일을 하는 데 드는 돈.

예 여행 비용을 가족 수에 따라 3 : 5로 나누어 내기로 하였다.

수확하다

收 거둘 **수** + 穫 거둘 **확** +
하다

뜻 익거나 다 자란 농수산물을 거두어들이다.

예 텃밭에서 수확한 배추 63포기를 가족 수에 따라 나누어 주었다.

포기

뜻 뿌리를 단위로 한 풀이나 나무를 세는 단위.

예 수확한 배추 63포기로 김치를 담갔다.

글자는 같지만 뜻이 다른 낱말 포기

'포기'에는 하려던 일을 도중에 그만두어 버리는 것이라는 뜻도 있어. "너무 힘들어서 달리는 것을 포기하고 싶었다.", "아무리 힘들어도 포기하지 마."와 같이 쓰여.

이동 거리

移 옮길 **이** + 動 움직일 **동** +
距 상거할 **거** + 離 떨어질 **리**
'리(離)'의 대표 뜻은 '떠나다'야.

뜻 움직여 옮긴 두 점 사이를 잇는 선분의 길이.

예 동물원 입구에서 분수대가 있는 곳까지의 이동 거리를 계산하였다.

3
주
차

3회

수학 교과서 어휘

다음 중 낱말의 뜻을 잘 알고 있는 것에 ✓ 하세요.

☐ 원주 ☐ 지름 ☐ 반지름 ☐ 원주율 ☐ 원의 넓이 ☐ 한없이 ☐ 과녁

우아, 대관람차다!

대관람차의 둘레는 어떻게 구할까?

대관람차는 원 모양이니까 대관람차의 둘레를 구하려면 원의 둘레를 구하면 되겠지? 원의 둘레, 원의 넓이와 관련 있는 낱말에 대해 알아보자.

✏️ 낱말을 읽고, [   ] 부분에 밑줄을 그으면서 낱말 공부를 해 보세요.

원주

圓 둥글 **원** + 周 둘레 **주**
ᐱ '주(周)'의 대표 뜻은 '두루'야.

이것만은 꼭!

뜻 원의 둘레.

예 실을 이용하여 원의 둘레인 원주를 잴 수 있다.

원주는 원을 이루는 둘레의 곡선을 말하며, '원둘레'라고도 해.

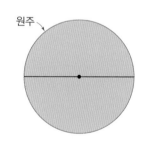

원주

지름

뜻 원 위의 두 점을 이은 선분 중에서 원의 중심을 지나는 선분 또는 그 선분의 길이.

예 원 위의 두 점을 이은 선분 중에서 가장 긴 선분의 길이를 재면 지름을 알 수 있다.

원의 둘레인 원주와 지름의 길이는 밀접한 관련이 있어. 원주는 항상 지름 길이의 약 3.14배거든.

원의 지름

정답과 해설 ▶ 41쪽

반지름

半 반 **반** + 지름

뜻 원의 중심과 원 위의 한 점을 이은 선분 또는 그 선분의 길이.

예 원의 넓이를 구하려면 반지름을 알아야 한다.

원의 반지름

원주율

圓 둥글 **원** + 周 둘레 **주** + 率 비율 **율**

뜻 원의 지름에 대한 원주의 비율.(원주 ÷지름)

예 원주율은 3, 3.1, 3.14 등으로 어림하여 사용하기도 한다.

원의 크기에 상관없이 (원주)÷(지름)의 값은 변하지 않아.

원의 넓이

圓 둥글 **원** + 의 + 넓이

뜻 원의 크기.

예 직사각형을 이용하여 원의 넓이를 구할 수 있다.

한없이

限 한할 **한** + 없이

뜻 끝이 없이.

예 원을 한없이 잘라서 이어 붙이면 직사각형에 가까워진다.

원주의 $\frac{1}{2}$과 반지름을 곱하면 원의 넓이를 구할 수 있어.

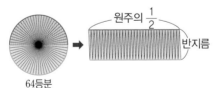

원주의 $\frac{1}{2}$

반지름

64등분

과녁

뜻 활이나 총 등을 쏠 때 표적으로 만들어 놓은 물건.

예 원 모양으로 색 도화지를 오려서 과녁을 만들었다.

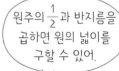

관련 어휘 **표적**

'표적'이란 목표로 삼는 물건을 뜻해. "표적을 향해 방아쇠를 당기다."와 같이 쓰여.

확인 문제

✎ 88～89쪽에서 공부한 낱말을 떠올리며 문제를 풀어 보세요.

1 뜻에 알맞은 낱말을 빈칸에 쓰세요.

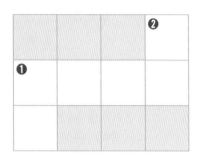

가로 열쇠 ❶ 전체를 주어진 비로 배분하는 것.
↓세로 열쇠 ❶ 어떤 일을 하는 데 드는 돈.
❷ 각각의 몫으로 나눔.

2 밑줄 친 낱말의 쓰임이 알맞으면 ○표, 알맞지 않으면 ✕표 하세요.

(1) 초콜릿 20개를 3 : 7로 비례배분하여 나누어 가졌다. (   )

(2) 포도나무에서 포도 80포기를 수확하여 사람 수에 따라 나누었다. (   )

(3) 비례식에서 전항의 곱과 후항의 곱은 같다는 비례식의 성질을 이용해서 값을 구하였다.

(   )

3 (   ) 안에 들어갈 낱말을 보기 에서 찾아 쓰세요.

보기
| 포기 | 비용 | 수확 | 이동 거리 |

(1) 우리 가족은 주말농장에 가서 고추와 상추를 (   )하였다.

(2) 자연 휴양림 입구에서 생태 연못까지의 (   )은/는 총 2.6km이다.

(3) 어머니의 생신 선물을 사는 데 든 (   )을/를 누나와 내가 6 : 4로 나누어 냈다.

(4) 아버지께서는 사업에 큰 위기를 맞았지만 (   )을/를 하지 않고 끝끝내 회사를 일으키셨다.

✏️ 90~91쪽에서 공부한 낱말을 떠올리며 문제를 풀어 보세요.

4 뜻에 알맞은 낱말이 되도록 보기 에서 글자를 찾아 쓰세요.

보기

녁 지 주 원 반 율

(1)

	주

원의 둘레.

(2)

원		

원의 지름에 대한 원주의 비율.

(3)

		름

원의 중심과 원 위의 한 점을 이은 선분 또는 그 선분의 길이.

(4)

	과

활이나 총 등을 쏠 때 표적으로 만들어 놓은 물건.

3주차

3회

5 밑줄 친 말과 바꾸어 쓸 수 있는 말을 골라 ◯표 하세요.

(1) 원을 <u>끝없이</u> 잘라서 이어 붙이면 직사각형에 가까워지는 거 알고 있니?

(적당히 , 한없이 , 막연히)

(2) 그럼! 그 직사각형을 이용하여 <u>원의 크기</u>를 구할 수 있잖아.

(원의 지름 , 원의 둘레 , 원의 넓이)

6 ( ) 안에서 알맞은 낱말을 골라 ◯표 하세요.

(1) 회전목마가 한 바퀴 돌 때의 길이인 (원주 , 원주율)을/를 계산하니 31.4m이다.

(2) 원의 중심을 지나는 원 위의 두 점을 이은 (지름 , 반지름)의 길이를 재니 7cm였다.

(3) 원 모양으로 색 도화지를 오려서 만든 (상자 , 과녁)의 가장 안쪽 원의 지름은 5cm이다.

다음 중 낱말의 뜻을 잘 알고 있는 것에 ✔ 하세요.

☐ 기관 ☐ 운동 기관 ☐ 소화 기관 ☐ 배출 ☐ 호흡 기관 ☐ 순환 기관

우리는 하루도 빠짐없이 몸을 움직이고, 숨을 쉬고, 밥을 먹으며 생활해. 이런 일들을 할 수 있는 것은 우리 몸속 기관들이 제 역할을 하기 때문이야. 우리 몸속 기관에 대한 낱말을 자세히 알아보자.

✏️ 낱말을 읽고,　　　 부분에 밑줄을 그으면서 낱말 공부를 해 보세요.

기관

器 기관 **기** + 官 사람의 기관 **관**
🖱'기(器)'의 대표 뜻은 '그릇', '관(官)'의 대표 뜻은 '벼슬'이야.

뜻 우리가 살아가는 데 필요한 일을 하는 몸속 부분.

예 우리 몸속의 각 기관은 유기적으로 관련되어 있다.

글자는 같지만 뜻이 다른 낱말 기관

'기관'에는 사회생활에서 일정한 역할을 하거나 목적을 이루기 위해 설치한 기구나 조직이라는 뜻도 있어. '공공 기관', '교육 기관'이 이러한 뜻으로 쓰인 예야.

운동 기관

運 움직일 **운** + 動 움직일 **동** + 器 기관 **기** + 官 사람의 기관 **관**
🖱'운(運)'의 대표 뜻은 '옮기다'야.

이것만은 꼭!

뜻 우리 몸속 기관 중에서 움직임에 관여하는 뼈와 근육.

예 운동 기관 중 뼈는 우리 몸의 형태를 만들어 주며 몸을 지지해 주고, 근육은 길이가 줄어들거나 늘어나면서 뼈를 움직이게 한다.

뼈와 근육이 있어서 다양한 자세로 움직일 수 있어.

뼈와 근육이 있어서 물건을 들어 올릴 수도 있지.

소화 기관

消 사라질 **소** + 化 될 **화** +
器 기관 **기** + 官 사람의 기관 **관**

뜻 음식물을 소화하고 흡수하는 일을 하는 입, 식도, 위, 작은창자, 큰창자, 항문 등.

예 소화 기관에는 입, 식도, 위, 작은창자, 큰창자, 항문이 있고, 간, 쓸개, 이자는 소화를 도와주는 기관이다.

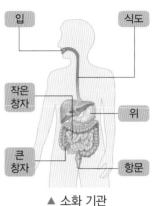

▲ 소화 기관

관련 어휘 소화

'소화'란 우리 몸에 필요한 영양소가 들어 있는 음식물을 잘게 쪼개 몸에 흡수될 수 있는 형태로 분해하는 과정을 말해. 음식물을 잘 씹어야 하는 까닭은 음식물이 잘게 부숴져야 몸에서 흡수가 잘되기 때문이지.

배출

排 밀어낼 **배** + 出 내놓을 **출**
'배(排)'의 대표 뜻은 '밀치다', '출(出)'의 대표 뜻은 '나다'야.

뜻 섭취한 음식물을 소화하여 항문으로 내보내는 일.

예 항문은 소화되지 않은 음식물 찌꺼기를 배출한다.

글자는 같지만 뜻이 다른 낱말 배출

"우리 학교는 여러 명의 지도자를 배출했다."에서 '배출'은 훌륭한 인재가 잇따라 나옴이라는 뜻으로 쓰였어.

호흡 기관

呼 내쉴 **호** + 吸 마실 **흡** +
器 기관 **기** + 官 사람의 기관 **관**
'호(呼)'의 대표 뜻은 '부르다'야.

뜻 숨을 들이마시고 내쉬는 활동에 관여하는 코, 기관, 기관지, 폐 등.

예 호흡 기관 중 폐는 산소를 받아들이고, 이산화 탄소를 몸 밖으로 내보낸다.

운동을 하면 심장이 빨리 뜀과 동시에 호흡도 빨라지는데, 이는 몸에 필요한 산소를 빠르게 공급하고 불필요한 이산화 탄소를 빠르게 내보내기 위해서야.

순환 기관

循 돌 **순** + 環 돌 **환** +
器 기관 **기** + 官 사람의 기관 **관**
'환(環)'의 대표 뜻은 '고리'야.

뜻 혈액의 이동에 관여하는 심장과 혈관.

예 순환 기관을 통해 혈액은 혈관을 따라 이동하며 우리 몸에 필요한 영양소와 산소를 온몸으로 운반한다.

다음 중 낱말의 뜻을 잘 알고 있는 것에 ✔ 하세요.

☐ 노폐물   ☐ 배설 기관   ☐ 자극   ☐ 감각 기관   ☐ 맥박   ☐ 인공 기관

우리 몸은 눈, 귀, 코, 혀, 피부와 같은 기관을 통해 다양한 자극을 느끼고 반응해. 우리 몸에서 일어나는 일과 관련 있는 낱말을 좀 더 배워 보자.

✏️ 낱말을 읽고, ▢ 부분에 밑줄을 그으면서 낱말 공부를 해 보세요.

노폐물

老 오래될 **노** + 廢 버릴 **폐** + 物 물건 **물**

↪ '노(老)'의 대표 뜻은 '늙다', '폐(廢)'의 대표 뜻은 '폐하다'야.

뜻 몸 안에서 생긴 물질 중 몸에서 필요 없는 것.

예 노폐물이 우리 몸속에 쌓이게 되면 몸에 해롭기 때문에 노폐물을 몸 밖으로 내보내야 한다.

노폐물은 날숨이나 오줌, 땀, 대변 따위에 섞여 몸 밖으로 배출되거나 배설되지.

배설 기관

排 밀어낼 **배** + 泄 쌀 **설** + 器 기관 **기** + 官 사람의 기관 **관**

↪ '배(排)'의 대표 뜻은 '밀치다', '설(泄)'의 대표 뜻은 '새다', '기(器)'의 대표 뜻은 '그릇', '관(官)'의 대표 뜻은 '벼슬'이야.

뜻 혈액에 있는 노폐물을 몸 밖으로 내보내는 과정에 관여하는 콩팥, 방광 등.

예 배설 기관 중 콩팥은 혈액에 있는 노폐물을 걸러 내고, 걸러진 노폐물은 방광으로 모인다.

노폐물이 걸러진 혈액은 다시 혈관을 통해 순환해.

자극

刺 찌를 **자** + 戟 찌를 **극**
🖱 '극(戟)'의 대표 뜻은 '창'이야.

뜻 몸에 작용하여 반응을 일으키게 하는 일. 또는 그런 작용의 원인.

예 우리 몸은 다양한 자극에 반응한다.

관련 어휘 반응

'반응'은 외부 자극에 대하여 어떤 현상이 일어나는 것을 말해. 눈을 통해 신호등에 녹색 불이 켜지는 것을 본 다음에 몸을 움직여 건널목을 건너는 행동이 바로 '반응'이야.

이것만은 꼭!

감각 기관

感 느낄 **감** + 覺 깨달을 **각** +
器 기관 **기** + 官 사람의 기관 **관**

뜻 전달된 자극을 느끼고 받아들이는 우리 몸의 눈, 귀, 코, 혀, 피부와 같은 기관.

예 감각 기관이 받아들인 자극은 온몸에 퍼져 있는 신경계를 통해 전달되고, 신경계는 운동 기관에 명령을 내린다.

관련 어휘 시각, 청각, 평형 감각, 후각, 미각, 피부 감각

감각 기관에는 눈으로 느끼는 '시각', 귀로 느끼는 '청각', 귓속의 반고리관과 전정 기관이 느끼는 '평형 감각', 코로 느끼는 '후각', 입으로 느끼는 '미각', 피부로 느끼는 '피부 감각'이 있어.

맥박

脈 맥박 **맥** + 搏 두드릴 **박**
🖱 '맥(脈)'의 대표 뜻은 '줄기'야.

뜻 심장의 박동으로 심장에서 나오는 피가 얇은 피부에 분포되어 있는 동맥의 벽에 닿아서 생기는 주기적인 움직임.

예 운동을 하면 평소보다 더 많은 영양소와 산소가 필요하므로 맥박과 호흡이 빨라진다.

▲ 맥박 재는 모습

손가락으로 손목을 살짝 누르면 맥박이 뛰는 것을 느낄 수 있어.

인공 기관

人 사람 **인** + 工 인공 **공** +
器 기관 **기** + 官 사람의 기관 **관**
🖱 '공(工)'의 대표 뜻은 '장인'이야.

뜻 우리 몸의 기관을 대신하여 사용하는 것.

예 인공 기관에는 인공 심장, 인공 관절, 인공 달팽이관, 전자 의수, 전자 의족 등이 있다.

확인 문제

94~95쪽에서 공부한 낱말을 떠올리며 문제를 풀어 보세요.

1 뜻에 알맞은 낱말을 글자 카드에서 찾아 쓰세요.

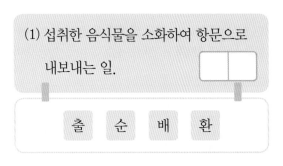

(1) 섭취한 음식물을 소화하여 항문으로 내보내는 일. ☐☐

출   순   배   환

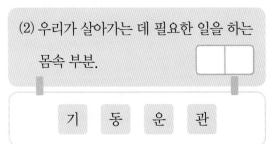

(2) 우리가 살아가는 데 필요한 일을 하는 몸속 부분. ☐☐

기   동   운   관

2 빈칸에 다음을 포함할 수 있는 낱말을 완성하세요.

운동 기관, 소화 기관, 호흡 기관, 순환 기관   ㄱ | ㄱ

3 두 친구는 어떤 기관에 대하여 말하고 있는지 쓰세요.

(1)
밥을 먹을 때에는 이로 꼭꼭 씹어서 잘게 부숴야 해. 그래야 몸에서 흡수가 잘되거든.

(   )

(2)
숨을 들이마실 때 코로 들어온 공기는 숨을 내쉬면서 다시 코로 나가.

(   )

4 (   ) 안에서 알맞은 낱말을 골라 ○표 하세요.

(1) 팔과 다리가 구부러지고 펴지는 것은 (운동 , 순환) 기관인 뼈와 근육과 관계가 있다.

(2) 입은 소화가 시작되는 곳으로 (호흡 , 소화) 기관 중에서 유일하게 직접 볼 수 있는 기관이다.

(3) (순환 , 호흡) 기관인 심장에서 나온 혈액은 온몸을 거쳐 다시 심장으로 돌아오는 과정을 반복한다.

✎ 96~97쪽에서 공부한 낱말을 떠올리며 문제를 풀어 보세요.

5 낱말의 뜻을 보기에서 찾아 사다리를 타고 내려간 곳에 기호를 쓰세요.

> **보기**
> ㉠ 우리 몸의 기관을 대신하여 사용하는 것.
> ㉡ 몸 안에서 생긴 물질 중 몸에서 필요 없는 것.
> ㉢ 몸에 작용하여 반응을 일으키게 하는 일. 또는 그런 작용의 원인.
> ㉣ 심장의 박동으로 심장에서 나오는 피가 얇은 피부에 분포되어 있는 동맥의 벽에 닿아서 생기는 주기적인 움직임.

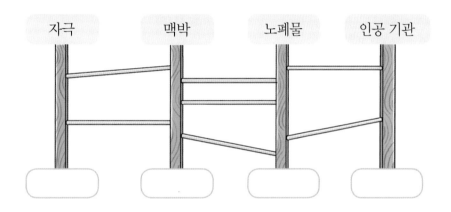

자극　　맥박　　노폐물　　인공 기관

6 다음은 공통적으로 어떤 기관에 해당하는지 알맞은 것을 골라 ○표 하세요.

눈, 귀, 코, 혀, 피부　　　　(감각 , 배설 , 인공) 기관

7 밑줄 친 낱말의 쓰임이 알맞으면 ○표, 알맞지 **않으면** ✕표 하세요.

(1) 배설 기관에서는 혈액에 있는 노폐물을 몸 밖으로 내보낸다. (　　　)

(2) 한의사 선생님께서 손가락으로 나의 손목을 눌러 맥박을 확인하셨다. (　　　)

(3) 우리가 사물을 보고, 사물의 냄새를 맡고, 사물을 만지는 것은 인공 기관과 관련이 있다.
　　(▶　　　)

(4) 과학자들은 기능이 떨어진 관절이나 심장 등을 보조하거나 대신할 수 있는 감각 기관을 연구한다. (　　　)

窮(궁)이 들어간 낱말

✏️ '窮(궁)'이 들어간 낱말을 읽고, ▢ 부분에 밑줄을 그으면서 낱말 공부를 해 보세요.

窮
다할 궁

'궁(窮)'은 집에 뼈가 앙상한 사람이 있는 모습을 표현한 글자로, 매우 가난하다는 뜻을 나타내. 낱말에서 '궁(窮)'은 '극에 달하다', '다하다', '궁하다' 등의 뜻으로 쓰이지.

추窮
窮지
窮여지책
窮핍

다하다 窮

추궁
追 쫓을 추 + 窮 다할 궁

뜻 잘못한 일을 샅샅이 따져서 밝힘.

예 어머니께서는 화분을 깬 사람이 누구인지 추궁하셨다.

궁지
窮 다할 궁 + 地 처지 지
👆'지(地)'의 대표 뜻은 '땅'이야.

뜻 매우 곤란하고 어려운 일을 당한 처지.

예 거짓말을 했다가 오히려 더 궁지에 몰리는 상황이 되었다.

속담 궁지에 빠진 쥐가 고양이를 문다
막다른 지경에 이르게 되면 약한 자도 마지막 힘을 다하여 반항한다는 뜻이야.

궁하다 窮

궁여지책
窮 궁할 궁 + 餘 남을 여 + 之 -의 지 + 策 꾀 책
👆'지(之)'의 대표 뜻은 '가다'야.

뜻 궁한 나머지 생각다 못하여 짜낸 꾀.

예 지붕에서 물이 새서 궁여지책으로 바가지를 받아 두었다.

비슷한말 고육지책
자기 몸을 상해 가면서까지 꾸며 내는 계책이라는 뜻으로, 어려운 상태를 벗어나기 위해 어쩔 수 없이 꾸며 내는 계책을 말해.

궁핍
窮 궁할 궁 + 乏 모자랄 핍

뜻 몹시 가난함.

예 흥부는 궁핍하여 이 집 저 집으로 밥을 빌러 다녔다.

 (도)가 들어간 낱말

정답과 해설 ▶ 46쪽

✏️ '圖(도)'가 들어간 낱말을 읽고, ___ 부분에 밑줄을 그으면서 낱말 공부를 해 보세요.

圖

그림 도

'도(圖)'는 변방 지역까지 그려진 지도라는 뜻으로 만들어진 글자로, '그림'이나 '지도'의 뜻을 나타내. 전쟁에 대한 계획이나 대책을 세우기 위해서는 지도가 꼭 필요하다는 점에서 '꾀하다'라는 뜻으로도 쓰이게 되었어.

지圖
圖감
각자圖생
시圖

그림 圖

🌸 지도
地 땅 지 + 圖 그림 도

뜻 지구 표면의 상태를 일정한 비율로 줄여, 이를 약속된 기호로 평면에 나타낸 그림.

예 김정호는 목판에 지도를 앞뒤로 새겨 찍어 「대동여지도」를 완성하였다.

🌸 도감
圖 그림 도 + 鑑 본보기 감
🖱 '감(鑑)'의 대표 뜻은 '거울'이야.

뜻 그림이나 사진을 모아 실물 대신 볼 수 있도록 엮은 책.

예 뒷산에서 본 곤충을 도감에서 찾아보았다.

꾀하다 圖

🌸 각자도생
各 각자 각 + 自 스스로 자 + 圖 꾀할 도 + 生 살 생
🖱 '생(生)'의 대표 뜻은 '나다'야.

뜻 제각기 살아 나갈 방법을 꾀함.

예 국난이 있을수록 각자도생보다는 함께 어려움을 이겨 내야 한다.

🌸 시도
試 시험 시 + 圖 꾀할 도

뜻 어떤 것을 이루어 보려고 계획하거나 행동함.

예 몇 번의 시도 끝에 골을 넣는 데에 성공하였다.

관용어 허탕 치다
어떤 일을 시도하였다가 아무 소득도 얻지 못하였을 때 쓰는 말이야.

✎ 100쪽에서 공부한 낱말을 떠올리며 문제를 풀어 보세요.

1 뜻에 알맞은 낱말이 되도록 보기에서 글자를 찾아 쓰세요.(같은 글자를 여러 번 쓸 수 있어요.)

보기

궁	추
핍	지
	책
	여

(1) 몹시 가난함. → ☐☐

(2) 잘못한 일을 샅샅이 따져서 밝힘. → ☐☐

(3) 궁한 나머지 생각다 못하여 짜낸 꾀. → ☐☐☐☐

(4) 매우 곤란하고 어려운 일을 당한 처지. → ☐☐

2 빈칸에 들어갈 속담을 골라 ○표 하세요.

 힘센 친구에게 매일 당하기만 하던 주인공이 더 이상 참지 않고 반격을 하는 장면이 정말 짜릿했어!

☐더니, 막다른 지경에 이르게 되면 약한 자도 마지막 힘을 다하여 반항을 하게 되지.

(1) 가랑비에 옷 젖는 줄 모른다 (   )

(2) 궁지에 빠진 쥐가 고양이를 문다 (   )

(3) 하늘이 무너져도 솟아날 구멍이 있다 (   )

3 빈칸에 들어갈 낱말을 찾아 선으로 이으세요.

(1) 이순신 장군은 ☐에 빠진 조선을 구하였다. •

• 궁지

(2) 형은 빵을 다 먹은 사람이 누구냐며 나를 ☐하였다. •

• 궁핍

(3) 할머니께서는 ☐했던 보릿고개 시절을 떠올리셨다. •

• 추궁

✎ 101쪽에서 공부한 낱말을 떠올리며 문제를 풀어 보세요.

4 뜻에 알맞은 낱말을 빈칸에 쓰세요.

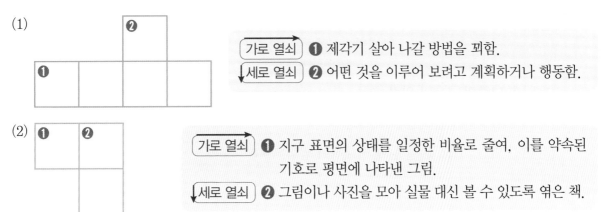

(1)

가로 열쇠 ❶ 제각기 살아 나갈 방법을 꾀함.
세로 열쇠 ❷ 어떤 것을 이루어 보려고 계획하거나 행동함.

(2)

가로 열쇠 ❶ 지구 표면의 상태를 일정한 비율로 줄여, 이를 약속된 기호로 평면에 나타낸 그림.
세로 열쇠 ❷ 그림이나 사진을 모아 실물 대신 볼 수 있도록 엮은 책.

5 밑줄 친 말의 뜻은 무엇인지 빈칸에 알맞은 낱말을 완성하세요.

 아이스크림을 하나 사면 하나 더 준다 길래 바로 가 봤는데 이미 아이스크림 이 다 팔려서 <u>허탕 치고</u> 말았어.

 엄청 속상했겠는걸! 내일 다시 가 봐.

→ 어떤 일을 [ㅅ][ㄷ] 하였다가 아무 소득도 얻지 못하였을 때 쓰는 말.

6 ( ) 안에 들어갈 낱말을 보기 에서 찾아 쓰세요.

보기

지도   도감   시도   각자도생

(1) 세계 (   )을/를 보면 나라별 크기를 한눈에 비교해 볼 수 있다.

(2) 독도 바다에 사는 해양 생태계의 사진과 설명이 담긴 독도 (   )이/가 발간되었다.

(3) 어려운 일을 겪어 보니 (   )보다 합심하여 헤쳐 나가는 것이 중요하다는 것을 깨달았다.

(4) 나는 게임을 끊고 독서를 하기로 한 방학 계획을 (   )한 지 하루 만에 포기하고 싶어졌다.

✎ 3주차 1~5회에서 공부한 낱말을 떠올리며 문제를 풀어 보세요.

낱말 뜻

1 뜻에 알맞은 낱말을 보기에서 찾아 쓰세요.

보기

| 반박 | 여론 | 긍정적 |

(1) 사회 대중의 공통된 의견. → (   )

(2) 그러하거나 옳다고 인정하는 것. → (   )

(3) 어떤 의견, 주장, 논설 등에 반대하여 말함. → (   )

낱말 뜻

2 낱말과 그 뜻이 알맞게 짝 지어지지 <u>않은</u> 것을 두 개 고르세요. (,   )

① 기여하다 – 도움이 되다.
② 지속적 – 어떤 상태가 오래 계속되는 것.
③ 비용 – 일정한 계약에 의해 은행에 맡긴 돈.
④ 배출 – 몸 안에서 생긴 물질 중 몸에서 필요 없는 것.
⑤ 국방비 – 국가가 외국의 침략에 대비 태세를 갖추고 국토를 안전하게 지키는 데에 쓰는 비용.

반대말

3 낱말의 관계가 <u>다른</u> 하나를 골라 ○표 하세요.

(1)
반박 – 논박
(   )

(2)
긍정적 – 부정적
(   )

(3)
기여하다 – 공헌하다
(   )

글자는 같지만 뜻이 다른 말

4 빈칸에 공통으로 들어갈 낱말을 완성하세요.

• 풀 한 [   ]의 생명도 모두 소중하다.
• 결승선을 앞두고 넘어졌을 때 그대로 경기를 [   ]하고 싶었다.

| 표 | 7 |

어법

5 문장에서 잘못 쓴 부분에 ○표 하고, 바르게 고쳐 쓰세요.

(1) 태풍으로 항노가 끊겨 사람들이 섬에 갇혔다. ( )

(2) 몸 밖으로 노페물이 배출되지 않으면 각종 질병이 생긴다. ( )

낱말 뜻

6 빈칸에 공통으로 들어갈 말을 쓰세요.

• ☐할하다 – 일정한 권한을 가지고 통제하거나 지배하다.
• 기☐ – 우리가 살아가는 데 필요한 일을 하는 몸속 부분.
• ☐점 – 사물이나 현상을 관찰할 때 그 사람이 바라보는 태도나 방향 또는 처지.

☐

관용어

7 밑줄 친 말을 알맞게 사용하지 못한 친구에게 ✕표 하세요.

(1) 엄마가 떡볶이를 사 준다고 하셔서 시장에 갔는데 문이 닫혀서 허탕만 쳤어. ( )

(2) 열심히 줄넘기 연습을 한 결과 줄넘기 대회에서 일 등을 해서 허탕 쳤어. ( )

(3) 군대 간 삼촌을 면회하러 갔는데 만나지도 못하고 허탕만 쳤어. ( )

낱말 활용

8 ~ 10 ( ) 안에 들어갈 낱말을 보기 에서 찾아 쓰세요.

보기
과녁 지름 휴전선

8 화살이 ( )의 한가운데에 명중하였다.

9 한 변의 길이가 10cm인 정육면체 상자에 ( )이 9cm인 공을 넣었다.

10 할머니께서는 ( ) 위에 두고 온 가족을 평생 그리워하며 지내셨다.

4주차 어휘 미리 보기

한 주 동안 공부할 어휘들이야. 쏙 한번 훑어볼까?

1회 학습 계획일 ⃝월 ⃝일

국어 교과서 어휘

고쳐쓰기	영화 감상문
삭제하다	영상
추가하다	화면 구도
문장 호응	나열하다
불확실하다	자막
공유하다	보완하다

2회 학습 계획일 ⃝월 ⃝일

사회 교과서 어휘

지구촌 갈등	지속 가능한 미래
난민	위협
우호적	지구 온난화
비정부 기구	빈곤
구호	세계 시민
조직하다	기증

3회 학습 계획일 ⃝월 ⃝일

수학 교과서 어휘

원기둥	구
원기둥의 밑면	분해하다
원기둥의 전개도	구의 중심
원뿔	구의 반지름
원뿔의 밑면	건축물
원뿔의 모선	구상하다

4회 학습 계획일 ◯월 ◯일

과학 교과서 어휘

에너지	에너지 전환
열에너지	태양 전지
빛에너지	에너지 자원
전기 에너지	효율
화학 에너지	이중창
운동 에너지	발광 다이오드등
위치 에너지	

5회 학습 계획일 ◯월 ◯일

한자 어휘

난형난제	결자해지
난이도	해방
조난	용해
재난	해동

어휘력 테스트

2학기
어휘 학습 끝!
이젠 학교 공부
자신 있어!

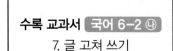
다음 중 낱말의 뜻을 잘 알고 있는 것에 ☑ 하세요.

☐ 고쳐쓰기 ☐ 삭제하다 ☐ 추가하다 ☐ 문장 호응 ☐ 불확실하다 ☐ 공유하다

✏️ 낱말을 읽고, ▢ 부분에 밑줄을 그으면서 낱말 공부를 해 보세요.

이것만은 꼭!

고쳐쓰기

뜻 글을 쓰고 나서 내용과 표현이 알맞도록 다시 쓰는 것.

예 고쳐쓰기를 하지 않으면 읽는 사람이 내용을 잘 이해하지 못할 수 있다.

> 쓴 글을 다시 읽어 보고 어색한 문장은 고쳐 써야 해.

> 주제를 생각해서 제목을 고쳐 쓸 수도 있어.

삭제하다

削 깎을 **삭** + 除 덜 **제** + 하다

뜻 깎아 없애거나 지워 버리다.

예 글을 고쳐 쓸 때는 필요 없거나 중복되는 문장을 삭제해야 한다.

반대말 **첨가하다**

'첨가하다'란 이미 있는 것에 덧붙이거나 보탠다는 뜻으로 '삭제하다'와는 뜻이 반대야. "주장을 뒷받침하는 근거를 첨가하였다."처럼 쓰이지.

> 필요 없는 문장을 삭제하여 군더더기 없는 글을 쓰면 내 생각을 더 잘 전달할 수 있어.

추가하다

追 채울 **추** + 加 더할 **가** + 하다
↳ '추(追)'의 대표 뜻은 '쫓다'야.

뜻 나중에 더 보태다.

예 글을 고쳐 쓸 때 앞 문장을 더 자세히 설명하려고 내용을 추가할 수 있다.

> 필요한 내용을 추가하면 내용이 풍부한 글을 쓸 수 있어.

정답과 해설 ▶ 50쪽

문장 호응

文 글월 문 + 章 글 장 +
呼 부를 호 + 應 응할 응

뜻 문장 안에서 앞에 어떤 말이 오면 뒤에 적절한 말이 따라옴.

예 서로 어울리는 말을 함께 썼을 때 문장 호응이 잘 이루어졌다고 한다.

'만약'은 '~면'과
호응하는 말이야.
'만약 내가 선생님이 된다면'
과 같이 말이야.

앞에 '내일'과 같이
미래를 나타내는 말이 온다면
뒤에도 '~할 것이다'처럼 미래를
나타내는 말이 와야 해.

불확실하다

不 아닐 불 + 確 확실할 확 +
實 내용 실 + 하다
🖱 '확(確)'의 대표 뜻은 '굳다', '실
(實)'의 대표 뜻은 '열매'야.

뜻 확실하지 않다.

예 주장하는 글을 쓸 때에는 불확실한 표현을 사용하지 않는 것이 좋다.

반대말 확실하다

'확실하다'란 틀림없이 그러하다는 뜻이야. "근거를 뒷받침하는 자료로 출처가 확실
한 자료를 사용해야 한다."처럼 쓰여.

공유하다

共 함께 공 + 有 가질 유 +
하다
🖱 '공(共)'의 대표 뜻은 '한가지', '유
(有)'의 대표 뜻은 '있다'야.

뜻 두 사람 이상이 어떤 것을 함께 가지고 있다.

예 내가 쓴 글을 고쳐 쓰고 친구와 공유하였다.

꼭! 알아야 할 속담

빈칸
채우기 '〔　　　〕 없는 무덤이 없다'는 아무리 큰 잘못을 저지른 사람도 그것을 변명하고 이유를 붙일
수 있다는 말입니다.

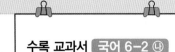

다음 중 낱말의 뜻을 잘 알고 있는 것에 ✓ 하세요.

☐ 영화 감상문 ☐ 영상 ☐ 화면 구도 ☐ 나열하다 ☐ 자막 ☐ 보완하다

✏️ 낱말을 읽고, ▢▢▢▢ 부분에 밑줄을 그으면서 낱말 공부를 해 보세요.

이것만은 꼭!

영화 감상문

映 비칠 **영** + 畫 그림 **화** +
感 느낄 **감** + 想 생각 **상** +
文 글월 **문**

뜻 영화를 보고 느낀 점을 쓴 글.

예 제목과 줄거리, 전체적인 느낌이나 주제, 영화와 비슷한 자신의 경험, 자신이 본 다른 영화 등을 넣어 영화 감상문을 쓴다.

영화 감상문을 쓸 때 인물에게 하고 싶은 말을 써서 자신의 생각이나 느낌을 나타내도 좋아.

영화 감상문은 시나 만화, 일기 같은 다양한 형식으로도 쓸 수 있어.

영상

映 비칠 **영** + 像 모양 **상**

뜻 영화, 텔레비전 등의 화면에 나타나는 모습.

예 이 영화는 과거의 모습을 나타낼 때에 영상을 흑백으로 보여 주었다.

글자는 같지만 뜻이 다른 낱말 영상

'영상'은 섭씨온도계에서, 눈금이 0도(℃) 이상의 온도를 뜻하기도 해. '영상의 날씨'와 같이 쓰이지. '영상'의 반대말은 섭씨온도계에서, 눈금이 0도(℃) 이하의 온도를 뜻하는 '영하'야. 함께 알아 두면 좋겠지?

화면 구도

畫 그림 **화** + 面 모습 **면** +
構 얽을 **구** + 圖 그림 **도**
🖱️'면(面)'의 대표 뜻은 '낯'이야.

뜻 인물, 자연, 사물 등을 조화롭게 묘사하기 위하여 선, 면, 색채, 등을 알맞게 배치하는 일. 또는 그렇게 하는 촬영.

예 영화를 감상할 때에는 영상의 특징과 화면 구도도 함께 살펴보면 좋다.

비슷한말 화면 구성

'화면 구도'와 뜻이 비슷한 말로 '화면 구성'이 있어. 주어진 화면의 테두리 안에서 인물과 환경을 알맞게 꾸미는 일을 뜻하지. 그 밖에도 '장면 설계', '화면 설계'도 비슷한 뜻으로 쓰여.

나열하다

羅 벌일 **나** + 列 벌일 **열** + 하다

뜻 죽 벌여 늘어놓다.

예 영화에 넣을 사진이나 그림, 영상을 수집해 영화 장면의 차례대로 나열하였다.

자막

字 글자 **자** + 幕 덮을 **막**

'막(幕)'의 대표 뜻은 '장막'이야.

뜻 영화나 텔레비전 등에서, 관객이나 시청자가 읽을 수 있도록 제목, 대화, 설명 등을 화면에 나타내는 글자.

내일 올겨울 들어 가장 추워 ——자막

예 영화를 만들 때 각 장면에 알맞은 음악과 자막을 함께 넣는다.

보완하다

補 보탤 **보** + 完 완전할 **완** + 하다

'보(補)'의 대표 뜻은 '깁다'야.

뜻 모자라거나 부족한 것을 보충하여 완전하게 하다.

예 우리 모둠이 만든 영화를 보면서 부족한 부분을 찾아 보완하였다.

비슷한말 **보충하다**

'보충하다'는 부족한 것을 보태어 채운다는 뜻으로, "필요한 물품을 보충하다."와 같이 쓰여. '보완하다'와 '보충하다'는 서로 바꾸어 쓸 수 있으니 함께 기억해 둬.

꼭! 알아야 할 관용어

우리 반에 형돈이라는 친구가 전학 왔어.

형돈이? 어디에서 많이 들어 본 이름인데……

형돈아! 인사해, 내 친구 민석이.

정민석? 너, 어렸을 때 날 맨날 괴롭혔던 그 정민석 맞지?

으악! 미안해. 어쩐지 이름이 귀에 익더라니.

예전의 조그맣던 내가 아니라고!

○표 하기 들은 기억이 있거나 어떤 말이나 소리를 자주 들어 버릇이 되었을 때 '(눈 , 귀 , 손)에 익다'라는 말을 씁니다.

✎ 108~109쪽에서 공부한 낱말을 떠올리며 문제를 풀어 보세요.

1 낱말의 뜻을 보기 에서 찾아 사다리를 타고 내려간 곳에 기호를 쓰세요.

보기

㉠ 나중에 더 보태다.
㉡ 두 사람 이상이 어떤 것을 함께 가지고 있다.
㉢ 글을 쓰고 나서 내용과 표현이 알맞도록 다시 쓰는 것.
㉣ 문장 안에서 앞에 어떤 말이 오면 뒤에 적절한 말이 따라옴.

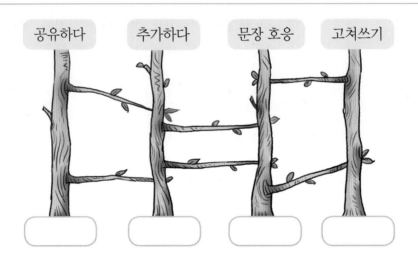

공유하다 추가하다 문장 호응 고쳐쓰기

2 다음 낱말과 뜻이 반대인 낱말을 골라 ○표 하세요.

(1)
삭제하다

(첨가하다 , 제한하다)

(2)
불확실하다

(확실하다 , 혼동하다)

3 빈칸에 들어갈 말을 완성하세요.

(1) 글에서 주제와 관련 없는 문장은 | ㅅ | ㅈ | 해야 한다.

(2) '비록 한 끼라면'은 | ㅁ | ㅈ | ㅎ | ㅇ | 이/가 이루어지지 않아서 어색하다.

(3) "고운 말을 사용하면 좋을 수도 있다."와 같이 주장하는 글에서 | ㅂ | ㅎ | ㅅ | 한 표현을 사

용하는 것은 좋지 않다.

✎ 110~111쪽에서 공부한 낱말을 떠올리며 문제를 풀어 보세요.

4 뜻에 알맞은 낱말이 되도록 보기 에서 글자를 찾아 쓰세요.

보기

| 나 | 감 | 문 | 완 | 보 | 상 | 열 |

(1) 죽 벌여 늘어놓다. → ☐ ☐ 하 다

(2) 영화를 보고 느낀 점을 쓴 글. → 영 화 ☐ ☐ ☐

(3) 모자라거나 부족한 것을 보충하여 완전하게 하다. → ☐ ☐ 하 다

5 낱말의 뜻은 무엇인지 ( ) 안에서 알맞은 낱말을 골라 ○표 하세요.

(1)
자막 관객이나 시청자가 읽을 수 있도록 화면에 나타내는 (글자 , 그림).

(2)
영상 영화, 텔레비전 등의 (화면 , 인물)에 나타나는 모습.

6 '영상'이 나머지와 <u>다른</u> 뜻으로 쓰인 것을 골라 ○표 하세요.

(1) 올겨울은 봄 날씨처럼 <u>영상</u>을 웃도는 날이 많다. ( )

(2) 일 년 간 우리 가족이 함께 찍은 사진을 <u>영상</u>으로 만들어 보았다. ( )

(3) 세계 유명 여행지에 대한 <u>영상</u>을 보고 나니 그곳에 가 보고 싶은 생각이 들었다. ( )

7 ( ) 안에 들어갈 말을 보기 에서 찾아 쓰세요.

보기

| 나열 | 보완 | 자막 | 화면 구도 |

(1) 내 사진을 일렬로 ( )한 다음 시간 순서대로 사진첩에 꽂아 두었다.

(2) 이번 학교 홍보 영상은 지난 영상보다 화질 면에서 ( )된 점이 많다.

(3) ( )이/가 너무 길면 이해하기 어려우므로 요약해서 이해하기 쉽게 나타낸다.

(4) 이 영화는 자연을 배경으로 할 때에는 카메라 위치를 위에서만 잡는 독특한 ( )
을/를 지녔다.

사회 교과서 어휘

다음 중 낱말의 뜻을 잘 알고 있는 것에 ✔ 하세요.

☐ 지구촌 갈등　☐ 난민　☐ 우호적　☐ 비정부 기구　☐ 구호　☐ 조직하다

지구촌은 환경 오염, 전쟁, 기아 등 많은 문제에 직면해 있고 이를 해결하기 위한 기구들도 있어. 지구촌의 평화와 발전과 관련하여 알아 두어야 할 낱말을 배워 보자.

✎ 낱말을 읽고, ▢ 부분에 밑줄을 그으면서 낱말 공부를 해 보세요.

이것만은 꼭!

지구촌 갈등

地 땅 **지** + 球 공 **구** + 村 마을 **촌** + 葛 칡 **갈** + 藤 등나무 **등**

뜻 국가나 민족 등이 충돌을 일으켜 긴장 관계에 있는 상황.

예 지구촌 갈등을 겪고 있는 아이들은 먹을 것과 깨끗한 물이 부족해 질병에 쉽게 걸리고 집을 잃어 헤매기도 한다.

관련 어휘 **지구촌**

'지구촌'은 지구 전체를 한 마을처럼 여겨 이르는 말을 뜻해. 통신·교통의 발달로 지구가 마치 한 마을처럼 가까워지면서 생겨난 말이야.

난민

難 어려울 **난** + 民 백성 **민**

뜻 전쟁이나 재해 등으로 자기 나라를 떠나 머물 곳을 찾아 헤매는 사람.

예 유엔난민기구(UNHCR)는 전쟁 등으로 살 곳을 잃은 난민들을 돕고 있다.

관련 어휘 **내전**

'내전'은 한 나라 국민들끼리 편이 갈라져서 싸우는 전쟁을 뜻하는 말이야. 내전은 난민이 발생하는 주요 원인이야.

우호적

友 벗 **우** + 好 좋을 **호** +
的 ~한 상태로 되는 **적**
🖐'적(的)'의 대표 뜻은 '과녁'이야.

뜻 개인끼리나 나라끼리 서로 사이가 좋은 것.

예 우리나라는 다른 나라를 돕고 여러 나라들과 관계를 우호적으로 유지할 수 있
도록 다양한 외교 활동을 펼치고 있다.

관련 어휘 **우방, 우방국**

서로 우호적인 관계를 맺고 있는 나라를 '우방', '우방국'이라고 해.

비정부 기구

非 아닐 **비** + 政 정사 **정** +
府 관청 **부** + 機 틀 **기** +
構 얽을 **구**
🖐'부(府)'의 대표 뜻은 '마을'이야.

뜻 정부 간의 협정에 의하지 않고 민간의 국제 협력으로 설립된 조직.

예 비정부 기구에는 유엔 전문 기구인 유네스코, 유니세프, 국제 앰네스티 등이
있다.

어린이들도
비정부 기구 활동에
참여할 수 있을까?

그럼! 신생아를 살리기
위한 모자 뜨기 운동에
참여해 보는 건 어때?

구호

救 구원할 **구** + 護 보호할 **호**
🖐'호(護)'의 대표 뜻은 '돕다'야.

뜻 재해나 재난 등으로 어려움에 처한 사람을 도와 보호함.

예 전국 각지에서 모인 성금은 이재민의 구호에 쓸 예정이라고 한다.

글자는 같지만 뜻이 다른 낱말 **구호**

'구호'는 집회나 시위 등에서 어떤 요구나 주장 등을 간결한 형식으로 표현한 문구라
는 뜻으로 쓰이기도 해. "**구호**를 외치다.", "**구호**를 내걸다."와 같이 쓰여.

조직하다

組 조직할 **조** + 織 만들 **직** + 하다
🖐'조(組)'와 '직(織)'의 대표 뜻은 모
두 '짜다'야.

뜻 어떤 목표를 이루기 위해 여럿이 모여 체계 있는 집단을 이루다.

예 환경 문제를 해결하기 위해 어린이 비정부 기구를 조직하고 실천할 수 있는 일
을 찾아보기로 하였다.

사회 교과서 어휘

다음 중 낱말의 뜻을 잘 알고 있는 것에 ☑ 하세요.

☐ 지속 가능한 미래 ☐ 위협 ☐ 지구 온난화 ☐ 빈곤 ☐ 세계 시민 ☐ 기증

✏️ 낱말을 읽고, ▢ 부분에 밑줄을 그으면서 낱말 공부를 해 보세요.

이것만은 꼭!

지속 가능한 미래

持 지킬 **지** + 續 계속할 **속** +
可 옳을 **가** + 能 능할 **능** +
한 + 未 아닐 **미** + 來 올 **래**

🖱 '지(持)'의 대표 뜻은 '가지다', '속(續)'의 대표 뜻은 '잇다'야.

뜻 지구촌의 사람들이 오늘날의 발전뿐만 아니라 미래 세대의 환경과 발전을 위해 책임감 있게 행동해 지구촌의 지속 가능성을 높여 가는 것.

예 지속 가능한 미래를 건설하기 위해서는 지구촌의 모든 살아 있는 생명체가 살아갈 수 있도록 환경을 보존해야 한다.

위협

威 힘 **위** + 脅 위협할 **협**

🖱 '위(威)'의 대표 뜻은 '위엄'이야.

뜻 무서운 말이나 행동으로 상대방이 두려움을 느끼게 함.

예 플라스틱 쓰레기가 지구촌 환경을 위협하고 있다.

관련 어휘 **지구촌을 위협하는 문제 – 전쟁**

전쟁이 일어나는 원인은 자원, 종교, 영토 갈등 등 다양해. 전쟁이 일어나면 사람들은 생명을 잃을 수 있고, 살던 곳을 떠나 떠돌게 되어 힘든 생활을 하게 되지.

지구촌을 위협하는 문제를 해결하기 위해 여러 나라가 국제적으로 협력하고 있어.

지구 온난화

地 땅 **지** + 球 공 **구** + 溫 따뜻할 **온** + 暖 따뜻할 **난** + 化 될 **화**

뜻 지구의 기온이 높아지는 현상.

예 지구 온난화 문제를 해결하기 위해서 국제적 노력에 동참해야 합니다.

빈곤

貧 가난할 **빈** + 困 가난할 **곤**
🖰 '곤(困)'의 대표 뜻은 '곤하다'야.

뜻 가난해 생활하는 것이 어려운 상태.

예 가뭄으로 식량 생산량이 줄어들어 빈곤과 기아 문제가 심각해지고 있다.

비슷한말 곤궁, 빈궁

'곤궁'이란 가난하여 살림이 구차함을 뜻하고, '빈궁'이란 가난하고 궁색함을 뜻해. '빈곤', '곤궁', '빈궁' 모두 서로 바꾸어 쓸 수 있는 낱말이야.

속담 가난 구제는 나라님도 못한다

'빈곤'과 관련 있는 속담으로, 남의 가난한 살림을 도와주기란 끝이 없는 일이어서, 개인은 물론 나라의 힘으로도 구제하지 못한다는 말이야.

세계 시민

世 세상 **세** + 界 세계 **계** + 市 행정 구역 **시** + 民 백성 **민**
🖰 '세(世)'의 대표 뜻은 '인간', '계(界)'의 대표 뜻은 '지경', '시(市)'의 대표 뜻은 '시장'이야.

뜻 지구촌 문제가 우리의 문제임을 알고 이를 해결하고자 협력하는 자세를 지닌 사람.

예 지구촌 환경을 위해 세계 시민으로서 장바구니를 사용하기로 하였다.

 세계 시민으로서 외국인 친구들을 대할 때는 그 나라의 문화를 존중하고 공감해야 해.

 세계 시민으로서 환경을 생각해서 물을 아껴 쓰고, 플라스틱 사용을 줄여야겠어.

기증

寄 보낼 **기** + 贈 줄 **증**
🖰 '기(寄)'의 대표 뜻은 '부치다'야.

뜻 남을 위하여 자신의 물품이나 재산 등을 대가 없이 줌.

예 작아서 입을 수 없게 된 옷을 나눔 단체에 기증하였다.

비슷한말 증여, 증정

'증여'란 물품 등을 선물로 준다는 뜻이고, '증정'은 어떤 물건 등을 성의 표시나 축하 인사로 준다는 뜻이야. 두 낱말 모두 '기증'과 뜻이 비슷해.

✎ 114~115쪽에서 공부한 낱말을 떠올리며 문제를 풀어 보세요.

1 뜻에 알맞은 낱말을 글자판에서 찾아 묶으세요.(낱말은 가로(─), 세로(│), 대각선(╲) 방향에 숨어 있어요.)

우	난	기	우
민	비	지	호
주	정	구	적
민	부	촌	구

❶ 지구 전체를 한 마을처럼 여겨 이르는 말.

❷ 개인끼리나 나라끼리 서로 사이가 좋은 것.

❸ 전쟁이나 재해 등으로 자기 나라를 떠나 머물 곳을 찾아 헤매는 사람.

2 빈칸에 들어갈 말을 ( ) 안에서 골라 ○표 하세요.

(1) 지금도 다른 나라에는 전쟁으로 가족을 잃거나 살 곳을 잃은 [   ]들이 많아.

(난민 , 연민 , 만민)

(2) 그래서 그런 사람들을 위해 [   ] 활동을 하는 단체들이 많아.

(구속 , 구호 , 구술)

3 빈칸에 들어갈 낱말을 찾아 선으로 이으세요.

(1) 평화 문제에 관심이 있는 친구들과 함께 비정부 기구를 [   ]하였다. • • 조직

(2) '세계 자연 보호 기금'은 야생 동물과 환경을 보호하기 위한 [   ]이다. • • 지구촌 갈등

(3) [   ]이/가 심한 지역의 어린이들은 항상 죽음의 불안과 두려움을 느낀다. • • 비정부 기구

✎ 116~117쪽에서 공부한 낱말을 떠올리며 문제를 풀어 보세요.

4 빈칸에 들어갈 낱말을 글자 카드에서 골라 ○표 하세요.

(1)

지구의 기온이 높아지는 현상을 지구 ☐
☐☐(이)라고 한다.

| 냉 | 온 | 민 | 난 | 화 |

(2)

미래 세대의 환경과 발전을 위해 지구촌의
지속 가능성을 높여 가는 것을 지속 가능한
☐☐(이)라고 한다.

| 과 | 미 | 거 | 래 | 현 |

(3)

지구촌 문제가 우리의 문제임을 알고 이를
해결하고자 협력하는 자세를 지닌 사람을 세
계 ☐☐(이)라고 한다.

| 시 | 국 | 주 | 양 | 민 |

5 다음 낱말과 뜻이 비슷한 낱말을 보기에서 두 개씩 찾아 기호를 쓰세요.

보기
㉠ 빈궁   ㉡ 증여   ㉢ 곤궁   ㉣ 증정

(1) 빈곤: (   )   (2) 기증: (   )

6 다음 일기에서 빈칸에 들어갈 낱말을 완성하세요.

○○월 ○○일 ○요일   날씨: 비 오다가 갬.

　텔레비전에서 지구촌에서 발생하고 있는 환경 문제에 대한 다큐멘터리를 보았다.

　지구의 기온이 점점 높아지는 (1)| ㅈ | ㄱ | ㅇ | ㄴ | ㅎ | 때문에 생태계가 (2)| ㅇ | ㅎ | 받

고 있다는 내용의 영상이었다.

　(3)| ㅈ | ㅅ | ㄱ | ㄴ | ㅎ | ㅁ | ㄹ | 을/를 위해서 우리는 환경을 지키고 보존해야 할 책임이

있다. 지구촌의 한 사람인 (4)| ㅅ | ㄱ | ㅅ | ㅁ | (으)로서 우리가 앞장서서 지구의 기온을 높이지

않도록 해야겠다.

다음 중 낱말의 뜻을 잘 알고 있는 것에 ✓ 하세요.

☐ 원기둥   ☐ 원기둥의 밑면   ☐ 원기둥의 전개도   ☐ 원뿔   ☐ 원뿔의 밑면   ☐ 원뿔의 모선

생일을 맞아 가족과 생일잔치를 하고 있네. 원기둥 모양의 케이크와 선물 상자, 원뿔 모양의 고깔모자가 보이지? 우리 원기둥과 원뿔에 대한 낱말을 알아보자.

✏️ 낱말을 읽고, ▢ 부분에 밑줄을 그으면서 낱말 공부를 해 보세요.

이것만은 꼭!

원기둥

圓 둥글 원 + 기둥

뜻 크기가 똑같은 두 개의 원을 밑면으로 하는 기둥 모양의 입체 도형.

예 원기둥은 굴리면 잘 굴러간다.

원기둥은 옆에서 보면 직사각형, 위에서 보면 원 모양이야.

▲ 여러 가지 원기둥

원기둥의 밑면

圓 둥글 원 + 기둥 + 의 + 밑 + 面 겉 면
👉 '면(面)'의 대표 뜻은 '낯'이야.

뜻 원기둥에서 서로 평행하고 합동인 두 면.

예 원기둥의 밑면은 두 개로 서로 마주 본다.

관련 어휘 원기둥의 옆면, 원기둥의 높이

두 밑면과 만나는 굽은 면을 '원기둥의 옆면'이라고 하고, 두 밑면에 수직인 선분의 길이를 '원기둥의 높이'라고 해.

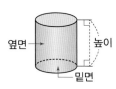

옆면 → ← 높이
← 밑면

4주차

3회

원기둥의 전개도

圓 둥글 **원** + 기둥 + 의 +
展 펼 **전** + 開 열 **개** +
圖 그림 **도**

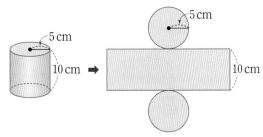

뜻 원기둥을 잘라서 펼쳐 놓은 그림.

예 원기둥의 전개도에서 두 개의 원은 크기가 같다.

원기둥의 전개도에서 옆면은 직사각형, 밑면은 원 모양이야.

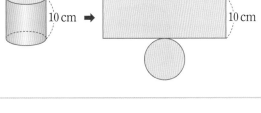

원뿔

圓 둥글 **원** + 뿔

뜻 원의 평면 밖의 한 점과 원둘레 위의 모든 점을 연결하여 생긴 면으로 둘러싸인 입체.

예 고깔모자는 원뿔 모양이다.

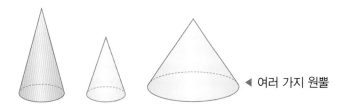

◀ 여러 가지 원뿔

원뿔의 밑면

圓 둥글 **원** + 뿔 + 의 + 밑 +
面 겉 **면**

뜻 원뿔에서 평평한 면.

예 원뿔의 밑면은 한 개다.

관련 어휘 **원뿔의 옆면, 원뿔의 꼭짓점**

원뿔의 옆을 둘러싼 굽은 면을 '원뿔의 옆면'이라고 하고, 원뿔에서 뾰족한 부분의 점을 '원뿔의 꼭짓점'이라고 해.

원뿔의 모선

圓 둥글 **원** + 뿔 + 의 +
母 어머니 **모** + 線 선 **선**

🤚'선(線)'의 대표 뜻은 '줄'이야.

뜻 원뿔에서 원뿔의 꼭짓점과 밑면인 원의 둘레의 한 점을 이은 선분.

예 자를 원뿔 옆면에 정확히 붙여서 원뿔의 모선의 길이를 잴 수 있다.

관련 어휘 **원뿔의 높이**

원뿔의 꼭짓점에서 밑면에 수직인 선분의 길이를 '원뿔의 높이'라고 해.

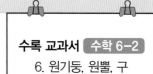

다음 중 낱말의 뜻을 잘 알고 있는 것에 ✓ 하세요.

☐ 구 ☐ 분해하다 ☐ 구의 중심 ☐ 구의 반지름 ☐ 건축물 ☐ 구상하다

원기둥, 원뿔, 구의 모양을 이용해 우주 공간을 상상하여 그린 그림이야. 구란 무엇인지 좀 더 자세히 알아보자.

✎ 낱말을 읽고,   부분에 밑줄을 그으면서 낱말 공부를 해 보세요.

이것만은 꼭!

구

球 공 구

🔵 뜻 공처럼 둥글게 생긴 입체적인 물체. 또는 그런 모양.

🔵 예 축구공, 농구공, 야구공은 모두 **구** 모형이다.

▲ 축구공   ▲ 농구공   ▲ 야구공

분해하다

分 나눌 분 + 解 쪼갤 해 + 하다
🔖 '해(解)'의 대표 뜻은 '풀다'야.

🔵 뜻 여러 부분으로 이루어진 것을 따로따로 나누다.

🔵 예 구 모형을 **분해하여** 구의 구성 요소를 찾을 수 있다.

여러 가지 뜻을 가진 낱말 분해하다

'분해하다'에는 어떤 조직이나 단체 등을 무너뜨리거나 어떤 대상을 완전히 해체하여 없앤다는 뜻도 있어. "일본 경찰은 독립운동 단체를 **분해하려고** 노력했다."와 같이 쓰여.

구의 중심

球 공 **구** + 의 +
中 가운데 **중** + 心 가운데 **심**
🐭 '심(心)'의 대표 뜻은 '마음'이야.

뜻 구에서 가장 안쪽에 있는 점.

예 구 모형을 분해하여 구의 중심이 어디인지 살펴보았다.

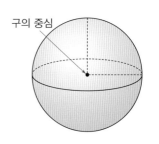

구의 반지름

球 공 **구** + 의 +
半 반 **반** + 지름

뜻 구의 중심에서 구의 겉면의 한 점을 이은 선분.

예 구의 반지름은 모두 같고, 무수히 많다.

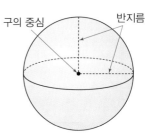

건축물

建 세울 **건** + 築 쌓을 **축** +
物 물건 **물**

뜻 땅 위에 지은 건물이나 시설.

예 각기둥 모형으로 건축물을 만들어 보았다.

▲ 원기둥 모양의 피사의 사탑

▲ 구와 얇은 원기둥으로 만든 브뤼셀의 아토미움

아토미움은 1958년에 벨기에서 열린 국립 박람회를 기념하기 위해 만들었어.

구상하다

構 얽을 **구** + 想 생각 **상** + 하다

뜻 예술 작품을 창작할 때, 작품의 중심이 될 내용이나 표현 형식 등에 대하여 생각을 정리하다.

예 원기둥, 원뿔, 구를 사용해서 만들고 싶은 건축물을 구상해 보았다.

여러 가지 뜻을 가진 낱말 구상하다

'구상하다'에는 앞으로 할 일의 내용, 규모, 실현 방법 등을 곰곰이 생각한다는 뜻도 있어. "우리 회사는 새로운 제품을 구상했다."처럼 쓰여.

확인 문제

✎ 120~121쪽에서 공부한 낱말을 떠올리며 문제를 풀어 보세요.

1 다음 그림과 낱말의 뜻을 보고 빈칸에 들어갈 말을 쓰세요.

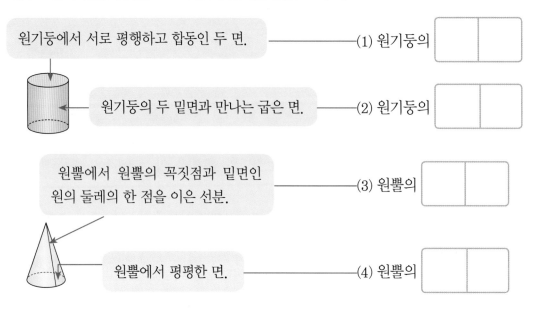

원기둥에서 서로 평행하고 합동인 두 면. —— (1) 원기둥의 [|]

원기둥의 두 밑면과 만나는 굽은 면. —— (2) 원기둥의 [|]

원뿔에서 원뿔의 꼭짓점과 밑면인 원의 둘레의 한 점을 이은 선분. —— (3) 원뿔의 [|]

원뿔에서 평평한 면. —— (4) 원뿔의 [|]

2 무엇에 대한 설명인지 골라 ○표 하세요.

> 크기가 똑같은 두 개의 원을 밑면으로 하는 기둥 모양의 입체 도형.

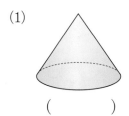
(1)
(   )

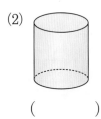
(2)
(   )

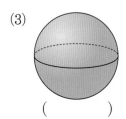
(3)
(   )

3 (   ) 안에서 알맞은 낱말을 골라 ○표 하세요.

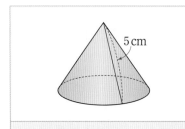

(1) 원뿔의 (모선 , 높이)의 길이는 5cm이다.

(2) 아이스크림 콘을 뒤집으면 (원뿔 , 원기둥) 모양 이다.

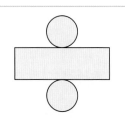

(3) 원기둥의 (전개도 , 순서 도)에서 두 원의 지름의 길이는 같다.

✎ 122~123쪽에서 공부한 낱말을 떠올리며 문제를 풀어 보세요.

4 뜻에 알맞은 낱말이 되도록 **보기**에서 글자를 찾아 쓰세요. (같은 글자를 두 번 쓸 수 있어요.)

보기

분 축 구 상 건 해

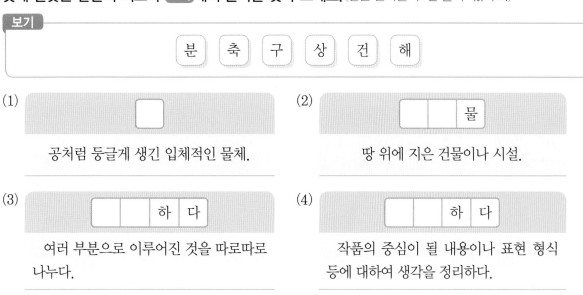

(1)

□

공처럼 둥글게 생긴 입체적인 물체.

(2)

□ 물

땅 위에 지은 건물이나 시설.

(3)

□ 하 다

여러 부분으로 이루어진 것을 따로따로 나누다.

(4)

□ 하 다

작품의 중심이 될 내용이나 표현 형식 등에 대하여 생각을 정리하다.

5 친구들의 대화를 읽고 ㉠과 ㉡에 들어갈 낱말을 골라 ○표 하세요.

구에서 가장 안쪽에 있는 이 곳이 바로 구의 ㉠ (이)야.

구의 ㉠ 에서 구의 겉면의 한 점을 이으면 구의 ㉡ 을/를 알 수 있어.

(1) ㉠: (중심 , 반지름 , 높이)   (2) ㉡: (지름 , 반지름 , 둘레)

6 빈칸에 알맞은 낱말을 완성하세요.

(1) 시계 모형을 ㅂ ㅎ 하여 시침, 분침, 초침을 떼어 내었다.

(2) 나중에 커서 내가 살고 싶은 집의 모습을 ㄱ ㅅ 해 보았다.

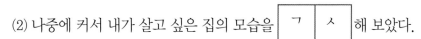

(3) 유명한 ㄱ ㅊ ㅁ 인 피사의 사탑은 원기둥 모양을 닮았다.

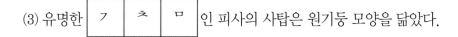

(4) 공처럼 둥글게 생긴 ㄱ 은/는 어떤 방향에서 보아도 모양이 모두 원이다.

과학 교과서 어휘

다음 중 낱말의 뜻을 잘 알고 있는 것에 ✔ 하세요.

☐ 에너지 ☐ 열에너지 ☐ 빛에너지 ☐ 전기 에너지 ☐ 화학 에너지

☐ 운동 에너지 ☐ 위치 에너지

우리가 살아가는 데에는 반드시 에너지가 필요해. 자동차나 스마트폰 또한 에너지 없이는 작동하지 않아. 우리 생활에 필요한 에너지의 종류에 대한 낱말을 자세히 알아보자.

✏️ 낱말을 읽고, ▢ 부분에 밑줄을 그으면서 낱말 공부를 해 보세요.

이것만은 꼭!

에너지

뜻 기계를 움직이거나 생물이 살아가는 데에 필요한 힘.

예 기계는 전기나 기름에서 에너지를 얻는다.

식물은 햇빛을 받아 광합성을 함으로써 에너지를 얻어.

동물은 식물이나 다른 동물을 먹음으로써 에너지를 얻지.

열에너지

熱 더울 열 + 에너지

뜻 물체 사이에서 이동하면서 온도를 변하게 하는 에너지.

예 다리미의 열과 같이 물체의 온도를 높여 주거나, 음식이 익게 해 주는 에너지는 열에너지이다.

▲ 다리미

정답과 해설 ▶ 59쪽

빛에너지

뜻 빛이 가진 에너지.

예 태양의 빛, 전등의 불빛처럼 어두운 곳을 밝게 비춰 주는 에너지는 빛에너지이다.

빛에너지는 어두운 곳을 밝게 비춰 주는 고마운 에너지야.

전기 에너지

電 전류 전 + 氣 힘 기 + 에너지

🖐 '전(電)'의 대표 뜻은 '번개', '기(氣)'의 대표 뜻은 '기운'이야.

뜻 전하의 이동으로 발생하는 에너지.

예 전등, 텔레비전, 시계 등 우리가 생활에서 이용하는 여러 전기 기구들을 작동하게 하는 에너지는 전기 에너지이다.

화학 에너지

化 될 화 + 學 배울 학 + 에너지

뜻 화학 결합으로 물질 속에 저장된 에너지.

예 사람이 먹은 음식은 소화를 통해 화학 에너지로 전환된다.

광합성을 하는 풀과 나무는 모두 화학 에너지와 관련이 있어.

운동 에너지

運 움직일 운 + 動 움직일 동 + 에너지

🖐 '운(運)'의 대표 뜻은 '옮기다'야.

뜻 운동하는 물체가 가지는 에너지.

예 뛰어다니는 강아지와 같이 움직이는 물체가 가진 에너지는 운동 에너지이다.

위치 에너지

位 자리 위 + 置 둘 치 + 에너지

뜻 어떤 위치에 있는 물체가 가지는 에너지.

예 벽에 달린 시계와 같이 높은 곳에 있는 물체가 중력에 의해 가지는 잠재적인 에너지는 위치 에너지이다.

▲ 벽시계

다음 중 낱말의 뜻을 잘 알고 있는 것에 ✔ 하세요.

☐ 에너지 전환 ☐ 태양 전지 ☐ 에너지 자원 ☐ 효율 ☐ 이중창 ☐ 발광 다이오드등

✏️ 낱말을 읽고, ▭ 부분에 밑줄을 그으면서 낱말 공부를 해 보세요.

이것만은 꼭!

에너지 전환

에너지 + 轉 바꿀 전 + 換 바꿀 환

👆 '전(轉)'의 대표 뜻은 '구르다'야.

뜻 에너지의 형태가 바뀌는 것.

예 전기 다리미는 전기 에너지에서 열에너지로 에너지 전환이 이루어진다.

 우리가 달리기를 할 때 화학 에너지가 운동 에너지로 변해.

 우리는 에너지의 전환을 통해 우리에게 필요한 에너지를 얻을 수 있어.

태양 전지

太 클 태 + 陽 태양 양 + 電 전기 전 + 池 못 지

👆 '양(陽)'의 대표 뜻은 '볕', '전(電)'의 대표 뜻은 '번개'야.

뜻 태양의 빛에너지를 전기로 바꾸는 장치.

예 태양광 발전은 태양 전지를 이용해 태양의 빛에너지를 전기 에너지로 전환하는 발전 기술이다.

관련 어휘 발전

열에너지, 화학 에너지 등을 전기 에너지로 변환시키는 것을 '발전'이라 해.

▲ 태양광 발전

에너지 자원

에너지 + 資 바탕 **자** + 源 근원 **원**
🖱 '자(資)'의 대표 뜻은 '재물'이야.

🔵 동력 공급의 원료가 되는 물질. 석유, 석탄, 천연가스, 태양열 등이 있다.

🟠 에너지 자원의 양은 한정되어 있기 때문에 에너지를 효율적으로 이용해야 한다.

4주차 4회

효율

效 힘쓸 **효** + 率 비율 **율**
🖱 '효(效)'의 대표 뜻은 '본받다'야.

🔵 기계의 일한 양과 공급되는 에너지와의 비.

🟠 가전제품마다 에너지 소비 효율 등급이 쓰여 있다.

여러 가지 뜻을 가진 낱말 **효율**

'효율'에는 들인 노력과 얻은 결과의 비율이라는 뜻도 있어. "졸린 상태에서 공부하면 효율이 떨어진다."처럼 쓰여.

▲ 에너지 소비 효율 등급 표시

이중창

二 두 **이** + 重 겹칠 **중** + 窓 창 **창**
🖱 '중(重)'의 대표 뜻은 '무겁다'야.

🔵 온도의 변화나 밖의 소음을 막기 위하여 이중으로 만든 창.

🟠 건물에는 단열을 위해 이중창을 설치한다.

관련 어휘 **단열**

'단열'이란 물체와 물체 사이에 열이 서로 통하지 않도록 막음, 또는 그렇게 하는 일을 뜻해. 단열을 잘하면 에너지 손실을 막아 효율을 높일 수 있어.

발광 다이오드등

發 드러낼 **발** + 光 빛 **광** + 다이오드 + 燈 등 **등**
🖱 '발(發)'의 대표 뜻은 '피다'야.

🔵 반도체 소자에 첨가한 화학 첨가물이 전류를 전도해 빛을 내는 등.

🟠 발광 다이오드등은 다른 전등에 비해 열에너지로 전환되어 손실되는 에너지의 양이 적다.

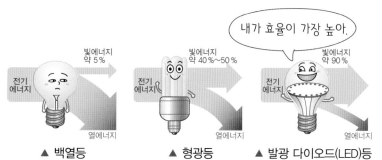

✎ 126~127쪽에서 공부한 낱말을 떠올리며 문제를 풀어 보세요.

1 ㈀~㈄은 어떤 에너지에 대한 설명인지 ( ) 안에 알맞은 에너지의 종류를 쓰세요.

> ㈀ 운동하는 물체가 가지는 에너지.   ㈁ 전하의 이동으로 발생하는 에너지.
> ㈂ 어떤 위치에 있는 물체가 가지는 에너지.   ㈃ 화학 결합으로 물질 속에 저장된 에너지.

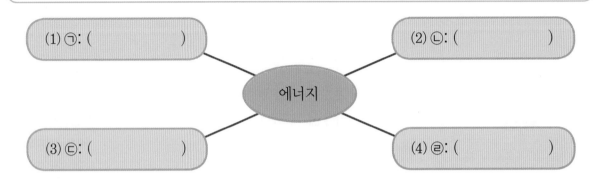

(1) ㈀: ( )　　(2) ㈁: ( )

에너지

(3) ㈂: ( )　　(4) ㈃: ( )

2 빈칸에 공통으로 들어갈 낱말은 무엇인지 쓰세요.

> 기계는 전기나 기름 등에서 [　　] 을/를 얻고, 식물은 햇빛을 받아 스스로 양분을 만들어
> [　　] 을/를 얻으며, 동물은 식물이나 다른 동물을 먹음으로써 [　　] 을/를 얻는다.
> [　　] 이/가 없으면 기계는 움직이지 못하고 생물은 살아가지 못한다.

( )

3 밑줄 친 낱말의 쓰임이 알맞으면 ○표, 알맞지 <u>않으면</u> ✕표 하세요.

(1) 주변 온도를 높여 주는 난로는 <u>열에너지</u>를 가진다. ( )

(2) 미끄럼틀 위에 올라가 서 있는 아이는 <u>빛에너지</u>와 관련이 있다. ( )

(3) 집 안에서 사용하는 형광등이 가지는 에너지는 <u>운동 에너지</u>이다. ( )

(4) 우리가 음식을 먹고 소화를 시키는 과정은 <u>화학 에너지</u>와 관련이 있다. ( )

✎ 128~129쪽에서 공부한 낱말을 떠올리며 문제를 풀어 보세요.

4 낱말의 뜻을 [보기]에서 찾아 사다리를 타고 내려간 곳에 기호를 쓰세요.

[보기]
ㄱ 동력 공급의 원료가 되는 물질.
ㄴ 태양의 빛에너지를 전기로 바꾸는 장치.
ㄷ 기계의 일한 양과 공급되는 에너지와의 비.
ㄹ 온도의 변화나 밖의 소음을 막기 위하여 이중으로 만든 창.

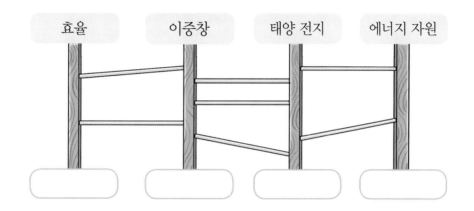

효율   이중창   태양 전지   에너지 자원

5 다음 대화에서 빈칸에 들어갈 낱말을 완성하세요.

예진: 우리 집 지붕에 태양광 발전을 설치했어.

준완: 그게 뭐야?

예진: 태양의 빛에너지를 전기로 바꾸는 장치인 (1) | ㅌ | ㅇ | ㅈ | ㅈ | 을/를 이용한 발전 기술
이야.

준완: 빛에너지에서 전기 에너지로 에너지 (2) | ㅈ | ㅎ | 이/가 이루어지는구나.

6 ( ) 안에 들어갈 말을 [보기]에서 찾아 쓰세요.

[보기]
효율   에너지 전환   에너지 자원   발광 다이오드등

(1) 석탄, 석유, 천연가스와 같은 (   )은 매장량이 한정되어 있다.

(2) 나무가 광합성을 할 때 빛에너지에서 화학 에너지로 (   )이 이루어진다.

(3) 발광 다이오드등과 이중창의 사용은 모두 에너지의 (   )을 높이기 위함이다.

(4) (   )은 전구나 형광등에 비해 열에너지로 전환되어 손실되는 에너지의 양이 적다.

難 (난)이 들어간 낱말

✏️ '難(난)'이 들어간 낱말을 읽고, ▨ 부분에 밑줄을 그으면서 낱말 공부를 해 보세요.

難

어려울 난

'난(難)'은 진흙을 밟고 올라간 사람과 새의 모습이 합쳐진 것으로, 본래 새의 한 종류를 뜻하려고 만든 글자야. '어렵다'는 뜻을 나타내는데, 아마도 잡기 어려운 새라서가 아닐까 하고 추측하고 있어. 그 밖에도 낱말에서 '난(難)'은 '재앙', '꺼리다'의 뜻을 나타내기도 해.

難형難제
難이도
조難
재難

어렵다 難

난형난제

難 어려울 난 + 兄 형 형 + 難 어려울 난 + 弟 아우 제

뜻 누구를 형이라 하고 누구를 아우라 하기 어렵다는 뜻으로, 두 사물이 비슷하여 낫고 못함을 정하기 어려움을 이르는 말.

예 결승전에서 만난 두 선수는 난형난제의 실력이었다.

속담 도토리 키 재기

정도가 고만고만한 사람끼리 서로 다툼을 이르는 말로, '난쟁이끼리 키 자랑하기'와 바꾸어 쓸 수 있어.

난이도

難 어려울 난 + 易 쉬울 이 + 度 정도 도
👆'도(度)'의 대표 뜻은 '법도'야.

뜻 어려움과 쉬움의 정도.

예 선생님께서는 모든 아이들이 문제를 다 풀 수 있도록 문제의 난이도를 낮추셨다.

재앙 難

조난

遭 만날 조 + 難 재앙 난

뜻 항해나 등산 등을 하는 도중에 재난을 만남.

예 갑자기 내린 폭설로 수백 명의 등산객이 조난을 당하였다.

재난

災 재앙 재 + 難 재앙 난

뜻 뜻밖에 일어난 재앙과 고난.

예 그는 불의의 재난으로 가족을 잃었다.

관련 어휘 천재와 인재

태풍이나 홍수, 지진, 가뭄 등과 같이 자연의 변화로 인해 일어나는 재앙을 '천재'라고 하며, 사람에 의해 일어난 불행한 사고나 괴롭고 어려운 일을 '인재'라고 해.

解 (해)가 들어간 낱말

정답과 해설 ▶ 62쪽

✏️ '解(해)'가 들어간 낱말을 읽고, ⬜ 부분에 밑줄을 그으면서 낱말 공부를 해 보세요.

解
풀 해

'해(解)'는 뿔 '각(角)'과 칼 '도(刀)', 소 '우(牛)'가 결합한 모습인데, 칼로 소의 뿔을 해체하는 모습을 표현한 글자야. 낱말에서 '해(解)'는 '풀다', '녹이다'의 뜻을 나타내.

결자解지
解방
용解
解동

풀다 解

결자해지
結 맺을 결 + 者 사람 자 + 解 풀 해 + 之 이를 지
👆 '지(之)'의 대표 뜻은 '가다'야.

- 뜻 맺은 사람이 풀어야 한다는 뜻으로, 자기가 저지른 일은 자기가 해결하여야 함을 이르는 말.
- 예 결자해지라는 말처럼 내가 벌인 일에 대해서는 책임을 져야 한다.

해방
解 풀 해 + 放 놓을 방

- 뜻 구속이나 억압, 부담 등에서 벗어나게 함.
- 예 형은 시험에서 해방되었다고 좋아하였다.

여러 가지 뜻을 가진 낱말 **해방**
'해방'은 1945년 8월 15일에 우리나라가 일본 제국주의의 강점에서 벗어난 일을 뜻하기도 해.

녹이다 解

용해
溶 녹을 용 + 解 녹일 해

- 뜻 물질이 액체 속에서 균일하게 녹아 용액이 만들어지는 일. 또는 용액을 만드는 일.
- 예 소금이 물에 녹아 소금물이 되는 것을 소금이 물에 용해되었다고 한다.

해동
解 녹일 해 + 凍 얼 동

- 뜻 얼었던 것이 녹아서 풀림. 또는 그렇게 하게 함.
- 예 냉동실에 있던 고기를 해동하였다.

비슷한말 **해빙**
'해빙'은 얼음이 녹아 풀림이라는 뜻이야. "봄이 되면서 얼어붙었던 강물이 해빙이 되기 시작했다."와 같이 쓰여.

🖊 132쪽에서 공부한 낱말을 떠올리며 문제를 풀어 보세요.

1 뜻에 알맞은 낱말을 빈칸에 쓰세요.

(1)

❶ | | |

| 가로 열쇠 | ❶ 누구를 형이라 하고 누구를 아우라 하기 어렵다는 뜻으로, 두 사물이 비슷하여 낮고 못함을 정하기 어려움을 이르는 말. |
| 세로 열쇠 | ❶ 어려움과 쉬움의 정도. |

(2)

| | ❷ |
| ❶ | |

| 가로 열쇠 | ❶ 항해나 등산 등을 하는 도중에 재난을 만남. |
| 세로 열쇠 | ❷ 뜻밖에 일어난 재앙과 고난. |

2 빈칸에 알맞은 낱말을 완성하세요.

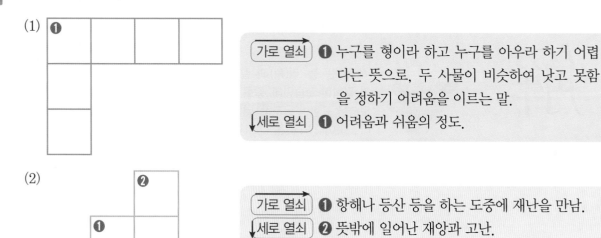

두 체조 선수는 모두 (1) ㄴ ㅇ ㄷ 이/가 가장 높은 기술에 성공하였다. (2) ㄴ ㅎ ㄴ ㅈ 의 실력으로 심사 위원들은 누구에게 더 좋은 점수를 주어야 할지 고민에 빠졌다.

3 빈칸에 들어갈 알맞은 낱말을 찾아 선으로 이으세요.

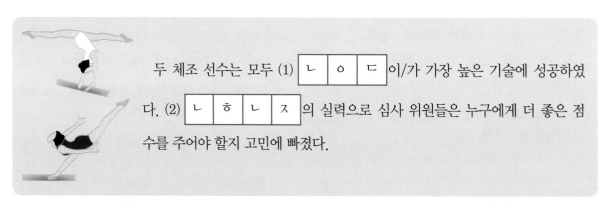

(1) 암벽을 타던 산악인이 갑작스러운 돌풍에 〔　　　〕을 당하여 구조 요청을 하였다. ・　　　・ 조난

(2) 화재로 인한 〔　　　〕을 막기 위해서 전열 기구가 과열되지 않도록 조심해야 한다. ・　　　・ 재난

✏️ 133쪽에서 공부한 낱말을 떠올리며 문제를 풀어 보세요.

4 뜻에 알맞은 낱말을 빈칸에 쓰세요.

❶		❸	❹
❷			

가로 열쇠 ❷ 얼었던 것이 녹아서 풀림. 또는 그렇게 하게 함.

❸ 물질이 액체 속에서 균일하게 녹아 용액이 만들어지는 일. 또는 용액을 만드는 일.

세로 열쇠 ❶ 맺은 사람이 풀어야 한다는 뜻으로, 자기가 저지른 일은 자기가 해결해야 함을 이르는 말.

❹ 구속이나 억압, 부담 등에서 벗어나게 함.

5 다음 대화에서 빈칸에 들어갈 낱말을 골라 ○표 하세요.

(1)

형, 내가 거짓말을 해서 엄마가 화가 나셨는데 형이 나 대신 엄마 화 좀 풀어 드리면 안 될까?

'　　　　'(이)라는 말처럼 네가 저지른 일이니까 네가 해결하는 게 좋겠어.

(결초보은 , 결자해지)

(2)

나 너무 기뻐!

무슨 좋은 일 있니?

숙제의 부담에서 완전히 　　　　됐어. 학원 공사해서 다음 주는 수업이 없대!

(해방 , 구속)

6 ( ) 안에서 알맞은 낱말을 골라 ○표 하세요.

(1) 물이 뜨겁고 많을수록 가루 물질이 더 빨리 (용해 , 해동)된다.

(2) 냉동실에 들어 있던 생선을 (해동 , 해소)하기 위해서 실온에 꺼내 두었다.

(3) 엄마께서는 식기세척기를 산 뒤로 설거지에서 (해방 , 해산)되었다며 기뻐하셨다.

✏️ 4주차 1~5회에서 공부한 낱말을 떠올리며 문제를 풀어 보세요.

낱말 뜻

1 낱말과 그 뜻이 바르게 짝 지어지지 <u>않은</u> 것은 무엇인가요? (   )

① 삭제하다 – 깎아 없애거나 지워 버리다.
② 지구 온난화 – 지구의 기온이 높아지는 현상.
③ 우호적 – 적으로 대하거나 적과 같이 대하는 것.
④ 영상 – 영화, 텔레비전 등의 화면에 나타나는 모습.
⑤ 원기둥 – 크기가 똑같은 두 개의 원을 밑면으로 하는 기둥 모양의 입체 도형.

반대말

2 밑줄 친 낱말과 뜻이 반대인 낱말은 무엇인가요? (   )

> 글을 고쳐 쓰면서 글의 주제와 관련 없는 내용을 <u>삭제했다</u>.

① 제거했다   ② 생략했다   ③ 중복했다
④ 첨가했다   ⑤ 공유했다

글자는 같지만 뜻이 다른 낱말

3 빈칸에 공통으로 들어갈 낱말은 무엇인가요? (   )

> • 지구촌 갈등으로 인한 난민 [   ] 활동에 우리나라도 동참하였다.
> • 한 환경 단체는 골프장 건설을 반대한다는 [   ]을/를 내걸었다.

① 분해   ② 조직   ③ 보완   ④ 위협   ⑤ 구호

낱말 활용

4 ~ 5 빈칸에 들어갈 낱말을 완성하세요.

4
> 이스라엘과 팔레스타인은 대표적인 [ㅈ | ㄱ | ㅊ | ㄱ | ㄷ] 지역으로, 지금까지 많은 사람이
> 다치거나 죽었으며 사람들은 불안한 마음으로 하루하루를 보내고 있다.

5
> 뉴스를 볼 때 [ㅈ | ㅁ]을/를 함께 보면 중요한 내용을 한눈에 파악할 수 있어서 좋다.

속담

6 다음 대화의 빈칸에 들어갈 속담으로 알맞은 것을 골라 ○표 하세요.

흥부: 가족들이 오랫동안 음식을 먹지 못하여 입에 거미줄 칠 지경입니다. 형님, 제발 도와주세요.

놀부: [   ]고 했다. 당장 돌아가거라!

(1) 흐르는 물은 썩지 않는다 (   )

(2) 소 뒷걸음질 치다 쥐 잡는다 (   )

(3) 가난 구제는 나라님도 못한다 (   )

낱말 활용

7 밑줄 친 낱말을 알맞게 사용한 친구에 ○표 하세요.

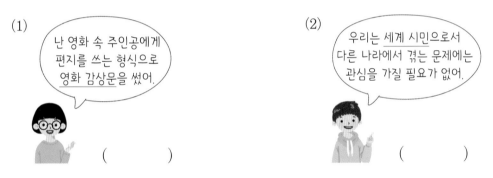

(1) 난 영화 속 주인공에게 편지를 쓰는 형식으로 영화 감상문을 썼어.

(   )

(2) 우리는 세계 시민으로서 다른 나라에서 겪는 문제에는 관심을 가질 필요가 없어.

(   )

낱말 활용

8 ~ 10 (   ) 안에 들어갈 낱말을 보기에서 찾아 쓰세요.

보기

기증	효율	에너지

8 에너지 효율 등급이 1에 가까울수록 에너지 (   )이/가 더 높다.

9 사람은 음식을 섭취하면서 생활에 필요한 (   )을/를 얻는다.

10 할머니께서는 장사를 하며 평생 동안 힘들게 모은 재산을 장학 재단에 (   )하셨다.

찾아보기

『어휘가 문해력이다』 초등 6학년 2학기에 수록된 모든 어휘를
과목별로 나누어 ㄱ, ㄴ, ㄷ … 순서로 정리했습니다.

과목별로 뜻이 궁금한 어휘를 바로바로 찾아보세요!

차례

국어 교과서 어휘

사회 교과서 어휘

수학 교과서 어휘

과학 교과서 어휘

한자 어휘

사진 자료 출처

- 셔터스톡
- 아이클릭아트
- 아이엠서치
- 픽사베이

"
어휘가
문해력이다

어휘 학습으로
문해력 키우기
"

어휘 학습 점검

1주차

1주차에서 학습한 어휘를 잘 알고 있는지 ✔해 보고,
잘 모르는 어휘는 해당 쪽으로 가서 다시 한번 확인해 보세요.

국어

사회

수학

과학

한자

어휘 학습 점검

2주차

2주차에서 학습한 어휘를 잘 알고 있는지 ✔ 해 보고,
잘 모르는 어휘는 해당 쪽으로 가서 다시 한번 확인해 보세요.

국어

사회

수학

과학

한자

어휘가 문해력이다

초등 6학년 2학기
교과서 어휘

정답과 해설

EBS
당신의 문해력

어휘가 문해력이다

초등 6학년 2학기

1주차 정답과 해설

1주차 1회

국어 교과서 어휘

수록 교과서 국어 6-2 ㉮
1. 작품 속 인물과 나

다음 중 낱말의 뜻을 잘 알고 있는 것에 ✓ 하세요.

□ 시대적 배경 □ 삶 □ 가치관 □ 끈기 □ 열정 □ 봉사

🖊 낱말을 읽고, ___부분에 밑줄을 그으면서 낱말 공부를 해 보세요.

시대적 배경
時 때 시 + 代 시대 대 + 的 ~의 적 + 背 등 뒤 배 + 景 볕 경
· '시대(時代)'의 대표 뜻은 '역사에서, 어떤 기준에 의하여 구분한 일정한 기간.', '적(的)'의 대표 뜻은 '과녁.', '배경(背景)'의 대표 뜻은 '뒤쪽의 경치.'의 뜻을 지닌 '별'이다.

뜻 그 시대의 특징적인 시간이나 장소, 사회 주변 모습.

예 나라를 빼앗기고 왜족으로 살 것이나는 인물에서 말에서 이 글이 시대적 배경을 알 수 있다.

배경은 이야기에서 일이 일어나는 시간과 장소를 말해. 배경에는 '시대적 배경'의 예 '시간적 배경'과 '공간적 배경'이 있어. '시간적 배경'은 일이 일어나는 시간, '공간적 배경'은 일이 일어나는 장소를 말해.

관련 어휘 배경

삶
뜻 사는 일.

예 윤희순은 일제 침략에 좌절하지 않고 이름 울리려고 노력하는 삶을 살았다.

'삶'과 뜻이 반대되는 낱말은 '죽음'이 있어. '죽음'은 죽는 일, 생물이 생명이 없어지는 현상을 뜻해.

반대말 죽음

'삶'은 '살다'의 어간 '살-'에 사물의 이름을 만드는 '-ㅁ'을 붙여서 만든 낱말이야.

가치관
價 값 가 + 値 값 치 + 觀 볼 관
· '가(價)'와 '치(値)'의 대표 뜻은 모두 '값', '관(觀)'의 대표 뜻은 '보다'이다.

뜻 가치를 구별하거나 판단하는 기준이나 태도.

예 나는 어떤 일을 보는 생각이나 이견, 태도에 뜻을 다해서 수녀의 봉사한 태도에서 수녀의 이야기를 읽고 가치관이 크게 바뀌었다.

뜻을 더해 주는 말 -관

'가치관'에서 '-관'은 어떤 일에 대한 '체계', 인생관, 교육관' 등이 있어. 이처럼 '-관'이 붙는 말에는 '세계관, 인생관, 교육관' 등이 있어.

이것만은 꾁!

끈기
끈 + 氣 기운 기
· '기(氣)'의 대표 뜻은 '기운'이다.

뜻 쉽게 포기하지 않고 꾸준하게 견뎌 나가는 기운.

예 하련은 감정하다 자신을 제자로 받아 주지 않았지만 계속 월성위궁에 머물면서 끈기 있게 노력했다.

Tip 하련은 조선 후기의 서화가이자 추사 김정희의 제자로 글, 그림, 글씨에 모두 능해 삼절이라 불렀어요.

'끈기'에는 물건의 끈끈한 기운이라는 뜻도 있어. '죽이나 과자를 만들 때는 끈기가 없는 쌀가루를 써야 해.'처럼 쓰여.

여러 가지 뜻을 가진 낱말 끈기

열정
熱 더울 열 + 情 뜻 정
· '정(情)'의 대표 뜻은 '뜻'이다.

뜻 어떤 일에 뜨거운 애정을 가지고 힘과 정성을 쏟는 마음.

예 윤희순은 옳음 굳고 노래를 만드는 등 의병 운동에 열정을 바쳤다.

'열정'과 글자의 순서만 바꾼 '정열'이라는 낱말도 있어. '정열'은 마음속에서 끄겁고 강하게 일어나는 적극적인 감정이라는 뜻으로, '김 박사는 의학 발전을 위해 온 정열을 쏟았다.'처럼 쓰여.

비슷한말 정열

봉사
奉 받들 봉 + 仕 섬길 사

뜻 자신의 이익을 생각하지 않고 남을 위하여 애써 일함.

예 윤희순은 자신의 목숨이 위험할 수 있는데도 나라를 위해 온 힘을 바쳐 봉사했다.

꼭! 알아야 할 속담

빈칸 채우기
· '[가랑잎]이 솔잎더러 바스락거린다고 한다는 자기의 허물은 생각하지 않고 도리어 남의 허물만 나무라는 경우에 쓰여.

1주차 1회

국어 교과서 어휘

수록 교과서 국어 6-2 ㉮
2. 관용 표현을 활용해요

다음 중 낱말의 뜻을 잘 알고 있는 것에 ✔ 하세요.

☐ 관용 표현 ☐ 천하를 얻은 듯 ☐ 금이 가다 ☐ 간이 크다 ☐ 의도 ☐ 홍보

낱말을 읽고, 부분에 맞춤을 그으면서 낱말 공부를 해 보세요.

관용 표현
慣 익숙할 관 + 用 쓸 용 +
表 나타낼 표 + 現 나타날 현
㉠ '表現'의 대표 뜻은 '겉'이야.

이것만은 꾁!

뜻 둘 이상의 낱말이 합쳐져 그 낱말의 원래 뜻과는 다른 새로운 뜻으로 굳어져 쓰이는 표현.

예 '놀랐다' 대신에 '간 떨어지다'와 같은 관용 표현을 쓰면 듣는 이가 말을 쉽게 알아들을 수 있다.

관련 어휘 **숙담**

'숙담'은 관용 표현의 한 종류로, 예로부터 전해 내려오는 조상의 지혜가 담긴 표현이야. 숙담과 같은 관용 표현을 사용하면 자신의 생각을 효과적으로 전달할 수 있어 좋단다.

천하를 얻은 듯
天 하늘 천 + 下 아래 하 +
를 + 얻은 + 듯

뜻 매우 기쁘고 만족스러운 듯.

예 성훈이는 학교 숙제를 끝마친 뒤 천하를 얻은 듯 기뻤다.

금이 가다

뜻 서로의 사이가 벌어지거나 틀어지다.

비슷한말 **사이가 뜨다**

예 친구 간에 약속을 지키지 않거나 거짓말을 하면 우정에 금이 가게 된다.

금이 가다'와 비슷한 뜻을 가진 말로 '사이가 뜨다'가 있어. '사이가 뜨다'는 사람 사이의 관계가 친밀하지 않거나 멀어진다는 뜻이야.

예 오해로 잠시 사이가 떴던 두 친구는 오해를 풀고 다시 친해졌다.

정답과 해설 ▶ 3쪽

간이 크다
肝 간 간 + 이 + 크다

뜻 겁이 없고 매우 대담하다.

예 나는 겁이 없고 새로운 일에 도전하는 것을 좋아해 간이 크다는 소리를 자주 듣는다.

의도
意 뜻 의 + 圖 그림 도
㉠ '圖'의 대표 뜻은 '그림'이야.

뜻 무엇을 하고자 하는 생각이나 계획.

예 내가 어머니께 거짓말한 것은 잘못을 숨기려는 나쁜 의도가 아니었다.

비슷한말 **뜻, 의사**

'의도'와 비슷한 뜻을 가진 낱말로 '뜻'과 '의사'가 있어. '뜻'은 마음에 있는 생각이나 의견을 뜻하고, '의사'는 무엇을 하고자 하는 생각을 뜻해.

홍보
弘 넓을 홍 + 報 알릴 보
㉠ '홍(弘)'의 대표 뜻은 '넓다', '보(報)'의 대표 뜻은 '갚다'야.

뜻 어떤 사실이나 제품을 널리 알리는 것.

예 대형 할인점에서 과자 모양을 한 인형을 만들어 신제품을 홍보하고 있다.

꼭 알아야 할 관용어

마음이 엄청 놀라거나 양심의 가책을 받을 때 [가슴] 이 뜨끔하다'라는 표현을 씁니다.

확인 문제

✎ 12~13쪽에서 공부한 낱말을 떠올리며 문제를 풀어 보세요.

1 뜻에 알맞은 낱말을 보기에서 찾아 쓰세요.

> 보기
> 끈기   열정   봉사   시대적 배경

(1) 어떤 일에 뜨거운 애정을 가지고 힘과 정성을 쏟는 마음. → (열정)
(2) 쉽게 포기하지 않고 끈질기게 견디어 나가는 기운. → (끈기)
(3) 그 시대의 특징적인 시간이나 장소, 사회 주변 모습. → (시대적 배경)
(4) 자신의 이익을 생각하지 않고 남을 위하여 애써 일함. → (봉사)

해설 | (1) '어떤 일에 뜨거운 애정을 가지고 힘과 정성을 쏟는 마음'은 '열정', (2) '쉽게 포기하지 않고 끈질기게 견디는 모습'은 '끈기', (3) 그 시대의 특징적인 시간이나 장소, 사회 주변 모습은 '시대적 배경', (4) 자신의 이익을 생각하지 않고 남을 위하여 애써 일함은 '봉사'의 뜻입니다.

2 밑줄 친 낱말과 뜻이 반대되는 낱말을 골라 ○표 하세요.

목숨붓이 되도록 그림을 그리는 화련의 모습에서 고가 추구하는 삶의 쾌가 느껴졌다.

(1) 생 ( )   (2) 죽음 (○)   (3) 생명 ( )

해설 | '살고'와 반대되는 뜻을 가진 낱말은 '죽음'입니다.

3 빈칸에 공통으로 들어갈 낱말은 무엇인가요? (③)

□가치   □세계   □인생
① 선   ② 집   ③ 관   ④ 점   ⑤ 음

해설 | 빈칸에 공통으로 들어갈 낱말은 '관'입니다.

4 빈칸에 들어갈 낱말을 글자 카드에서 찾아 쓰세요.

(1) 몇 번의 실패를 겪었는데도 포기까지 끝까지 포기하지 않고 도전 하는 것은 | 끈 | 기 | 와(과) 관련 있는 행동이다.

(2) 아버지는 동생을 잃은 뒤 자신보다 다른 사람을 위해 | 봉 | 사 | 하는 소방관이 되었다.

(3) 유관순의 삶을 다룬 글에서 '3·1 운동'이나 '일제'는 일제는 실제 강점기라는 시대적 | 배 | 경 | 을(를) 알 수 있다.

글자 카드: 기 적 줄 끈 / 주 봉 정 사 / 정 교 배 정

해설 | (1) 끝까지 포기하지 않고 도전했으므로 '끈기'가 알맞습니다. (2) 자신보다 다른 사람을 먼저 위한다고 했으므로 '봉사'가 알맞습니다. (3) '3·1 운동'이나 '일제'는 실제 강점기라는 시대적 배경을 드러냅니다.

✎ 14~15쪽에서 공부한 낱말을 떠올리며 사다리를 타고 내려간 곳에 기호를 쓰세요.

5

의도   간이 크다   홍보   천하를 얻은 듯

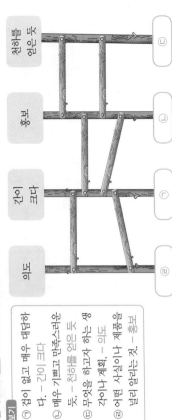

(ㄹ)   (ㄱ)   (ㄴ)   (ㄷ)

> 보기
> ㉠ 겁이 없고 매우 대담하다. - 간이 크다
> ㉡ 매우 기쁘고 만족스러운 듯. - 천하를 얻은 듯
> ㉢ 무엇을 하고자 하는 생각이나 계획. - 의도
> ㉣ 어떤 사실이나 제품을 널리 알리는 것. - 홍보

6 빈칸에 공통으로 들어갈 낱말은 무엇인가요? (②)

· 외국에 우리나라의 관광지를 □해야 한다.
· 방송국에서 유명 배우가 나오는 드라마를 □했다.

① 활용   ② 홍보   ③ 체험   ④ 의미   ⑤ 관광

해설 | 두 문장의 빈칸에는 '어떤 사실이나 제품을 널리 알리는 것'을 뜻하는 '홍보'가 들어가야 합니다.

7 밑줄 친 낱말과 뜻이 비슷한 낱말을 골라 ○표 하세요.

약속을 어기는 바람에 친구와의 우정에 금이 갔어.

(1) 간이 없다 ( )   (2) 간이 크다 ( )   (3) 사이가 뜨다 (○)

해설 | '금이 가다'는 '서로의 사이가 벌어지거나 틀어지다.'라는 뜻으로, '사이가 뜨다'와 뜻이 비슷합니다. '간이 없다'는 '귀가 얇다'와 비슷한 뜻이고, '간이 크다'는 '겁이 없다'는 뜻이므로, '금이 가다'와는 어떤 행사를 시작하는 뜻입니다.

8 ( ) 안에서 알맞은 낱말을 골라 ○표 하세요.

(1) (관용, 홍보) 표현을 사용하면 전하고 싶은 말을 쉽게 표현할 수 있다.
(2) 새로운 정책을 국민에게 널리 알리기 위해 홍보를 한다.
(3) 수연이는 무서운 놀이 기구를 잘 타서 (간이 크다)는 소리를 듣는다.
(4) 광고에서 '잘 쓰다'라는 말을 사용한 (관용, 의도)은(는) 우리가 물을 낭비한다는 것을 강조하기 위해서이다.

해설 | (1) 관용 표현을 통해 전하고 싶은 말을 쉽게 표현할 수 있습니다. (2) 새로운 정책을 널리 알리는 '홍보'가 알맞습니다. (3) 무서운 놀이 기구를 잘 타는 사람을 보고 '간이 크다'고 합니다. (4) 광고를 통해 설명하고 싶은 것이므로 '의도'가 알맞습니다.

1주차 2회 사회 교과서 어휘

● 다음 중 낱말의 뜻을 잘 알고 있는 것에 ✓ 하세요.

☐ 세계 지도 ☐ 위선 ☐ 적도 ☐ 지구본 ☐ 디지털 영상 지도 ☐ 경로

수록 교과서 사회 6-2
1. 세계 여러 나라의 자연과 문화

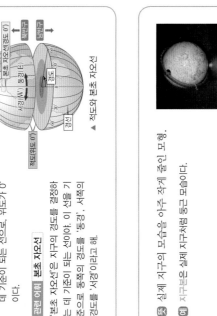

이 둥근 것이 뭔지 아니? 맞아, 바로 지구본이야. 지구본에 그려져 있는 이 가로, 세로 선들은 뭘까? 세계 지도와 관련해 알아 두어야 할 낱말을 공부해 보자.

✏ 낱말을 읽고, ___ 부분에 알맞은 낱말을 그으면서 낱말 공부를 해 보세요.

세계 지도
世 세상 세 + 界 경계 계 + 地 땅 지 + 圖 그림 도

뜻 둥근 지구를 평면으로 나타낸 그림.
예 세계 지도를 보면 전 세계의 모습을 한눈에 볼 수 있다.

▲ 세계 지도

위선
緯 씨 위 + 線 선 선

뜻 지도에서 가로로 그은 선으로 위도를 나타냄.
예 세계 지도나 지구본에는 위치를 나타내기 위해 위선과 경선이 그려져 있다.

관련 어휘 경선
뜻 세계 지도나 지구본에서 세로로 그은 선. '경선'이라고 하며, 경선은 경도를 나타낸다.

이것만은 꼭!
지도에서 세로로 그은 선은 '경선'이라고 하며, 경선은 경도를 나타내.

Tip 씨줄은 천이나 그물을 짤 때에 가로 방향으로 놓인 실을 뜻해요.

적도
赤 붉을 적 + 道 길 도

뜻 지구에서 해에 가장 가까운 곳을 한 줄로 이은 선. 적도를 기준으로 북쪽의 위도를 북위, 남쪽의 위도를 남위라고 함.
예 적도는 지구의 위도를 결정하는 데 기준이 되는 선으로, 위도가 0°이다.

관련 어휘 본초 자오선
'본초 자오선'은 지구의 경도를 결정하는 데 기준이 되는 선이야. 이 선을 기준으로 동쪽의 경도를 동경, 서쪽의 경도를 서경이라고 해.

Tip 적도는 볕이 똑같이 중앙에 선 문화에서 태양의 지나는 길을 그림으로 그린 것에서 유래되었어요.

▲ 적도와 본초 자오선

지구본
地 땅 지 + 球 공 구 + 本 근본 본

뜻 실제 지구의 모습을 아주 작게 줄인 모형.
예 지구본은 실제 지구처럼 둥근 모습이다.

Tip '지구본'은 지구의라고도 해요.

▲ 지구본

디지털 영상 지도
디지털 + 映 비칠 영 + 像 모양 상 + 地 땅 지 + 圖 그림 도

뜻 스마트폰, 컴퓨터 등 다양한 기기에서 이용할 수 있도록 디지털 정보로 표현된 지도.
예 디지털 영상 지도는 종이 지도와 달리 원하는 곳만 크게 하거나 작게 줄여서 살펴볼 수 있다.

디지털 영상 지도를 통해서 세계 지도나 지구본에서 찾을 수 없는 다양한 정보를 얻을 수 있어.

경로
經 길 경 + 路 길 로

뜻 지나가는 길.
예 태풍이 경로를 남쪽으로 이동해서 수도권 지역에는 비가 오지 않았다.

여러 가지 뜻을 가진 낱말 경로
"여러 경로를 통해서 정보를 수집한다."에서 '경로'는 일이 이루어지는 방법이나 과정을 뜻하는 말로 쓰였어.

1주차 2회

사회 교과서 어휘

다음 중 낱말의 뜻을 잘 알고 있는 것에 ✓ 하세요.

☐ 대륙 ☐ 대양 ☐ 북반구 ☐ 국경선 ☐ 단조롭다 ☐ 영유권

수록 교과서 사회 6-2
1. 세계 여러 나라의 자연과 문화

세계는 크게 여섯 개의 대륙과 다섯 개의 대양으로 이루어져 있어. 대륙과 대양은 무엇인지 나라들이 위치와 영역에 대한 낱말을 공부해 보자.

낱말을 읽고, ▨ 부분에 알맞은 말을 그으면서 낱말 공부를 해 보세요.

대륙

大 클 대 + 陸 뭍 육 (륙)

↳ '큰 뭍(陸)'의 대표 뜻은 '뭍'이야.

뜻 바다로 둘러싸인 큰 땅덩어리.

예 여섯 개의 대륙에는 아시아, 아프리카, 유럽, 오세아니아, 북아메리카, 남아메리카가 있다.

대양

大 클 대 + 洋 큰 바다 양

↳ '큰 바다(洋)'의 대표 뜻은 '저울추'야.

뜻 아주 넓은 바다.

예 태평양은 다섯 개의 대양 중 가장 큰 바다이다.

관련 어휘 **5대양**

'5대양'은 '태평양, 대서양, 인도양, 북극해, 남극해'를 말해. '북극해'와 '남극해'는 얼음으로 뒤덮여 있고, '대서양'에는 얼음과 얼음이 방산이 있어. '인도양'에는 아름다운 섬이 많지.

비슷한말 **대해**

'대양'과 뜻이 비슷한 낱말로 '대해'가 있어. '대해'는 아주 넓은 바다를 뜻해.

대륙 여러 안에는 여러 나라가 이웃해 있고, 바다나 산맥이 대륙과 대륙을 수 있어요.

북반구

北 북녘 북 + 半 반 반 + 球 공 구

Tip '반구란 구 또는 공의 절 반이라는 뜻이에요.

뜻 적도를 기준으로 지구를 둘로 나누었을 때의 북쪽 부분.

예 우리나라와 미국, 프랑스, 러시아 등은 북반구에 속해 있는 나라들이다.

관련 어휘 **남반구**

'남반구'는 적도를 기준으로 지구를 둘로 나누었을 때의 남쪽 부분을 말해. 남반구에 속하는 대륙에는 남아메리카, 아프리카 남부, 오세아니아, 남극이 있어. 그리고 북반구에 속하는 대륙에는 아시아, 유럽, 북아메리카, 아프리카 북부와 남아메리카 일부가 있다.

이것만은 꼭!

국경선

國 나라 국 + 境 지경 경 + 線 선 선

Tip '지경'은 땅의 가장자리, 경계를 뜻해요.

↳ '경계(境)의 대표 뜻은 '지경·선(線)'의 대표 뜻은 '줄'이야.

뜻 한 나라와 다른 나라를 나누는 선.

예 국경선은 대부분 산이나 강 같은 땅이 생긴 모양을 경계로 정해진다.

육지에는 국경선이 있지만, 바다는 각 나라의 소유를 어떻게 정할까? 바다의 주인은 육지와 가까운 바다에는 각 나라의 영역이 있어, 각 나라의 영토로부터 3해리에서 12해리까지 상황에 따라 정하기로 약속했어.

단조롭다

單 홑 단 + 調 고를 조 + 롭다

↳ '홑(單)'의 대표 뜻은 '홑'·'고를(調)'의 대표 뜻은 '고르다'야.

뜻 변화가 없이 단순하여 새로운 느낌이 없다.

예 미국과 캐나다의 국경선은 반듯한 직선이어서 단조로운 편이다.

뜻을 더해 주는 말 **-롭다**

'단조롭다'에 쓰인 '-롭다'는 '그러함' 또는 '그럴 만함'의 뜻을 더해 주는 말이야. 맛이 아주 달콤하다는 뜻의 '감미롭다'와 놀랍고 신기하다는 뜻의 '경이롭다'처럼 쓰이지.

영유권

領 거느릴 영 + 有 있을 유 + 權 권세 권

↳ '권세(權)'의 대표 뜻은 '저울추'야.

뜻 땅을 자치해 가질 권리.

예 일본은 역사적 사실에도 불구하고 계속해서 독도의 영유권을 주장하고 있다.

지금도 영유권 분쟁을 겪고 있는 나라가 많아. 영유권은 각 나라의 이익이 달려 있기 때문에 어떤 나라도 쉽게 포기하지 않지. 넵!

1주차

1회

국어 교과서 어휘

수록 교과서 국어 6-2 ㉮
2. 관용 표현을 활용해요

다음 중 낱말의 뜻을 잘 알고 있는 것에 ✓ 하세요.

□ 관용 표현 □ 천하를 얻은 듯 □ 금이 가다 □ 간이 크다 □ 의도 □ 홍보

✏️ 낱말을 읽고,

부분에 알맞은 글자를 그으면서 낱말 공부를 해 보세요.

이것만은 꼭!

관용 표현

慣 익숙할 관 + 用 쓸 용 +
表 나타낼 표 + 現 나타날 현

Tip '관용'은 버릇처럼 늘 쓴다는 뜻이에요.
⇨ 表(표)의 대표 뜻은 '겉'이야.

뜻 둘 이상의 낱말이 합쳐져 그 낱말의 원래 뜻과는 다른 새로운 뜻으로 굳어져 쓰이는 표현.

예 '놀랐다' 대신에 '간 떨어지다'와 같은 관용 표현을 쓰면 듣는 이가 마음을 쉽게 알아들을 수 있다.

관련 어휘 속담

'속담'은 관용 표현의 한 종류로, 예로부터 전해 내려오는 조상의 지혜가 담긴 표현이야. 속담과 같은 관용 표현을 사용하면 자신의 생각을 효과적으로 전달할 수 있어 좋단다.

천하를 얻은 듯

天 하늘 천 + 下 아래 하 +
를 + 얻은 + 듯

Tip '천하'는 하늘 아래 온 세상을 뜻해요.

뜻 매우 기쁘고 만족스러운 듯.

예 성적이는 하고 싶어 숙제를 끝마친 뒤 천하를 얻은 듯 기뻤다.

'천하를 얻은 듯'은 두 개 이상의 낱말로 이루어져 있으면서, 각 낱말의 뜻만으로는 전체 뜻을 알 수 없는 관용 표현이야.

금이 가다

Tip 금은 갈라진 틈에 생긴 가느다란 흔적을 뜻해요.

뜻 서로의 사이가 벌어지거나 틀어지다.

예 친구 간에 약속을 지키지 않거나 거짓말을 하면 우정에 금이 가게 된다.

비슷한말 사이가 뜨다

'금이 가다'와 비슷한 뜻을 가진 말로 '사이가 뜨다'가 있어. '사이가 뜨다'는 사람 사이의 관계가 친밀하지 않거나 벌어진다는 뜻이야.

예 오래된 잘못 사이가 벌어졌던 두 친구는 오해를 풀고 다시 친해졌다.

간이 크다

肝 간 간 + 이 + 크다

뜻 겁이 없고 매우 대담하다.

예 나는 겁이 없고 새로운 일에 도전하는 것을 좋아해 간이 크다는 소리를 자주 듣는다.

의도

意 뜻 의 + 圖 꾀할 도

⇨ 圖(도)의 대표 뜻은 '그림'이야.

뜻 무엇을 하고자 하는 생각이나 계획.

예 내가 어머니께 거짓말한 것은 잘못을 숨기려는 나쁜 의도가 아니었다.

비슷한말 뜻, 의사

'의도'와 비슷한 뜻을 가진 낱말로 '뜻'과 '의사'가 있어. '뜻'은 마음에 있는 생각이나 의견을 뜻하고, '의사'는 무엇을 하고자 하는 생각을 뜻해.

홍보

弘 넓을 홍 + 報 알릴 보

⇨ '홍보'의 대표 뜻은 '크다', '보'는 '알리다'의 대표 뜻 '갚다'야.

뜻 어떤 사실이나 제품을 널리 알리는 것.

예 대형 할인점에서 과자 모양을 한 인형을 만들어 신제품을 홍보하고 있다.

꼭! 알아야 할 관용어

마음이 깜짝 놀라거나 양심의 가책을 받을 때 '_____' 이 뜨끔하다라는 표현을 씁니다.

빈칸 채우기 | 가슴

확인 문제

12~13쪽에서 공부한 낱말을 떠올리며 문제를 풀어 보세요.

1 뜻에 알맞은 낱말을 보기에서 찾아 쓰세요.

보기: 끈기   열정   봉사   시대적 배경

(1) 어떤 일에 뜨거운 애정을 가지고 힘과 정성을 쏟는 마음. →(열정)
(2) 쉽게 포기하지 않고 끈질기게 견뎌 나가는 기운. →(끈기)
(3) 그 시대의 특징적인 시간이나 장소, 사회 주변 모습. →(시대적 배경)
(4) 자신의 이익을 생각하지 않고 남을 위하여 애씀. →(봉사)

해설 | (1) '어떤 일에 뜨거운 애정을 가지고 힘과 정성을 쏟는 마음'은 '열정', (2) '쉽게 포기하지 않고 끈질기게 견뎌 나가는 기운'은 '끈기', (3) '그 시대의 특징적인 시간이나 장소, 사회 주변 모습'은 '시대적 배경', (4) '자신의 이익을 생각하지 않고 남을 위하여 애씀'은 '봉사'의 뜻입니다.

2 밑줄 친 낱말과 뜻이 반대되는 낱말을 골라 ○표 하세요.

몽당붓이 되도록 그림을 그리는 허련의 모습에서 크게 추구하는 삶의 가치를 알 수 있다.

(1) 생 (   )   (2) 죽음 (○)   (3) 생명 (   )

해설 | '삶'과 반대되는 뜻을 가진 낱말은 '죽음'입니다. (1)의 '생'은 사는 것 또는 삶이 있음을 뜻하는 말로 '삶'과 비슷한 말입니다.

3 빈칸에 공통으로 들어갈 낱말은 무엇인가요? (③)

가치 [ ]   세계 [ ]   인생 [ ]   교육 [ ]

① 선   ② 점   ③ 관   ④ 점   ⑤ 음

해설 | 빈칸에 공통으로 들어갈 '-관'은 어떤 일을 보는 생각이나 이런 태도나 뜻을 더해 주는 말입니다.

4 빈칸에 들어갈 낱말을 글자 카드에서 찾아 쓰세요.

(1) 몇 번의 실패를 겪었는데도 끝까지 포기하지 않고 도전하는 것은 [끈 기]와과 관련 있는 행동이다.
기 적 중 끈

(2) 아버지는 동생을 잃은 뒤 자신보다 다른 사람을 위해 [봉 사]하는 소방관이 되었다.
주 봉 절 사

(3) 유관순의 삶을 다룬 글에서 '3·1 운동'은 '일제'와 같은 낱말을 통해 당시 인물이 살았던 시대적 배[경]을 알 수 있다.
정 교 배 경

해설 | (1) 끝까지 포기하지 않고 도전하는 것은 '끈기'가 알맞습니다. (2) 자신보다 다른 사람을 위하는 것은 '봉사'가 알맞습니다. (3) '3·1 운동이나 일제'를 참고로 보면 시대적 배경을 알 수 있습니다.

14~15쪽에서 공부한 낱말을 떠올리며 문제를 풀어 보세요.

5 낱말의 뜻을 보기에서 찾아 사다리를 타고 내려간 곳에 기호를 쓰세요.

이도   홍보   간이 크다   천하를 얻은 듯

보기
㉠ 겁이 없고 매우 대담하다. - 간이 크다
㉡ 매우 기쁘고 만족스러운 듯. - 천하를 얻은 듯
㉢ 무엇을 하고자 하는 생각이나 계획. - 이도
㉣ 어떤 사실이나 제품을 널리 알리는 것. - 홍보

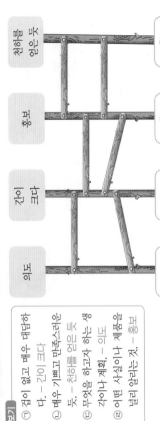

해설 | '겁이 없고 매우 대담하다'는 '간이 크다', '매우 기쁘고 만족스러운 듯'은 '천하를 얻은 듯', '무엇을 하고자 하는 생각이나 계획'은 '이도', '어떤 사실이나 제품을 널리 알리는 것'은 '홍보'가 들어가야 합니다.

6 빈칸에 공통으로 들어갈 낱말은 무엇인가요? (②)

· 외국에 우리나라의 관광지를 [   ]해야 한다.
· 방송국에서 유명 배우가 나오는 드라마를 [   ]했다.

① 향유   ② 홍보   ③ 체험   ④ 의미   ⑤ 관광

해설 | 두 문장의 빈칸에는 '어떤 사실이나 제품을 널리 알리는 것'을 뜻하는 '홍보'가 들어가야 합니다.

7 밑줄 친 말과 뜻이 비슷한 말을 골라 ○표 하세요.

약속을 어기는 바람에 친구와의 우정에 금이 갔어.

(1) 귀가 얇다 (   )   (2) 사이가 벌어지다 (○)

해설 | '금이 가다'는 '서로의 사이가 벌어지거나 틀어지다'라는 뜻으로, '사이가 벌어지다'라는 말과 비슷합니다. '귀가 없다'는 '남의 말을 쉽게 받아들인다'라는 뜻이며, '틈을 얻다'는 '무엇이나 공간이나 어떤 행사를 시작하다'라는 뜻입니다.

8 ( ) 안에서 알맞은 낱말을 골라 ○표 하세요.

(1) (관용, 홍보) 표현을 통해 전하고 싶은 말을 쉽게 표현할 수 있다.
(2) 새로운 정책이 만들어지면 (홍보, 이도) 자료를 만들어 관련 기관에 제공한다.
(3) 수연이는 무선을 녹이 가루를 잘 타서 (금이 가다, 간이 크다)는 소리를 듣는다.
(4) 광고에서 '꿈 쓰웃'이라는 말을 사용한 (관용, 이도)은/는 우리가 음이가 음을 내비한다는 것을 강조하기 위해서이다.

해설 | (1) '관용 표현'을 통해 전하고 싶은 말을 쉽게 표현할 수 있습니다. (2) 새로운 정책을 널리 알리는 '홍보'가 알맞습니다. (3) 무서운 것이 없는 사람을 보고 '간이 크다'고 합니다. (4) 광고를 통해 무언가를 내비한다는 '이도'가 알맞습니다.

확인 문제

18~19쪽에서 공부한 낱말을 떠올리며 문제를 풀어 보세요.

1 뜻에 알맞은 낱말이 되도록 [보기]에서 글자를 찾아 쓰세요.(같은 글자를 두 번 쓸 수 있어요.)

보기: 제 도 상 영 선 세 계 위 적 지

(1) 둥근 지구를 평면으로 나타낸 그림. → 세 계 지 도
(2) 지도에서 가로로 그은 선으로 위도를 나타냄. → 위 선
(3) 지구에서 해에 가장 가까운 곳을 한 줄로 이은 선. → 적 도
(4) 스마트폰, 컴퓨터 등 다양한 기기에서 이용할 수 있도록 디지털 정보로 표현된 지도. → 디지털 영 상 지도

해설 | (1) 둥근 지구를 평면으로 나타낸 그림.'은 '세계 지도'. (2) 지도에서 가로로 그은 선으로 위도를 나타낸.'은 '위선'. (3) '지구에서 해에 가장 가까운 곳을 한 줄로 이은 선'은 '적도'. (4) '스마트폰, 컴퓨터 등 다양한 기기에서 이용할 수 있도록 디지털 정보로 표현된 지도'는 디지털 '영상' 지도라고 합니다.

2 빈칸에 알맞은 말을 완성하세요.

세계 지도에서 위도의 기준이 되는 (1) 적 도
고 경도의 기준이 되는 (2) 본 초 자 오 선

해설 | 세계 지도에서 '적도'를 기준으로 북극과 북위, 남극을 남극이라고 해서 '본 초 자오선'을 기준으로 동쪽을 동경, 서쪽을 서경이라고 합니다.

3 ( ) 안에 들어갈 말을 [보기]에서 찾아 쓰세요.

보기: 경로   지구본   디지털 영상 지도

(1) (디지털 영상 지도)을/를 이용하면 장소의 실제 모습을 여러 각도에서 볼 수 있다.
(2) 우리 집에서 학교까지 가는 가장 짧은 (경로)은/는 공원을 가로질러 가는 것이다.
(3) (지구본)에 그려진 위도와 경도를 이용해 세계 여러 나라의 정확한 위치를 나타낼 수 있다.

해설 | (1) 장소의 실제 모습을 여러 각도로 볼 수 있는 것은 '디지털 영상 지도'의 특징입니다. (2) 집에서 학교까지 가는 길을 말하므로 '경로'가 알맞습니다. (3) 위도와 경도가 그려져 있는 것은 지구본입니다.

20~21쪽에서 공부한 낱말을 떠올리며 문제를 풀어 보세요.

4 뜻에 알맞은 낱말을 글자판에서 찾아 묶으세요.(낱말은 가로(—), 세로(|), 대각선(\) 방향에 숨어 있어요.)

① 아주 넓은 바다.
② 땅을 차지해 가질 권리.
③ 바다로 둘러싸인 큰 땅덩어리.
④ 한 나라와 다른 나라를 나누는 선.

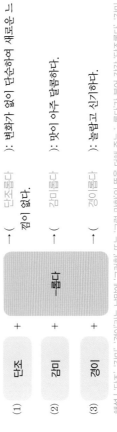

해설 | '아주 넓은 바다'는 '대양', '땅을 차지해 가질 권리'는 '영유권', '바다로 둘러싸인 큰 땅덩어리'는 '대륙', '한 나라와 다른 나라를 나누는 선'은 '국경선'이 됩니다.

5 ( ) 안에 알맞은 낱말을 각각 쓰세요.

(1) 단조 + (롭다) → 단조롭다 ( ) : 변화가 없이 단순하여 새로운 느낌이 없다.
(2) 감미 + 롭다 → 감미롭다 ( ) : 맛이 아주 달콤하다.
(3) 경이 + (롭다) → 경이롭다 ( ) : 놀랍고 신기하다.

해설 | '단조', '감미', '경이'라는 낱말에 '그러함' 또는 '그럴 만함의 뜻을 더해 주는 '-롭다'가 붙어 각각 '단조롭다', '감미롭다', '경이롭다'라는 낱말이 됩니다.

6 밑줄 친 낱말이 쓰임이 알맞으면 ○표, 알맞지 않으면 ✕표 하세요.

(1) 우리나라와 가까이 있는 대양은 태평양이다. (○)
(2) 여섯 개의 대양에는 아시아, 아프리카, 유럽 등이 있다. (✕)
(3) 북극해와 가까이 있는 북아메리카는 북반구에 속해 있다. (○)
(4) 캐나다와 미국도 공동 영토였던 땅을 두고 영유권을 다투었다. (○)
(5) 우리나라의 남해안은 해안선에 들고 나감이 많아 해안선이 단조로운 편이다. (✕)

해설 | (2) 바다로 둘러싸인 큰 땅덩어리인 대륙이 알맞습니다. (5) 우리나라의 남해안은 해안선에 들고 나감이 복잡으로 변화가 없이 단순하여 새로운 느낌이 없다.'는 뜻의 '단조롭다'가 쓰이기에 알맞지 않습니다.

1주차 3회

다음 중 낱말의 뜻을 잘 알고 있는 것에 ☑ 하세요.

□ 조건 □ 통분 □ 밀접 □ 채우다 □ 매시간 □ 며칠

수록 교과서 수학 6-2 1. 분수의 나눗셈

배터리의 충전 칸 4개 중 3칸을 충전하는 데에 4시간이 걸린다면 완전히 충전하기까지 얼마나 걸릴까? 나눗셈과 관련 있는 낱말들을 읽고 낱말의 뜻을 알아보자.

충전 전 / 4시간 충전 후

✏ 낱말을 읽고, ___ 부분에 알맞은 낱말을 그으면서 낱말 공부를 해 보세요.

Tip '조리'는 말이나 글이 앞뒤가 들어맞고 짜임새가 있는 것을 뜻해요.

조건
條件 조목 조 + 件 조건 건

뜻 어떤 일을 이루기 전에 갖추어야 하는 것.
예 분모가 같은 분수의 나눗셈이라는 조건을 만족하는 것은 $\frac{5}{9} \div \frac{7}{9}$ 이다.

여러 가지 뜻을 가진 낱말 조건
'조건'은 어떤 일을 결정하기에 앞서 내놓는 요구나 견해를 뜻하기도 한다. "와 같이 조건을 걸었다."와 같이 쓰인다.

'조(條)'의 대표 뜻은 '가지', '건(件)'의 대표 뜻은 '물건'이야.

통분
通分 통할 통 + 分 나눌 분

뜻 분모가 다른 여러 분수를 값이 달라지지 않으면서 분모를 같게 만드는 것.
예 분수를 계산할 때는 먼저 통분을 해야 한다.

이것만은 꼭!
통분하니까 우리의 분모가 같아졌어!

밀접
密 가까울 밀 + 接 접할 접

뜻 아주 가깝게 마주 닿아 있음.
예 분수와 나눗셈은 분수와 소수로 밀접한 관계에 있다.

'밀(密)'의 대표 뜻은 '빽빽하다', '접(接)'의 대표 뜻은 '잇다'야.

채우다
뜻 가득 차게 하다.
예 빈 통에 바닷물 $\frac{4}{5}$를 채웠더니 통의 $\frac{2}{3}$가 찼다.

글자는 같지만 뜻이 다른 낱말 채우다
"자물쇠를 채우다."에서 '채우다'는 자물쇠 등으로 잠가서 문이나 서랍 등을 열지 못하게 한다는 뜻으로 쓰였어.

매시간
每 마다 매 + 時 때 시 + 間 사이 간

뜻 한 시간 한 시간마다.
예 전기 자동차 배터리가 매시간 충전되는 양이 일정할 때 1칸을 충전하는 데 4분이 걸린다.

어휘 매

'매'는 각각을 뜻하는 말로 '매 순간', '매 경기'처럼 뒤에 오는 낱말과 띄어 써야 해. 하지만 '매끼', '매일', '매시간'처럼 하나의 낱말로 굳어진 낱말은 붙여 써.

한 시간 한 시간마다 버스가 오는구나.
매시간 운행

며칠
뜻 몇 날.
예 우유 10g을 하루에 $\frac{2}{5}$씩 마신다면 며칠 동안 마실 수 있을지 구해 보자.

어휘 며칠

'몇 년', '몇 월'처럼 '몇 일'로 쓰기 쉽지만 '몇 일'은 잘못된 표현이야. 반드시 '며칠'이라고 써야 해.

반올림 (부 반 + 울림)

뜻 어림수를 구할 때 구하려는 자리의 한 자리 아래 숫자가 0~4이면 버리고 5~9이면 윗자리에 1을 더하는 것.

예 소수 0.5를 반올림하면 1이 된다.

뜻을 더해 주는 말 반
'반올림'에서 '반'은 낱말 앞에 붙어 '절반 정도'의 뜻을 더해 주는 말이야. '반지름'처럼 써.

Tip 어림수를 구할 때, 구하려는 자리 아래에 0 이 아닌 숫자가 있을 경우 구하려는 자리의 숫자를 1만큼 크게 하고, 그보다 아랫자리는 모두 버리는 것을 올림이라고 해요. '반올림'은

소수 셋째 자리 (小 작을 소 + 數 셀 수 + 셋째 + 자리)

뜻 소수에서 소수점 아래에 있는 소수 부분 중 세 번째 자리.

예 0.3333……을 반올림하여 소수 셋째 자리까지 나타내면 0.3330이다.

이것만은 꼭!

소수 둘째 자리
3.285
소수 첫째 자리 소수 셋째 자리

일의 자리 (一 한 일 + 의 + 자리)

뜻 소수에서 소수점 위의 자연수 부분의 자리.

예 3.3을 반올림하여 일의 자리까지 나타낸 30이다.

3.3을 반올림하면 일의 자리는 4가 되겠지?

9.16
일의 자리

저렴하다 (低 낮을 저 + 廉 값쌀 렴 + 하다)

뜻 값이 싸다.

예 같은 양의 모든 음료를 살 때 더 저렴하게 파는 가게를 찾으려고 한다.

비슷한말 값싸다
'저렴하다'와 뜻이 비슷한 낱말로 무엇을 살 때나 쓰는 비용이 적다는 뜻이 '값싸다'가 있어. '좋은 물건을 값싸게 샀다.' 처럼 써.

〈낮을 저(低)〉의 대표 뜻은 '낮다', 〈값쌀 렴(廉)〉의 대표 뜻은 '청렴하다'이다.

1주차 3회

수학 교과서 어휘

수학 교과서 수학 6-2
2. 소수의 나눗셈

다음 중 낱말의 뜻을 잘 알고 있는 것에 ✓ 하세요.

□ 비교 □ 가격 □ 반올림 □ 소수 셋째 자리 □ 일의 자리 □ 저렴하다

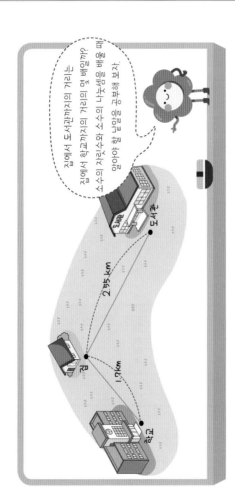

집에서 도서관까지의 거리는 집에서 학교까지의 거리의 몇 배인가?
소수의 자연수와 소수의 나눗셈을 배울 때 얼마야 한 걸 믿음을 공부해 보자.

2.55 km
1.7km
도서관 집 학교

낱말을 읽고, 부분에 알맞은 글자를 그으면서 낱말 공부를 해 보세요.

비교 (比 견줄 비 + 較 견줄 교)

뜻 둘 이상의 것을 함께 놓고 어떤 점이 같고 다른지 살펴봄.

예 62.5 ÷ 25와 6.25 ÷ 2.5의 계산 결과를 비교하면 몫이 2.5로 모두 같다.

관용어 비교도 되지 않다
'비교'가 들어가는 관용어로 '비교도 되지 않다'라는 말이 있어. 이 말은 어느 것이 월등하게 뛰어나 다른 것과 견줄 만한 가치도 없다는 뜻이야. "나를 향한 나의 사랑은 세상 어떤 것과 비교도 되지 않을 만큼 크다."처럼 써.

가격 (價 값 가 + 格 격 정할 격)

뜻 물건의 값.

예 옷감 1.8m의 가격이 7200원일 때 옷감 1m의 가격은 4000원이다.

비슷한말 값
'가격'과 뜻이 비슷한 낱말로 '값'이 있어. '값'은 사고파는 물건에 일정하게 매겨진 돈의 액수라는 뜻이지.

〈값 가(價)〉의 대표 뜻은 '값'이다.

Tip 격식은 사회적 모임 등에서 수준이나 분위기에 맞는 일정한 방식을 뜻해요.

확인 문제

24~25쪽에서 공부한 낱말을 떠올리며 문제를 풀어 보세요.

1 뜻에 알맞은 낱말을 완성하세요.

(1) 매 시 간 : 한 시간 한 시간마다.

(2) 밀 접 : 아주 가깝게 맞닿아 있음.

(3) 조 건 : 어떤 일을 이루기 전에 갖추어야 하는 것.

(4) 통 분 : 분모가 다른 여러 분수를 값이 달라지지 않으면서 분모는 같게 만드는 것.

해설 | (1) 한 시간 한 시간마다는 '매시간', (2) 아주 가깝게 맞닿아 있음은 '밀접', (3) '어떤 일을 이루기 전에 갖추어야 하는 것'은 '조건', (4) '분모가 다른 여러 분수를 값이 달라지지 않으면서 분모는 같게 만드는 것'은 '통분'이라고 해야 합니다.

2 밑줄 친 낱말의 뜻을 보기 에서 찾아 기호를 쓰세요.

보기
㉠ 가득 차게 하다.
㉡ 문이나 서랍 등을 열지 못하게 하다.

(1) 동생은 동전이 생길 때마다 저금통을 채웠다. (㉠)

(2) 날씨가 쌀쌀해서 점퍼의 지퍼를 채웠더니 따뜻해졌다. (㉡)

(3) 준비해 온 빵으로 배를 채운 우리는 계속 앞으로 나갔다. (㉠)

해설 | (1), (3)은 저금통과 배가 가득 차게 했다는 뜻이므로 '채우다'가 ㉠의 뜻으로 쓰였고, (2)는 지퍼를 올려 점퍼를 열지 못하게 했으므로 '채우다'가 ㉡의 뜻으로 쓰였습니다.

3 다음 문장에서 잘못 쓴 부분을 찾아 바르게 고치세요.

여름 방학이 몇 일 밖에 남지 않았다.

(몇 일) → (며칠)

해설 | '몇 일'은 잘못된 표현으로 '며칠'이라고 고쳐 써야 합니다.

4 밑줄 친 낱말을 알맞게 사용하지 못한 친구에게 ✕표 하세요.

(1) 감염병을 예방하기 위해 환자와의 일정 접촉을 피해야 해. ( )

(2) 텔레비전에서 태풍 소식을 매시간 보도해 주고 있어. ( )

(3) 교통사고가 나자 경찰이 사고의 원인을 조건하러 왔어. (✕)

해설 | (3)에는 '어떤 일을 이루기 전에 갖추어야 하는 것'이라는 뜻의 '조건'이 아니라 실마리나 까닭을 뜻하는 조사 등으로 바꾸어야 합니다.

26~27쪽에서 공부한 낱말을 떠올리며 문제를 풀어 보세요.

5 뜻에 알맞은 낱말이 되도록 보기 에서 글자를 찾아 쓰세요.

보기
을 져 림 가 반 적 겁

(1) 물건의 값. → 가 격

(2) 값이 싸다. → 저 렴 하다

(3) 어림수를 구할 때 구하려는 자리의 아래 자리 숫자가 0~4이면 버리고 5~9이면 윗자리에 1을 더하는 것. → 반 올 림

해설 | (1) 물건의 값은 '가격', (2) 값이 싸다는 '저렴하다', (3) '어림수를 구할 때 구하려는 자리의 아래 자리 숫자가 0~4이면 버리고 5~9이면 윗자리에 1을 더하는 것'은 '반올림'의 뜻입니다.

6 무엇에 대한 설명인지 보기 에서 찾아 기호를 쓰세요.

보기
3.285
㉠㉡㉢㉣

(1) 일의 자리. → (㉠)

(2) 소수 셋째 자리. → (㉣)

해설 | (1)은 소수에서 소수점 위의 자연수 부분의 자리이므로 ㉠을 가리키고, (2)는 소수에서 소수점 아래에 있는 소수 부분 중 세 번째 자리이므로 ㉣을 가리킵니다.

7 빈칸에 공통으로 들어갈 낱말을 쓰세요.

• 우리 언니는 나와 [비교] 도 되지 않을 만큼 공부를 잘한다.

• 거북이 토끼에게 바닷속은 신속과 [비교] 도 되지 않을 만큼 좋다고 말했다.

해설 | 언니는 나보다 월등하게 공부를 잘하고, 바닷속은 신속보다 월등하게 좋다는 내용이므로 '어느 것이 월등하게 뛰어남을 나타낼 정도나 견줄 만한 가치'를 뜻하는 '비교'가 알맞습니다.

8 ( ) 안에 들어갈 말을 보기 에서 찾아 쓰세요.

보기
가격 비교 처럼

(1) 4.8÷0.3과 48÷3의 몫은 (비교)하면 몫이 16으로 서로 같다.

(2) 가게마다 판매하는 물건의 값을 인터넷 한쪽 면에 (가격)란지 알 수 있다.

(3) 줄 1.8m의 가격이 8400원일 때 1cm의 (가격)은/는 얼마인지 구하는 식을 써 보자.

해설 | (1) 4.8÷0.3과 48÷3의 몫을 경우가 3이어 보았으므로 '비교'가 알맞습니다. (2) 가게마다 판매하는 물건의 값이므로 '가격'이 알맞습니다. (3) 줄 1cm의 값을 구하는 식이므로 '가격'이 들어가야 합니다.

수록 교과서 과학 6-2
1. 전기의 이용

다음 중 낱말의 뜻을 잘 알고 있는 것에 ☑ 하세요.

□ 전기 회로 □ 전류 □ 도체 □ 전지의 직렬연결 □ 전자석 □ 자기 부상 열차 □ 부도체 □ 전지의 병렬연결

전류의 흐름

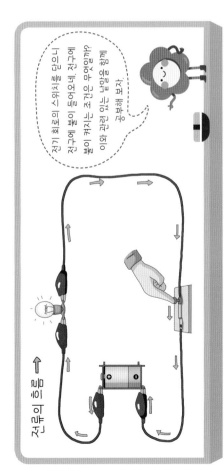

낱말을 읽고, 부분에 알맞을 그으면서 낱말 공부를 해 보세요.

(말풍선) 전기 회로의 스위치를 닫으니 전구에 불이 들어오네. 전구에 불이 켜지는 조건은 무엇일까? 이와 관련 있는 낱말을 함께 공부해 보자.

전기 회로
電 전기 전 + 氣 기운 기 + 回 돌아올 회 + 路 길 로

뜻 전기 부품을 서로 연결해 전기가 흐르도록 한 것.
예 전기 회로에서는 전구에 불이 켜지려면 전지, 전선, 전구를 끊기지 않게 연결해야 한다.

이것만은 꼭!
(말풍선) 전기는 눈에 보이지 않지만 전구에 불이 켜지기 때문에 전기가 흐르는 것을 알 수 있어.

전류
電 전기 전 + 流 흐를 류

뜻 전기 회로를 따라 흐르는 전기.
예 전기 회로에서 전류는 항상 (+)극에서 (-)극으로 흐른다.
(말풍선) 전기 회로에서 전기가 통하는 것을 '전류가 흐른다'고 해. 전류가 흐르는 방향은 화살표로 표시하지.

도체
導 통할 도 + 體 몸 체

Tip '도(導)'의 대표 뜻은 '인도하다', '체(體)'의 대표 뜻은 '몸'이야.

뜻 철, 구리, 알루미늄, 흑연 등 전류가 잘 흐르는 물질.
예 전기 회로에 달린 전선에서 도체는 금속으로 만든 집게 부분이다.

관련 어휘 부도체
'부도체'는 종이, 유리, 비닐, 나무 등 전류가 잘 흐르지 않는 물질이야. 플라스틱도 전기가 통하지 않는 물질이어서 전기 제품의 겉면이 플라스틱인 경우가 많아.

전지의 직렬연결
電 전기 전 + 池 못 지 + 의 + 直 곧을 직 + 列 줄지을 렬 + 連 이을 연 + 結 맺을 결

Tip '렬(列)'의 대표 뜻은 '벌이다'야.

뜻 전기 회로에서 전지 두 개 이상을 서로 다른 극끼리 한 줄로 연결하는 방법.
예 전지의 직렬연결은 전지의 병렬연결보다 전기 회로에서 전구의 밝기가 더 밝다.

관련 어휘 전지의 병렬연결
전지 두 개 이상을 서로 같은 극끼리 나란하게 연결하는 방법은 '전지의 병렬연결'이야.

▲ 전지의 직렬연결

▲ 전지의 병렬연결

전자석
電 전기 전 + 磁 자석 자 + 石 돌 석

Tip '전자석'을 '전기 자석'이라고도 해요.

뜻 전류가 흐를 때에만 자석이 되는 것.
예 철심에 에나멜선을 여러 번 감은 다음 전기 회로와 연결해 전자석을 만든다.

관련 어휘 영구 자석
'영구 자석'은 막대자석처럼 한번 자석이 된 뒤 그 성질을 잃지 않는 자석을 말해.

자기 부상 열차
磁 자석 자 + 氣 기운 기 + 浮 뜰 부 + 上 윗 상 + 列 줄지을 열 + 車 수레 차

Tip 자기력은 자석이 쇠붙이를 끌어당기거나 자석끼리 서로 밀어 내고 당기는 힘을 뜻해요.

뜻 자기력으로 선로 위에 떠서 달리는 열차.
예 자기 부상 열차는 전자석을 이용한 우리 생활의 예 중 하나이다.

(말풍선) 우리나라에도 '에코비아'는 자기 부상 열차가 있어, 에코비아는 인천 공항 자기장치 내에 떠서 다니는 열차야.

1주차 4회 과학 교과서 어휘

다음 중 낱말의 뜻을 잘 알고 있는 것에 ✓ 하세요.

□ 태양 고도 □ 지표면 □ 태양의 남중 고도 □ 기온 □ 공전 궤도면 □ 양부일구

수록 교과서 과학 6-2
2. 계절의 변화

우리나라의 봄, 여름, 가을, 겨울 모습이야. 이런 계절의 변화는 왜 일어나는 걸까? 또한 하루 중 태양이 위치는 어떻게 달라질까? 이와 관련 있는 낱말에 대해 알아보자.

✏️ 낱말을 읽고, [   ] 부분에 밑줄을 그으면서 낱말 공부를 해 보세요.

태양 고도
太클 태 + 陽볕 양 +
高 높을 고 + 度 정도 도
→ '양(陽)'의 대표 뜻은 '볕, 빛(光)'이에요. 여기서는 '해'의 대표 뜻으로 쓰였어요.

뜻 태양이 지표면과 이루는 각.
예 아침에는 태양이 땅과 가까이 있어 태양 고도가 낮지만 점심에는 태양이 높이 떠 태양 고도가 높다.

지표면
Tip 지표면은 '지표'라고도 해요.
地땅 지 + 表 겉 표 +
面 겉면 면
→ '면(面)'의 대표 뜻은 '낯'이에요.

뜻 땅의 겉면.
예 한낮에는 지표면이 데워져서 기온이 높아진다.
관련 어휘 해수면
→ '해수면'은 바닷물의 겉면을 말해. '영하가 녹아 지구의 해수면이 점점 높아지고 있다.'처럼 쓰여.

태양의 남중 고도
Tip '남중'은 태양이 정남쪽에 위치했다는 뜻이에요.
太클 태 + 陽볕 양 + 의 +
南남녘 남 + 中 가운데 중 +
高 높을 고 + 度 정도 도

뜻 하루 중 태양이 남쪽 하늘 한가운데(정남쪽)에 있을 때의 높이.
예 태양의 남중 고도가 높으면 태양 빛이 좁은 면적을 비추기 때문에 일정한 면적에 도달하는 에너지양이 많다.

태양이 남중했을 때(낮 12시 30분 무렵)

기온
氣공기 기 + 溫 온도 온
→ '기(氣)'의 대표 뜻은 '기운', 온(溫)'의 대표 뜻은 '따뜻하다'야.

뜻 공기의 온도.
예 일기 예보에서 낮 기온이 많이 올라간다고 전했다.
관련 어휘 온도, 수온

공전 궤도면
公널리 공 + 轉 회전할 전 +
軌 궤도 궤 + 道 길 도 +
面 겉면 면
→ '공(公)'의 대표 뜻은 '공평하다'야.

뜻 어떤 별이 다른 별 둘레를 돌 때 지나가는 길이 이루는 평평한 면.
예 지구는 자전축이 공전 궤도면에 기울어진 상태로 태양의 주위를 공전한다.

▲ 공전 궤도면

양부일구
仰 우러를 앙 + 釜 가마 부 +
日 해 일 + 晷 그림자 구
→ '일(日)'의 대표 뜻은 '날'이야.

뜻 조선 세종 때 만든 해시계.
예 우리 조상은 솥 모양 그릇 안에 바늘을 넣어 양부일구를 만들고, 바늘의 그림자로 시각을 알아보았다.

▲ 양부일구

Tip '양부'는 하늘을 떠받드는 가마솥, '일구'는 해 그림자를 뜻해. 그래서 '양부일구'는 해 그림자가 드리워진 하늘을 떠받드는 가마솥이라는 뜻이에요.

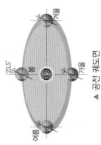

정답과 해설 ▶ 12쪽

32 어휘가 문해력이다   초등 6학년 2학기   12   1주차 4회_정답과 해설   초등 6학년 2학기 33

확인 문제

✎ 30~31쪽에서 공부한 낱말을 떠올리며 문제를 풀어 보세요.

1 ( ) 안에서 알맞은 낱말을 골라 ○표 하세요.

(1) 전기 회로를 따라 흐르는 전기를 (전류 , 전선)(이)라고 한다.

(2) 전류가 흐를 때에만 자석이 되는 것을 (전자석 , 영구 자석)이라고 한다.

(3) 철, 구리, 알루미늄, 흑연 등 전류가 잘 흐르는 물질을 (도체 , 부도체)라고 한다.

(4) 전기 회로에서 전지 두 개 이상을 서로 다른 극끼리 한 줄로 연결하는 방법을 전지의 (직렬 , 병렬)연결이라고 한다.

해설 | (1) '전기 회로를 따라 흐르는 전기'는 '전류'는 것입니다. (2) '전류가 흐를 때에만 자석이 되는 것'은 '전자석'. (3) '철, 구리, 알루미늄, 흑연 등 전류가 잘 흐르는 물질'은 '도체'. (4) '전기 회로에서 전지 두 개 이상을 서로 다른 극끼리 한 줄로 연결하는 방법'을 전지의 '직렬연결'이라고 합니다.

2 친구가 말한 '이것'은 무엇인지 빈칸에 알맞은 낱말을 완성하세요.

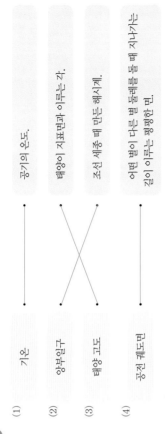

'이것'은 자기력으로 선로 위에 떠서 달리는 열차야.

자	기	부	상	열	차

해설 | 친구가 말한 '이것'은 자기력으로 선로 위에 떠서 달리는 '자기 부상 열차'입니다.

3 무엇에 대한 설명인지 빈칸에 알맞은 낱말을 쓰세요.

전지, 전선, 전구 등 전기 부품을 서로 연결해 전기가 흐르도록 한 것.

전	기	회	로

해설 | 전지, 전선, 전구 등 전기 부품을 서로 연결해 전기가 흐르도록 한 것을 '전기 회로'라고 합니다.

4 밑줄 친 낱말이 알맞게 쓰였는지 ○, ×를 따라가며 선을 긋고 몇 번으로 나오는지 쓰세요.

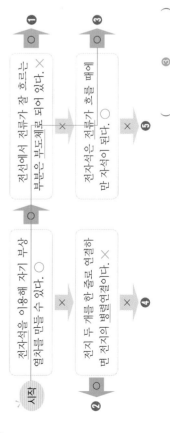

시작 → 전자석을 이용하면 자기 부상 열차를 만들 수 있다. ○

전선에서 전류가 잘 흐르는 부분은 부도체로 되어 있다. ×

전류가 흐를 때에 전류가 잘 흐르게 되어 있다. ○

전자석은 전류가 흐를 때에만 자석이 된다. ○

전지 두 개를 한 줄로 연결한 것은 전지의 병렬연결이다. ×

( )

해설 | 전류가 잘 흐르는 부분은 '부도체'가 아니라 '도체'로 되어 있습니다. 전지 두 개를 한 줄로 연결하는 것은 전지의 '병렬연결'이 아니라 '직렬연결'입니다.

✎ 32~33쪽에서 공부한 낱말을 떠올리며 문제를 풀어 보세요.

5 낱말과 그 뜻을 알맞게 선으로 이으세요.

(1) 기온 · · 공기의 온도.

(2) 앙부일구 · · 태양이 지표면과 이루는 각.

(3) 태양 고도 · · 조선 세종 때 만든 해시계.

(4) 공전 궤도면 · · 어떤 별이 다른 별 둘레를 돌 때 지나가는 길이 이루는 평평한 면.

해설 | (1) '기온'은 '공기의 온도'. (2) '앙부일구'는 조선 세종 때 만든 해시계. (3) '태양 고도'는 '태양이 지표면과 이루는 각'. (4) '공전 궤도면'은 어떤 별이 다른 별 둘레를 돌 때 지나가는 길이 이루는 평평한 면을 뜻합니다.

6 밑줄 친 낱말을 알맞게 사용하지 못한 친구에게 ×표 하세요.

(1) 지표면은 땅이 갈라진 뜻해.

(2) 해수면은 바닷물의 겉면을 뜻해.

(3) 태양 고도는 태양이 남중 하늘 한가운데에 있을 때의 높이를 뜻해.

( ) ( ) (×)

해설 | 태양이 남중 하늘 한가운데(정남쪽)에 있을 때의 높이를 뜻하는 낱말은 '태양의 남중 고도'입니다.

7 빈칸에 알맞은 낱말을 글자 카드에서 찾아 쓰세요.

도	남	중	고
고	집	도	낭
전	매	공	평

(1) 태양의 [남][중] 고도가 낮으면 기온이 낮고, 낮의 길이가 짧아져 겨울이 된다.

(2) 태양 [고][도]은/는 오전부터 점점 높아져 낮 12시 30분쯤 최고조에 달하고 오후에는 점차 낮아진다.

(3) 계절이 바뀌는 까닭은 지구의 자전축이 [공][전] 궤도면에 대해 기울어진 채 태양 주위를 돌기 때문이다.

해설 | (1) 계절별로 기온이 달라지는 것은 태양의 '남중 고도와 관련이 있습니다. (2) 하루 중 한낮에 가장 높고 오후에 낮아지는 것은 태양의 '고도'입니다. (3) 지구의 자전축이 '공전' 궤도면에 대해 기울어진 채 공전하므로 계절이 바뀝니다.

假 (가)가 들어간 낱말

'假(가)가 들어간 낱말을 읽고, ▨부분에 맞줄을 그으면서 낱말 공부를 해 보세요.

假 가짓 가

'가(假)'는 사람 '인(人)'과 빌릴 '가(叚)'가 합쳐진 글자야. '가(假)'는 물건을 주고받는 모습에서 '빌려주다', '임시'를 주려는데, 빌려주는 것은 진짜로 주는 게 아니기 때문에 '가짜', '거짓'이라는 뜻도 가지게 됐어.

빌리다·임시 假
Tip '임시'는 미리 정하지 않고 그때그때 필요에 따라 정한 것을 뜻해요.

호가호위 假
狐 여우 호 + 假 빌릴 가 + 虎 호랑이 호 + 威 세력 위
뜻 여우가 호랑이의 힘을 빌려 잘난 체한다는 뜻으로, 남의 힘을 빌려 권력을 부리는 것을 일컬음.
예 호가호위라고 힘센 수혁이와 친하다고 내 준비...

가정 假
假 임시 가 + 定 정할 정
뜻 임시로 인정한다는 뜻으로 어떤 일이 실제로 일어났다고 여기거나 미리 생각해 보는 것.
예 지구의 자전축이 기울어지지 않고, 수직인 채로 공전한다고 가정하면 계절은 변하지 않을 것이다.

거짓 假

가식 假
假 거짓 가 + 飾 꾸밀 식
뜻 말이나 행동을 거짓으로 꾸밈.
예 수연이는 솔직한 성격이라 가식이 전혀 없다.
비슷한말 가장

가면 假
假 거짓 가 + 面 낯 면
Tip '가면'의 순우리말은 '탈'이에요.
뜻 종이나 나무로 사람이나 동물의 얼굴을 본떠서 만들어 얼굴에 쓰는 물건.
예 연극에 쓸 호랑이 가면을 만들었다.
여러 가지 뜻을 가진 낱말 가면
'가면'은 속뜻을 감추고 겉으로 거짓을 꾸미는 엉큼한 얼굴 또는 그런 태도나 모습을 뜻으로도 써.

假식 假면 호가假위 假정

擧 (거)가 들어간 낱말

'擧(거)가 들어간 낱말을 읽고, ▨부분에 맞줄을 그으면서 낱말 공부를 해 보세요.

擧 들 거

'거(擧)'는 아이를 번쩍 든 모습에서 생겨났어. 더불 '여(輿)'와 손 '수(手)'가 합쳐진 글자인데, 여기에서 '더불다'는 여럿이 함께하는 것을 뜻해. 낱말에서 '거(擧)'는 '들다', '일으키다' 등의 뜻으로 쓰여.

일으키다 擧

의거 擧
義 의로울 의 + 擧 일으킬 거
Tip '의(義)'의 대표 뜻은 '옳다'예요.
뜻 의로운 일을 일으키는 것.
예 일제 강점기에 독립운동가들의 의거가 이어졌다.
글자는 같지만 뜻이 다른 낱말 의거
"법률에 의거하여 판단하다."처럼 어떤 사실이나 원리 등에 근거한다는 뜻이 '의거'도 있어.

거사 擧
擧 일으킬 거 + 事 일 사
뜻 사회적으로 크고 중요한 일을 일으킴.
예 안중근은 중국에서 거사를 실행하여 우리 국민들에게 독립의 희망을 주었다.
글자는 같지만 뜻이 다른 낱말 거사
'거사'는 규모가 아주 크고 힘이 많이 드는 일이란 뜻으로 쓰이기도 해. "거사를 준비하다."와 같이 쓰여.

들다 擧

일거양득 擧
一 한 일 + 擧 들 거 + 兩 두 양 + 得 얻을 득
뜻 한 가지 일을 해서 두 가지 이익을 얻는 것.
예 독서 단화를 읽으면 재미도 있고 공부도 되니 일거양득이다.
비슷한말 일석이조, 꿩 먹고 알 먹기
'일석이조', '꿩 먹고 알 먹기'는 모두 한 가지 일을 해서 두 가지 이익을 얻는다는 뜻이야.

거행 擧
擧 들 거 + 行 행할 행
Tip '행(行)'의 대표 뜻은 '다니다'예요.
뜻 행사나 의식을 치르는 것.
예 지금부터 졸업식을 거행하겠습니다.
여러 가지 뜻을 가진 낱말 거행
'거행'에는 시키는 대로 행한다는 뜻도 있어.

일擧양득 擧행 의擧 擧사

확인 문제

36쪽에서 공부한 낱말을 떠올리며 문제를 풀어 보세요.

1 뜻에 알맞은 낱말을 빈칸에 쓰세요.

	득		
❶ 일	가	❷ 앙	
함	❸ 이		
❹ 가			
❺ 사			

가로 열쇠 ❶ 한 가지 일을 해서 두 가지 이익을 얻는 것.
❸ 의로운 일을 일으키는 것.

세로 열쇠 ❷ 행사나 의식을 치르는 것.
❹ 사회적으로 크고 중요한 일을 일으킴.

해설 | 한 가지 일을 해서 두 가지 이익을 얻는 것을 일거양득이라고 하고 '이로운 일을 일으키는 것을 의거'라고 합니다. 행사나 의식을 치르는 것을 '거행'이라고 하고, 사회적으로 크고 중요한 일을 일으킴을 '거사'라고 합니다.

2 빈칸에 공통으로 들어갈 낱말은 무엇인가요? (③)

• 법률에 □□하여 집행하다.
• 부패한 관리를 향한 □□가 일어나다.

① 선거　② 과거　③ 의거　④ 수거　⑤ 열거

해설 | 첫 번째 문장에는 '어떤 사실이나 원리 등에 근거함'이, 두 번째 문장에는 '의로운 일을 일으키는 것을 뜻하는 '의거'가 들어가야 알맞습니다.

3 일석이조와 뜻이 비슷한 속담은 무엇인지 빈칸에 알맞은 말을 쓰세요.

일석이조 = 꿩 먹고 알 먹는다

동시에 두 가지 이득을 얻게 됨
을 이르는 말.

한 가지 일을 하여 두 가지 이익을 보
게 됨을 비유적으로 이르는 말.

해설 | 일석이조와 뜻이 비슷한 속담으로는 '꿩 먹고 알 먹는다'가 있습니다.

4 밑줄 친 낱말을 알맞게 사용한 친구에게 모두 ○표 하세요.

(1) 축제를 거행하기에 앞서 선생님께서 당부 말씀을 하셨어.

(2) 이번 경기에서 이기는 한 선수를 기념하기 위한 행사가 열린대.

(3) 하와이로 여행을 가서 진해지고, 공부도 되었으니 일거양득이야.

해설 | '이기는'은 이로운 일을 일으키는 것으로, (2)와 같은 상황에서는 알맞지 않습니다.

37쪽에서 공부한 낱말을 떠올리며 문제를 풀어 보세요.

5 뜻에 알맞은 낱말이 되도록 보기에서 글자를 찾아 쓰세요.

보기　가　면　식　위　호　정

(1) 말이나 행동을 거짓으로 꾸밈. → 가 식
(2) 남의 힘을 빌려 권력을 휘두름. → 호 가 호 위
(3) 어떤 일이 실제로 일어났다고 여기거나 미리 생각해 보는 것. → 가 정
(4) 종이나 나무로 사람이나 동물의 얼굴을 본떠서 만들어 얼굴에 쓰는 물건. → 가 면

해설 | (1) '말이나 행동을 거짓으로 꾸밈'은 '가식', (2) '남의 힘을 빌려 권력을 휘두름'은 '호가호위', (3) '어떤 일이 실제로 일어났다고 여기거나 미리 생각해 보는 것'은 '가정', (4) '종이나 나무로 사람이나 동물의 얼굴을 본떠서 만들어 얼굴에 쓰는 물건'은 '가면'이라고 합니다.

6 ( ) 안에서 밑줄 친 낱말과 뜻이 비슷한 낱말을 골라 ○표 하세요.

나는 가식된 말과 행동을 하는 사람들이 싫다.

(가로 . 가장 . 가열)

해설 | '가식'과 '가장'은 모두 거짓으로 꾸민다는 뜻입니다. '가로'는 '왼쪽에서 오른쪽으로 이어지는 방향. 또는 그 길이', '가열'은 '어떤 물질에 열을 가함'을 뜻합니다.

7 빈칸에 들어갈 낱말을 글자 카드에서 찾아 쓰세요. (같은 글자를 두 번 쓸 수 있어요.)

(1) 나는 친구를 앞에서 착한 척하는 민지의 가 식 적인 행동에 놀랐다.

카드: 가　로　식　위

(2) 노인은 자신의 아들이 높은 호 가 위 하며 마을 사람들을 함부로 대했다.

카드: 호　로　식　위

해설 | (1) 민지가 친구를 앞에서 착한 척한다는 뜻이므로 '가식'이 알맞습니다. (2)는 노인이 아들이 높은 지위에 있음을 빌려 마을 사람들에게 권력을 휘두르고 있으므로 '호가호위'가 알맞습니다.

1주차 어휘력 테스트

1주차 1~5회에서 공부한 낱말을 떠올리며 문제를 풀어 보세요.

낱말 뜻

1 낱말과 그 뜻이 바르게 짝 지어지지 않은 것은 무엇인가요? (③)

① 대륙 – 바다로 둘러싸인 큰 땅덩어리.
② 조건 – 어떤 일을 이루기 전에 갖추어야 하는 것.
③ 세계 지도 – 실제 지구의 모습을 아주 작게 줄인 모형.
④ 도체 – 철, 구리, 알루미늄, 흑연 등 전류가 잘 흐르는 물질.
⑤ 시대적 배경 – 그 시대의 특징적인 시간이나 장소, 사회 주변 모습.

해설 | '세계 지도'는 둥근 지구를 평면으로 나타낸 그림입니다. 실제 지구의 모습을 아주 작게 줄인 모형은 지구본입니다.

낱말 뜻

2 빈칸에 알맞은 낱말을 완성하세요.

(1) 지도에서 가로로 그은 선으로 위도를 나타냄. → 위 선

(2) 전류가 흐를 때에만 자석이 되는 것. → 전 자 석

(3) 어림수를 구할 때 구하려는 자리의 한 자리 아래 숫자가 0~4이면 버리고 5~9이면 윗자리에 1을 더하는 것. → 반 올 림

해설 | (1) 지도에서 가로로 그은 선으로 위도를 나타냄이 뜻하는 낱말은 '위선'입니다. (2) '전류가 흐를 때에만 자석이 되는 것'은 '전자석'입니다. (3) '어림수를 구할 때 구하려는 자리의 한 자리 아래 숫자가 0~4이면 버리고 5~9이면 윗자리에 1을 더하는 것'을 뜻하는 낱말은 '반올림'입니다.

비슷한말

3 비슷한 뜻을 가진 낱말끼리 짝 지어지지 않은 것에 ✕표 하세요.

(1) 값 – 가격 ( )

(2) 금이 가다 – 사이가 뜨다 ( )

(3) 대륙 – 대양 (✕)

해설 | '대륙'은 '바다로 둘러싸인 큰 땅덩어리.'를 뜻하고, '대양'은 '아주 넓고 큰 바다.'를 뜻하므로 뜻이 비슷한 낱말이 아닙니다. '대양'은 '큰 바다.'를 뜻하므로 '바다'와 뜻이 비슷한 낱말입니다.

어법

4 ㉠과 ㉡ 중 틀리게 쓴 것의 기호를 쓰고 바르게 고치세요.

㉠몇 일 전 중장 가신 아버지께서 선물을 사 오신다고 해서 ㉡매시간 시계를 쳐다보며 기다렸다.

(㉠) → (며칠)

해설 | ㉠'몇 일'은 '며칠'이라고 고쳐 써야 합니다.

관용어

5 밑줄 친 낱말을 알맞게 사용한 친구에게 모두 ○표 하세요.

(1) 매일 운동을 했더니 이전과는 비교도 되지 않을 만큼 체력이 좋아졌어. ( )

(2) 이번 한자 급수 시험은 이전과 비교도 되지 않을 정도로 어려웠어. ( )

(3) 하루 종일 아무것도 먹지 못해 너무 배가 고파서 비교도 되지 않게 음식을 먹어 치웠어. ( )

해설 | '비교도 되지 않다'는 것이 월등하게 뛰어나 다른 것과 견줄 만한 가치도 없다는 뜻입니다. (3)은 음식을 허겁지겁 먹어 치운다는 뜻이 쓰여 게 되는 것으로 바꾸어야 합니다.

여러 가지 뜻을 가진 낱말

6 밑줄 친 '끄기'가 보기와 같은 뜻으로 쓰인 것을 골라 ○표 하세요.

보기
낮 수 있다는 희망을 가지고 하늘을 나는 연습을 하는 거위의 끄기를 보란고 싶다.

(1) 엄마는 목이 셀도록 밤을 해서 끄기가 없다고 말씀하셨다. ( )

(2) 언니는 끄기가 부족해서 어떤 일을 하든지 쉽게 포기했다. ( )

(3) 끄기가 없는 메달가루가 서로 붙도록 끈끈이 밀가루를 사용했다. ( )

해설 | 보기의 '끄기'는 쉽게 포기하지 않고 끈질기게 견뎌 나가는 기운이라는 뜻으로 쓰였습니다. 이와 같은 뜻으로 쓰인 것은 (2)입니다. (1)과 (3)의 '끄기'는 끈끈한 성질이라는 뜻으로 쓰였습니다.

낱말 활용

7~10 ( ) 안에 들어갈 말을 보기 에서 찾아 쓰세요.

보기
대양 천하 가지관 태양 고도

7 훌륭한 인물의 이야기는 우리의 (가지관)에 영향을 준다.
해설 | 훌륭한 인물의 이야기는 인물과 나의 삶을 비교하거나 자신의 가치관을 되돌아보게 하므로 '가치관'이 알맞습니다.

8 대서양은 아프리카와 유럽, 아메리카에 둘러싸여 있는 (대양)이다.
해설 | 대서양은 세계의 큰 바다이므로 '대양'이 알맞습니다.

9 하루 중 (태양 고도)이/가 가장 높은 때와 기온이 가장 높은 때는 시간 차이가 있다.
해설 | 태양 고도가 가장 높은 때와 대표면이 많이 대워지고, 대표면에 의해 기온이 높아지기 때문에 시간 차이가 발생합니다.

10 월드컵 대회에서 두 골을 넣으며 팀을 우승으로 이끈 축구 선수가 (천하)을/를 얻은 듯 기뻐했다.
해설 | 월드컵 대회에서 두 골을 넣으며 우승을 한 상황에서 축구 선수는 매우 기쁘고 민주스러웠을 것이므로 '천하'를 얻은 듯이 천하가 뜻으로 쓰입니다.

어휘가
문해력
이다

초등 6학년 2학기

2주차 정답과 해설

2주차 1회

국어 교과서 어휘

다음 중 낱말의 뜻을 잘 알고 있는 것에 ✓ 하세요.

□ 뒷받침하다 □ 판단하다 □ 수집하다 □ 설문 조사 □ 면담 □ 기사문

수록 교과서 국어 6-2 ㉮
3. 타당한 근거로 글을 써요

✏ 낱말을 읽고, 부분에 답들을 그으면서 낱말 공부를 해 보세요.

이것만은 꼭!

뒷받침하다

뜻 뒤에서 지지하고 도와주다.

예 글쓴이가 자신의 주장을 뒷받침하려고 도표를 자료로 활용하였다.

어휘 뒷받침

'뒷받침'은 순우리말인 '뒤'와 '받침'이 만나 이루어진 낱말로, [뒤빧침]으로 소리 나. 이와 같이 순우리말로 이루어지면서 앞말이 된소리로 첫소리가 나는 경우에는 두 낱말 사이에 'ㅅ'을 붙여야 해. '뒤받침'이 아니라 '뒷받침'이라고 써야 한다는 것을 잊지 마. Tip 된소리는 'ㄲ, ㄸ, ㅃ, ㅆ, ㅉ'과 같이 목구멍의 근육을 긴장하여 내는 소리예요.

판단하다

判 판단할 판 + 斷 끊을 단 + 하다
㉮ '판(判)'의 대표 뜻은 '판단하다'야.

뜻 논리나 기준에 따라 어떠한 것에 대한 생각을 정하다.

예 주장에 대한 근거가 적절한지 판단하며 글을 읽어야 한다.

논설문을 읽을 때 근거의 타당성을 판단해야 돼. 근거가 주장과 관련 있는지, 근거가 주장을 잘 뒷받침하는지, 근거를 뒷받침하는 자료를 잘 사용하였는지, 근거가 적절한지를 기준으로 판단해.

수집하다

蒐 모을 수 + 集 모을 집 + 하다
㉮ '집(集)'의 대표 뜻은 모으다야.

뜻 취미나 연구를 위하여 여러 가지 물건이나 재료를 찾아 모으다.

예 논설문을 쓰려고 그림 자료와 동영상 자료를 수집하였다.

관련 어휘 수집가, 수집광

'수집가'는 여러 가지 물건이나 재료를 찾아 모으는 것을 전문적으로 하는 사람을 말해. 반면에 '수집광'은 귀중한 것인지 아니라 쓸데없는 것까지 찾아 모으려고 하는 병적인 버릇이 있는 사람을 말해. 그러므로 '수집가'와 '수집광'의 뜻을 잘 구별해서 써야 해.

설문 조사

設 말씀 설 + 問 물을 문 + 査 조사할 사
㉮ '조(査)'의 대표 뜻은 고르다야.

뜻 조사를 하거나 통계 자료를 얻기 위해 여러 사람에게 문제를 내어 묻는 방식.

예 논설문을 쓰기 위한 자료 조사 방법에는 설문 조사, 인터넷 검색하기, 책이나 신문에서 찾아보기 등이 있다.

관련 어휘 조사지

설문 조사를 하기 위해 어떤 주제에 대해 문제를 내어 묻는 질문지를 '조사지'라고 해.

면담

面 낯 면 + 談 말씀 담
㉮ '면(面)'의 대표 뜻은 낯이야.

뜻 서로 만나서 이야기함.

예 주장을 뒷받침하기 위한 자료를 수집하기 위해 해당 분야의 전문가와 면담을 하였다.

Tip 면담을 시작하기 전에 먼저 상대방에게 면담의 목적을 알려 주고, 질문의 내용을 생각해요. 질문을 할 때에는 예의 바르고 정확하게 질문하고, 녹음기나 필기도구 등을 미리 준비해요.

▲ 면담하는 장면

기사문

記 기록할 기 + 事 일 사 + 文 글월 문

뜻 사실을 보고 듣고 그대로 적은 글.

예 신문에 실린 기사문을 주장을 뒷받침하는 자료로 수집하였다.

관련 어휘 육하원칙

육하원칙은 기사문을 쓸 때 지켜야 할 기본적인 원칙으로 누가, 언제, 어디에서, 무엇을, 어떻게, 왜의 여섯 가지를 말해. 이렇게 육하원칙을 지켜서 글을 쓰면 글을 쓰는 사람뿐만 아니라 읽는 사람도 내용을 더 정확하고 자세하게 이해할 수 있어.

꼭! 알아야 할 속담

개도 도토리를 먹지 않기 때문에 밥 속에 있어도 먹지 않고 남긴다는 뜻에서, 따돌림을 받아서 무리에 끼지 못하는 사람을 비유으로 '개밥에 도토리'라고 표현합니다.

빈칸 채우기: 개밥에 □□□

2주차 1회 국어 교과서 어휘

수록 교과서 국어 6-2 ㉯
4. 효과적으로 발표해요

다음 중 낱말의 뜻을 정확히 알고 있는 것에 ✓ 하세요.
□ 매체 자료 □ 대조되다 □ 연어폭력 □ 격식 □ 인용하다 □ 제작하다

낱말을 읽고, 부분에 밑줄을 그으면서 낱말 공부를 해 보세요.

이것만은 꼭!

매체 자료
媒 매개 매 + 體 몸 체 + 資 바탕 자 + 料 헤아릴 료
'매체(媒體)'의 대표 뜻은 '중개', '체(體)'의 대표 뜻은 '몸', '자(資)'의 대표 뜻은 '재물', '료(料)'의 대표 뜻은 '헤아리다'야.

뜻 어떤 사실이나 정보, 의견을 담아서 듣는 사람에게 전하려고 활용하는 것으로, 사진, 영상, 사진, 표, 지도, 도표, 그림, 소리, 음악 등을 말함.
예 다양한 매체 자료를 활용하면 내용을 효과적으로 전할 수 있어.
■ 매체 자료의 예

▲ 사진 ▲ 그림 ▲ 지도

대조되다
對 대조할 대 + 照 대조할 조 + 되다
'대(對)'의 대표 뜻은 '대하다', '조(照)'의 대표 뜻은 '바치다'야.

뜻 서로 달라서 맞대어져 비교되다.
예 인물의 표정이나 행동을 대조되는 장면으로 영상을 구성하였다.
관련 어휘 대조
'대조'란 서로 달라서 대비가 된다는 뜻으로 '이빠의 까맣게 탄 얼굴과 하얀 이가 대조를 보인다.'와 같이 쓰일 수 있어.

연어폭력
言 말씀 언 + 語 말씀 어 + 暴 사나울 폭 + 力 힘 력

Tip 친구가 싫어하는 별명을 함부로 부르는 것도 언어폭력이에요
뜻 말로써 온갖 욕설, 협박 등을 하는 일.
예 언어폭력으로 다른 사람에게 상처를 주는 친구들이 늘고 있다.
속담 말이라고 해 다르고 아 다르다

격식
格 격식 격 + 式 법 식
뜻 격에 맞는 일정한 방식.
예 비속어, 은어와 같은 언어는 격식에 맞지 않는다.
관련 어휘 격식체
대화를 나누는 상대에게 예의를 갖추어 말하는 상대 높임법의 하나야. 공적인 상황에서나 잘 모르는 사이, 여러 사람을 대상으로 말하는 이가 듣는 이보다 나이가 많아도 격식체를 사용해야 돼.

인용하다
引 이끌 인 + 用 쓸 용 + 하다
'인(引)'의 대표 뜻은 '끌다'야.
뜻 남의 말이나 글을 자신의 말이나 글 속에 끌어 쓰다.
예 인용한 자료는 출처를 정확히 밝혀야 한다.
비슷한말 따다
'따다'가 가진 여러 가지 뜻 가운데에서 글이나 말 등에서 필요한 부분을 뽑아서 쓴다는 뜻이 있어. '선생님 말씀을 그대로 따서 수첩에 적었다.'와 같이 쓰여.
Tip 인용한 자료의 출처를 밝히지 않으면 저작권을 어기는 것이에요.

제작하다
製 만들 제 + 作 지을 작 + 하다
'제(製)'와 '작(作)'의 대표 뜻은 모두 '짓다'야.
뜻 재료를 가지고 새로운 물건이나 예술 작품을 만들다.
예 취재한 내용을 효과적으로 읽을 수 있게 뉴스 영상을 제작하고 편집하였다.

꼭! 알아야 할 관용어

용기나 눈치 없이 남에게 남몰래 금하는 것을 가리켜 '간도 (쓸개)도 없다'라고 합니다.

확인 문제

✏️ 44~45쪽에서 공부한 낱말을 떠올리며 문제를 풀어 보세요.

1 뜻에 알맞은 낱말을 글자판에서 찾아 묶으세요. (낱말은 가로(ㅡ), 세로(ㅣ), 대각선(ㄴ) 방향에 숨어 있어요.)

① 자료 만나서 이야기함.
② 논리나 기준에 따라 어떠한 것에 대한 생각을 정하다.
③ 취미나 연구를 위하여 여러 가지 물건이나 재료를 찾아 모으다.

해설 | '자료 만나서 이야기함'은 '면담', '논리나 기준에 따라 어떠한 것에 대한 생각을 정하다'는 '판단하다', '취미나 연구를 위하여 여러 가지 물건이나 재료를 찾아 모으다'는 '수집하다'의 뜻입니다.

2 빈칸에 들어갈 낱말을 완성하세요.

(1) 사실을 보고 들은 그대로 적은 글을 기 사 문 (이)라고 한다.

(2) 조사를 하거나 통계 자료를 얻기 위해 여러 사람에게 문제를 내어 묻는 방식을 설 문 조사라고 한다.

해설 | (1) 사실을 보고 들은 그대로 적은 글을 '기사문'이라고 합니다. (2) 조사를 하거나 통계 자료를 얻기 위해 여러 사람에게 문제를 내어 묻는 방식을 '설문' 조사라고 합니다.

3 ( ) 안에 들어갈 낱말을 보기 에서 찾아 쓰세요.

보기
판단   수집   뒷받침   기사문

(1) 자신의 주장을 (뒷받침)하려면 타당한 근거를 들어야 한다.

(2) 자료가 근거를 잘 뒷받침하는지 (판단)하기 위해서 자료가 근거의 내용과 관련 있느니 따져 보아야 한다.

(3) 자료를 (수집)할 때에는 되도록 다양한 종류의 자료를 활용할 수 있도록 하고, 믿을 수 있는 자료이어야 한다.

(4) 숲을 보호하자는 주장을 뒷받침하기 위해 나무가 이산화 탄소를 흡수한다는 내용이 ○○ 신문 예 실린 (기사문)을 자료로 수집하였다.

✏️ 46~47쪽에서 공부한 낱말을 떠올리며 문제를 풀어 보세요.

4 빈칸에 들어갈 낱말을 글자 카드에서 찾아 쓰세요.

(1) 모습은 거의 똑같은 생물들이이지만 둘의 성격은 매우 달라서 대 조 된다.

인 대 응 조

(2) 하가는 예술 작품을 제 작 하기 위해서 죽은 작업실에 틀어박혀 심었다.

제 작 식 자

해설 | (1) 서로 달라서 맞대어서 비교하는 것을 '대조되다'라고 합니다. (2) 재료를 가지고 새로운 물건이나 예술 작품을 만드는 것을 '제작하다'라고 합니다.

5 무엇에 대한 설명인지 빈칸에 들어갈 낱말을 완성하세요.

어떤 사실이나 정보, 의견을 담아서 듣는 사람에게 전하려고 활용하는 것으로, 영상, 사진, 표, 지도, 도표, 그림, 소리, 음악 등을 말함.

매 체 자 료

해설 | 어떤 사실이나 정보, 의견을 담아서 듣는 사람에게 전하려고 '매체 자료를 활용할 수 있습니다. 매체 자료의 종류에는 영상, 사진, 표, 지도, 도표, 그림, 소리, 음악 등이 있습니다.

6 ( ) 안에서 알맞은 낱말을 골라 ○표 하세요.

(1) 친구에게 욕설과 험받 등의 (언어폭력 , 언행일치)을/를 하지 않자는 내용의 논설문을 썼다.

(2) 주장을 뒷받침하기 위해서 신문 기사를 (대조 , 인용)하고 출처를 바로 아래에 써 놓았다.

(3) 친구를 앞에서 발표를 할 때 비속어나 은어와 같은 언어를 사용하는 것은 (법 , 격식)에 어긋나는 일이다.

(4) '건강 주간'을 맞아 우리 반은 반드시 '건강한 생활'을 위해 실천하면 좋은 일을 직접 영상으로 (제작 , 조작)해 보았다.

해설 | (1) 친구에게 욕설과 험받 등을 하는 것은 '언어폭력'에 해당합니다. (2) 출처를 써 놓았다는 것은 ~ '인용'하고 출처를 바로 아래에 써 놓았다. (3) 비속어나 은어와 같은 언어를 사용하는 것은 '격식'에 어긋나는 일입니다. (4) 영상을 직접 만들어 보았다는 내용이므로 '제작'이 알맞습니다.

수록 교과서 사회 6-2
1. 세계 여러 나라의 자연과 문화

다음 중 낱말의 뜻을 잘 알고 있는 것에 ✓하세요.

□ 열대 기후 □ 온대 기후 □ 건조 기후 □ 냉대 기후 □ 한대 기후 □ 고산 기후

지도에서 각각의 색이 나타내는 게 뭘까? 바로 세계의 기후를 구분해 주는 거야. 기후를 어떻게 나누었는지 기후의 종류에 대한 낱말을 알아보자.

(범례) 열대 기후 / 건조 기후 / 온대 기후 / 냉대 기후 / 한대 기후 / 고산 기후

낱말을 읽고, 부분에 미줄을 그으면서 낱말 공부를 해 보세요.

열대 기후
熱 더울 열 + 帶 띠 대 + 氣 기운 기 + 候 기후 후
→ '기(氣)'의 대표 뜻은 '기운'이야.

Tip 열대 기후는 적도 부근에서 나타나고 일 년 내내 더워요.

뜻 일 년 내내 기온이 높고 강수량이 많은 기후로, 적도와 우기가 나타나는 곳도 있음.

예 열대 기후 지역에서는 화전 농업 방식을 활용해 얌, 카사바 등을 재배한다.

관련 어휘 건기, 우기

온대 기후
Tip 우리나라는 온대 기후에 속해요.

溫 따뜻할 온 + 帶 띠 대 + 氣 기운 기 + 候 기후 후

뜻 사계절이 비교적 뚜렷한 기후로 여름에는 기온이 높고 강수량이 많으며, 겨울에는 기온이 낮고 강수량이 적음.

예 사계절이 뚜렷한 온대 기후 지역은 인구가 많고 여러 산업이 발달하였다.

이것만은 꼭!
'건기는 비가 내리지 않아 메마른 시기를, '우기는 일 년 중 비가 많이 오는 시기를 말해.

▲ 봄 ▲ 여름 ▲ 가을 ▲ 겨울

정답과 해설 ▶ 21쪽

건조 기후
乾 마를 건 + 燥 마를 조 + 氣 기운 기 + 候 기후 후
→ '건(乾)'의 대표 뜻은 '하늘'이야.

뜻 일 년 동안의 강수량을 모두 합쳐도 500mm가 채 안 될 정도로 비가 내리지 않는 기후.

예 건조 기후 지역은 수분이 부족해서 수목이 자라기 힘들고, 삼림이 충분히 발달하지 못하여 사막이나 초원이 나타난다.

▲ 사막

냉대 기후
冷 찰 냉 + 帶 띠 대 + 氣 기운 기 + 候 기후 후

뜻 온대 기후와 마찬가지로 사계절이 나타나지만 온대 기후보다 겨울이 더 춥고 긴 기후.

예 냉대 기후 지역은 잎이 뾰족한 침엽수림이 널리 분포해 목재를 생산하고 펄프 공업이 발달하였다.

냉대 기후 지역에서 볼 수 있는 대규모 침엽수림 지대를 '타이가'라고 해.

한대 기후
寒 찰 한 + 帶 띠 대 + 氣 기운 기 + 候 기후 후

뜻 일 년 내내 평균 기온이 매우 낮은 기후로 평균 기온이 가장 높은 달도 10℃보다 낮음.

예 한대 기후 지역은 주민들은 여름에 얼음과 얼음이 녹아 이끼나 풀이 자라는 땅에서 순록을 기르는 유목 생활을 하기도 한다.

한대 기후 지역은 농사를 짓기 어려워 사람들은 순록 유목, 수렵, 물고기 잡는 일 등을 해.

고산 기후
高 높을 고 + 山 메 산 + 氣 기운 기 + 候 기후 후

Tip 봄날씨와 같은 따뜻한 기온을 유지한다고 '상춘 기후'라고도 해요.

뜻 위도의 차이에 의해 생겨나는 기후가 아닌, 해발 고도가 높은 곳에서 나타나는 기후. 일 년 내내 월평균 기온이 15℃ 내외로 우리나라의 봄철과 같은 온화한 날씨가 나타남.

예 고산 기후는 무더운 평지보다 인간이 생활하기에 유리해서 고지대에서 높은 곳에 도시가 발달하기도 한다.

2주차 2회

사회 교과서 어휘

수록 교과서 사회 6-2
1. 세계 여러 나라의 자연과 문화

다음 중 낱말의 뜻을 잘 알고 있는 것에 ✔ 하세요.
□ 국경 □ 연안 □ 고원 □ 천연자원 □ 긴밀하다 □ 교류하다

우리나라는 중국, 일본, 러시아와 맞닿아 있어. 이렇듯 세계의 여러 나라들은 서로서로 인접해 있어 영향을 주고받기도 해. 나라와 나라의 관계와 관련 있는 낱말에 대해 알아보자.

(지도) 러시아, 중국, 대한민국, 일본, 동해

낱말을 읽고, ＿＿＿ 부분에 알맞은 내용을 그으면서 낱말 공부를 해 보세요.

국경
國 나라 국 + 境 지경 경
- 뜻 나라와 나라의 영역을 가르는 경계.
- 예 우리나라는 중국, 일본, 러시아와의 국경을 마주하고 있다.

 이것만은 꼭!

세계 지도를 보면 우리나라와 맞닿아 있는 나라와 그 나라들의 위치를 알 수 있어.

연안
沿 따라갈 연 + 岸 언덕 안
- 뜻 바다와 육지의 경계를 이루고 있는 물가.
- 예 일본은 태평양 연안을 따라 공업 지역이 발달하였다.
- Tip '해안'과 비슷하지만 '해안'은 바닷가에 있는 육지를 가리키는 말이에요.

고원
高 높을 고 + 原 언덕 원
- 뜻 보통 해발 고도 600미터 이상에 있는 넓은 벌판.
- 예 러시아의 동부는 주로 고원과 산악 지대이다.

우리나라의 대표적 고원 지대는 개마고원이야.

천연자원
天 자연 천 + 然 상태 연 + 資 재물 자 + 源 근원 원
- 뜻 천연적으로 존재하여 인간 생활이나 생산 활동에 이용할 수 있는 물자나 에너지를 통틀어 이르는 말.
- 예 러시아는 세계에서 영토가 가장 넓은 나라로, 풍부한 천연자원을 바탕으로 한 산업이 발달했다.
- Tip 천연자원에는 석탄, 석유, 철 등의 '광물 자원, 지하수나 바닷물의 '수자원, 수목 자원 등이 있어요.

▲ 천연자원의 하나인 석탄

긴밀하다
緊 긴할 긴 + 密 가까울 밀 + 하다
- 뜻 서로의 관계가 매우 가까워 빈틈이 없다.
- 예 우리나라는 이웃 나라와 긴밀한 관계이다.

비슷한말 가깝다
- Tip '긴하다'는 '꼭 필요하다'는 뜻이에요.

'가깝다'는 서로의 사이가 다정하고 친하다는 뜻으로 '긴밀하다'와 서로 바꾸어 쓸 수도 있어.

교류하다
交 사귈 교 + 流 흐를 류 + 하다
- 뜻 문화나 사상 등을 서로 통하게 하다.
- 예 우리나라는 이웃 나라와 교류하며 여러 문제를 해결하려고 함께 노력한다.

한국, 중국, 일본이 환경 전문가들이 모여 미세 먼지 문제에 함께 대처하고, 해결을 위해 노력하기도 했어.

이런 것들이 모두 이웃 나라와 교류하며 문제를 함께 해결하려고 노력하는 모습이야.

확인 문제

✏ 50~51쪽에서 공부한 낱말을 떠올리며 문제를 풀어 보세요.

1 뜻에 알맞은 낱말이 되도록 **보기**에서 글자를 찾아 쓰세요. (같은 글자를 두 번 쓸 수 있어요.)

보기
| 고 | 냉 | 대 | 열 | 조 | 산 | 건 |

(1) 온대 기후와 마찬가지로 사계절이 나타나지만 온대 기후보다 겨울이 더 춥고 긴 기후.

→ [냉] [대] 기후

(2) 일 년 내내 기온이 높고 강수량이 많은 기후로, 건기와 우기가 나타나는 곳도 있음.

→ [열] [대] 기후

(3) 일 년 동안의 강수량을 모두 합쳐도 500mm가 채 안 될 정도로 비가 내리지 않는 기후.

→ [건] [조] 기후

(4) 위도의 차이에 의해 생겨나는 기후가 아닌, 해발 고도가 높은 곳에서 나타나는 기후. 일 년 내 내 평균 기온이 15℃ 내외로 우리나라의 봄철과 같은 온화한 날씨가 나타남.

→ [고] [산] 기후

해설 | 냉대 기후, 열대 기후, 건조 기후, 고산 기후의 뜻과 특징을 정리해 봅니다.

2 친구가 설명하는 지역의 기후는 무엇인가요? (②)

이 지역들은 여름에 응응이 녹아 이끼나 작은 식물이 자라는 땅을 찾아다니며 순록 을 기르는 유목 생활을 해.

① 냉대 기후
② 한대 기후
③ 고산 기후
④ 온대 기후
⑤ 열대 기후

해설 | 여름에 이끼나 풀이 자라고 순록을 기르는 유목 생활을 하는 지역은 한대 기후 지역입니다.

3 ( ) 안에서 알맞은 낱말을 골라 ○표 하세요.

(1) 우리나라의 대부분은 사계절이 뚜렷한 (온대 기후)로, 냉대 기후 여름에는 기온이 높고 강수량이 많으며, 겨울에는 기온이 낮고 강수량이 적은 기후이다.

(2) 사막은 수분이 부족해서 수목이 자라기 힘든 곳으로 (건조 기후, 열대 기후) 지역이다.

해설 | (1) 우리나라의 대부분은 사계절이 뚜렷한 기후로, 여름에는 기온이 높고 강수량이 많으며, 겨울에는 기온이 낮고 강수량이 적은 온대 기후입니다. (2) '건조 기후' 지역은 수분이 부족해서 수목이 힘들어 사막이 나타납니다.

✏ 52~53쪽에서 공부한 낱말을 떠올리며 문제를 풀어 보세요.

4 뜻에 알맞은 낱말을 빈칸에 쓰세요.

가로 열쇠 ❶ 천연적으로 존재하여 인간 생활이나 생산 활동에 이용할 수 있는 물자나 에너지를 통틀어 이르는 말.

세로 열쇠 ❷ 강이나 호수, 바다를 따라 잇닿아 있는 육지. ❸ 보통 해발 고도 600미터 이상에 있는 넓은 벌판.

	❸		고
❶	❷	지	
천	연		
	안		
			원

해설 | '천연적으로 존재하여 인간 생활이나 생산 활동에 이용할 수 있는 물자나 에너지를 이르는 말은 '천연자 원', '강이나 호수, 바다를 따라 잇닿아 있는 육지'는 '연안', '보통 해발 고도 600미터 이상에 있는 넓은 벌판'은 '고원' 의 뜻입니다.

5 뜻에 알맞은 낱말을 골라 ○표 하세요.

(1) 나라와 나라의 영역을 가르는 경계.

(국경, 국적, 국력)

(2) 문화나 사상 등을 서로 통하게 하다.

(긴밀하다, 교류하다)

해설 | (1) '나라와 나라의 영역을 가르는 경계'를 뜻하는 낱말은 '국경'이라고 합니다. (2) 문화나 사상 등을 서로 통하게 하다'라는 뜻의 낱말은 '교류하다'입니다.

6 빈칸에 들어갈 말이 순서대로 알맞게 짝 지어진 것을 골라 ○표 하세요.

한중일 한자 문화 영향이 우리나라 에서 개방되었는데, 이웃 나라와 활발 한 [ ]게 관계인 것 같아.

(1) 교류하는 - 긴밀하게 (○)
(2) 긴밀하는 - 교류하게 ( )

해설 | 한중일이 한자 문화 영향을 만든 것은 문화나 사상 등을 서로 교류한 것이고, 거리가 가까워 영향을 주고받는 다는 것은 '긴밀하거나 매우 긴밀하다는 지역입니다.

7 빈칸에 들어갈 낱말을 완성하세요.

(1) 우리나라와 [국] [경]을/를 접하고 있는 나라는 중국, 일본, 러시아이다.

(2) 러시아는 천연가스, 석탄, 철광석 등 세계적으로 [천] [연] [자] [원]이/가 매우 풍부한 곳 이다.

해설 | (1) 우리나라와 중국, 일본, 러시아가 전체 있다고 하였으므로 나라와 나라의 영역을 가르는 경계라는 뜻의 국경이 알맞습니다. (2) 천연가스, 석탄, 철광석이 많다고 하였으므로 이를 포함할 수 있는 낱말은 천연자원입니다.

층별 (層 층 층 + 別 나눌 별)

뜻 층에 따라서 나누는 구별.
예 쌓기나무로 쌓은 모양을 층별로 모양을 그려 보았다.

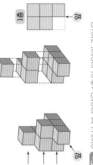

Tip 위에서 본 모양은 1층의 모양과 같아요.

작성 (作 지을 작 + 成 이룰 성)

뜻 서류, 원고 등을 만듦.
예 모둠 친구들은 쌓기나무로 쌓은 모양을 여러 방향에서 보고, 처럼 활동 보고서를 작성하였다.

여러 가지 뜻을 가진 낱말 **작성**
'작성'은 "그는 이번 올림피아드 신기록을 작성했다."처럼 운동 경기 등에서, 기록에 남길 만한 일을 이루어 냄을 뜻으로도 써.

구분 (區 구분할 구 + 分 나눌 분)

뜻 일정한 기준에 따라 전체를 몇 개로 갈라 나눔.
예 쌓기나무의 색을 구분하여 어떻게 만든 모양인지 나타내었다.

비슷한말 **분류, 구별**
'분류'란 종류에 따라서 가르는 것을 말하고, '구별'이란 성질이나 종류에 따라 갈라 놓는 것으로 '구분', '분류', '구별' 모두 뜻이 비슷한 낱말이야.

설계 (設 베풀 설 + 計 셀 계)

뜻 건축, 토목, 기계 등에 관한 계획을 세우거나 그 계획을 그림 등으로 나타내는 것.
예 건축가가 건물을 설계하는 방법에 대해 알아보았다.

여러 가지 뜻을 가진 낱말 **설계**
'설계'에는 앞으로 할 일에 대하여 계획을 세움, 또는 그 계획을 뜻도 있어. "행복한 생활을 설계하다.", "설山에 기록과 새해 설계를 하였다." 등이 이런 뜻으로 쓰인 예야.

2주차 3회

수학 교과서 어휘

수록 교과서 수학 6-2 3. 공간과 입체

다음 중 낱말의 뜻을 알고 있는 것에 ☑ 하세요.
☐ 공간 ☐ 방향 ☐ 층별 ☐ 작성 ☐ 구분 ☐ 설계

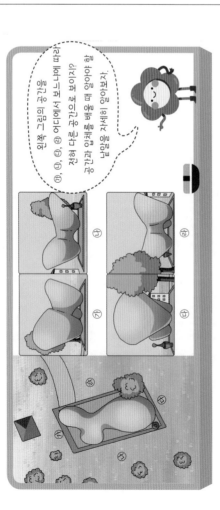

왼쪽 그림의 공간을
㉮, ㉯, ㉰, ㉱에서 보는 위치에 따라 전혀 다른 공간으로 보이지? 공간과 입체를 배울 때 이런 점을 자세히 알아보자.

낱말을 읽고, _____ 부분에 알맞은 낱말을 그으면서 낱말 공부를 해 보세요.

이것만은 꼭!

공간 (空 빌 공 + 間 사이 간)

뜻 널리 퍼져 있는 범위.
예 도시 공간에서 볼 수 있는 여러 건물의 모양에 대해서 살펴보았다.

여러 가지 뜻을 가진 낱말 **공간**
'공간'은 "이 집은 작은 수납 공간이 충분해서 편리하다."처럼 아무것도 없는 빈 곳이나 자리라는 뜻으로 쓰이기도 해.

방향 (方 방위 방 + 向 향할 향)

뜻 어떤 지점이나 방위를 향하는 쪽.
예 같은 공간도 어느 방향에서 보느냐에 따라 공간의 모양이 달라 보인다.

여러 가지 뜻을 가진 낱말 **방향**
'방향'은 어떤 일이 일정한 목표를 향하여 나아가는 쪽을 뜻하기도 해. "신제품이 개선 방향을 논의하였다."와 같이 쓰이지.

2주차 3회

수학 교과서 어휘

수록 교과서 수학 6-2
4. 비례식과 비례배분

다음 중 낱말의 뜻을 잘 알고 있는 것에 ✓ 하세요.

☐ 전항 ☐ 비의 성질 ☐ 자연수의 비 ☐ 비례식 ☐ 외항 ☐ 세우다

남자아이는 건물의 높이를 비교하여 비율로 나타내었고, 여자아이는 비의 성질을 이용하여 나타내었어. 이와 관련된 낱말을 좀 더 자세히 알아볼까?

왼쪽 건물의 오른쪽 건물의 높이가 8m이고, 오른쪽 건물은 16m야. 왼쪽 건물과 오른쪽 건물의 높이의 비는 8 : 16으로 나타낼 수 있어.

왼쪽 건물과 오른쪽 건물의 높이의 비는 1 : 2라고 할 수도 있어.

낱말을 읽고, 부분에 알맞은 답을 그으면서 낱말 공부를 해 보세요.

전항
前 앞 전 + 項 항목 항

뜻 두 개 이상의 항 가운데에서 앞의 항.
예 비 3 : 4에서 기호 ':' 앞에 있는 3을 전항이라고 한다.
관련 어휘 후항
'후항'은 두 개 이상의 항 가운데에서 뒤의 항으로, 비 3 : 4에서 기호 ':' 뒤에 있는 4를 후항이라고 해.

비의 성질
比 견줄 비 + 의 + 性 성품 성 + 質 바탕 질

비 3 : 4에서 3과 4를 비의 항이라고 해.

뜻 비의 전항과 후항에 0이 아닌 같은 수를 곱하여도 비율은 같고, 비의 전항과 후항을 0이 아닌 같은 수로 나누어도 비율은 같다.
예 비의 성질을 이용하여 12 : 16과 비율이 같은 비를 구하였다.

3 : 4 → 12 : 16 (×4)

3 : 4의 비율은 $\frac{3}{4}$
12 : 16의 비율은 $\frac{12}{16} = \frac{3}{4}$
어때? 비율이 같지?

자연수의 비
自 스스로 자 + 然 그럴 연 + 數 셀 수 + 의 + 比 견줄 비

Tip 자연수란 1부터 시작하여 하나씩 더해 얻는 수예요. 1, 2, 3, 4, 5 … 등이 있어요.
뜻 자연수로 이루어진 비.
예 소수의 비를 간단히 자연수의 비로 바꿀 수 있다.

1.4 : 6.3 → 14 : 63 (×10)

Tip 비의 전항과 후항에 같은 수를 곱해도 비율이 같다는 비의 성질을 이용한 것이에요.

비례식
比 견줄 비 + 例 법식 례 + 式 법 식

뜻 두 개의 비가 같음을 나타내는 식.
예 비율이 같은 두 비를 기호 '='를 사용하여 6 : 4 = 18 : 12와 같이 나타낼 수 있는데, 이와 같은 식을 비례식이라고 한다.

외항
外 바깥 외 + 項 항목 항

이것만은 꼭!
뜻 비례식의 바깥쪽에 있는 두 항.
예 비례식 6 : 4 = 18 : 12에서 바깥쪽에 있는 6과 12를 외항이라고 한다.
관련 어휘 내항
'내항'은 비례식의 안쪽에 있는 두 항을 말해. 비례식 6 : 4 = 18 : 12에서 안쪽에 있는 4와 18이 내항이야.

외항의 곱과 내항의 곱이 같다는 것을 꼭 알아 둬.

세우다

뜻 계획, 방안 등을 정하거나 짜다.
예 1부터 10까지의 수 카드 중에서 네 장을 골라 비례식을 세우는 활동을 하였다.

여러 가지 뜻을 가진 낱말 세우다
'세우다'는 주로 "머리를 꼿꼿이 세운다.", "무릎을 세우고 앉다.", "외 같이 몸이 몸이 앞뒤로 굽게 펴게 하거나 일어서게 한다는 뜻으로 많이 쓰여. 또는 "집 앞에 차를 세우다."처럼 다른 곳으로 가던 대상을 어느 한 곳에 멈추게 한다는 뜻으로도 쓰이지.

확인 문제

✏️ 56~57쪽에서 공부한 낱말을 떠올리며 문제를 풀어 보세요.

1 뜻에 알맞은 낱말이 되도록 보기 에서 글자를 찾아 쓰세요.

보기

| 간 | 향 | 공 | 설 | 성 | 작 | 계 |

(1) 널리 퍼져 있는 범위. → [공][간]

(2) 서류, 원고 등을 만듦. → [작][성]

(3) 어떤 지점이나 방위를 향하는 쪽. → [방][향]

(4) 건축, 토목, 기계 등에 관한 계획을 세우거나 그 계획을 그림 등으로 나타내는 것. → [설][계]

해설 | 각 낱말의 뜻에 해당하는 낱말을 떠올린 뒤 보기 에서 글자를 한 글자 한 글자 찾아 씁니다.

2 빈칸에 공통으로 들어갈 낱말은 무엇인가요? (③)

· 쌓기나무의 수를 구할 때 층별로 세었을 □하면 쉽게 구할 수 있다.
· 새로 산 수학 문제집은 문제가 난이도에 따라 □되어 있다.

① 조립 ② 설계 ③ 구분 ④ 작성 ⑤ 공간

해설 | 두 문장의 빈칸에 공통으로 '일정한 기준에 따라 전체를 몇 개로 갈라 나눔.'의 뜻을 지닌 '구분'이 들어가야 맞습니다.

3 밑줄 친 낱말의 쓰임이 알맞으면 ○표, 알맞지 않으면 ✕표 하세요.

(1) 같은 방향도 위에서 앞에서 보느냐에 따라 모양이 크게 다르다. (✕)

(2) 쌓기나무로 쌓은 모양을 1층, 2층, 3층으로 나누어 충별로 그렸다. (○)

(3) 도시를 작성하기 위해 도시에 있어야 할 건축물이나 시설물 등을 쌓기나무를 이용하여 만들어 보았다. (✕)

해설 | (1) 위에서 보느냐 앞에서 보느냐에 따라 다르다고 하였으므로 '방향'이 아니라 '공간'이 들어가야 합니다. (2) 1층, 2층, 3층으로 나누어 그렸다고 하였으므로 '충별'이 들어가야 알맞습니다. (3) 도시에 있어야 할 건축물이나 시설물 등을 쌓기나무로 만들어 보는 것이므로 '작성'이 아니라 '설계'가 들어가야 알맞습니다.

✏️ 58~59쪽에서 공부한 낱말을 떠올리며 문제를 풀어 보세요.

4 낱말의 뜻을 보기 에서 찾아 사다리를 타고 내려간 곳에 기호를 쓰세요.

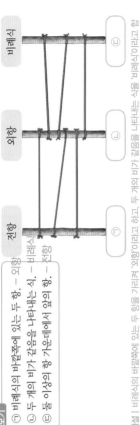

비례식 [ⓒ] 외항 [ⓑ] 전항 [ⓐ]

보기
ⓐ 비례식의 바깥쪽에 있는 두 항. – 외항
ⓑ 두 개의 비가 같음을 나타내는 식. – 비례식
ⓒ 둘 이상의 항 가운데에서 앞의 항. – 전항

해설 | 비례식의 비의 비깥쪽에 있는 두 항을 가리켜 '외항'이라고 하고, 두 개의 비가 같음을 나타내는 식을 '비례식'이라고 합니다. 둘 이상의 항 가운데에서 앞의 항을 가리켜 '전항'이라고 합니다.

5 두 친구의 대화에서 빈칸에 공통으로 들어갈 말은 무엇인가요? (②)

비의 전항과 후항에 0이 아닌 같은 수를 곱하여도 비율은 □.

비의 전항과 후항을 0이 아닌 같은 수로 나누어도 비율은 □.

① 커져 ② 같아 ③ 높아 ④ 달라 ⑤ 작아져

해설 | 비의 전항과 후항에 0이 아닌 같은 수를 곱하여도 비율은 같고, 비의 전항과 후항을 0이 아닌 같은 수로 나누어도 비율은 같습니다. 이것을 '비의 성질'이라고 합니다.

6 밑줄 친 낱말의 뜻이 다른 하나를 골라 ○표 하세요.

(1) 건물 옆에 자전거를 세워 두었다. ( )

(2) 얌마는 지나가는 택시를 세웠다. ( )

(3) 동생과 나의 문무게로 비례식을 세웠다. (○)

해설 | (3)의 '세우다는 '계획, 방안 등을 정하거나 짜내다.'의 뜻으로 쓰였고, (1)과 (2)의 '세우다'는 '다른 곳으로 기운 대상을 똑바로 서게 하다.'의 뜻으로 쓰였습니다.

7 ( ) 안에서 알맞은 말을 골라 ○표 하세요.

(1) 2 : 5는 (소수의 비, 자연수의 비)이다.

(2) 1 : 4에서 1을 (전항, 후항)이라고 하고, 4를 (전항, 후항)이라고 한다.

(3) 2 : 5 = 4 : 10에서 2와 10을 (내항, 외항)이라고 하고, 5와 4를 (내항, 외항)이라고 한다.

해설 | (1) 2 : 5는 자연수로 이루어진 비이므로 자연수의 비입니다. (2) 1 : 4에서 기호 ' : ' 앞에 있는 1은 '전항', ' : ' 뒤에 있는 4는 '후항'입니다. (3) 2 : 5 = 4 : 100에서 2와 10은 바깥쪽에 있는 항이므로 '외항'이고, 5와 4는 안쪽에 있는 항이므로 '내항'입니다.

과학 교과서 어휘

수록 교과서 과학 6-2
3. 연소와 소화

다음 중 낱말의 뜻을 알고 있는 것에 ✓ 하세요.

□ 발화점 □ 탈 물질 □ 연소 □ 산소 비율 □ 마찰 □ 뿌옇다

불이 정말 무서우시해. 이렇게 무서운 불은 왜 나는 걸까? 물질이 타기 위해서 필요한 요소가 있어. 이와 관련 있는 낱말을 공부해 보자.

낱말을 읽고, ____ 부분에 밑줄을 그으면서 낱말 공부를 해 보세요.

발화점
發 일어날 발 + 火 불 화 + 點 점 점
✔ '발화점'의 대표 뜻은 피어오:

뜻 어떤 물질이 불에 직접 닿지 않아도 타기 시작하는 온도.
예 물질이 타려면 산소가 필요하고, 온도가 발화점 이상이 되어야 한다.

여러 가지 뜻을 가진 낱말 발화점
'발화점'은 화재 원인을 조사할 때 처음 화재가 일어난 자리라는 뜻으로도 쓰여.
Tip 발화점은 물질마다 달라요

탈 물질
탈 + 物 물건 물 + 質 바탕 질

뜻 불에 탈 수 있는 재료.
예 탈 물질에는 나무, 종이와 같은 고체 연료, 휘발유, 알코올과 같은 액체 연료, 천연가스와 같은 기체 연료 등이 있다.

비슷한말 연료
태양서 빛이나 열을 내거나 기계를 움직이는 에너지를 얻을 수 있는 물질을 '연료'라고 해. '주유소에 들러 차에 연료를 공급했다.'처럼 쓰여.

이것만은 꼭!

연소
燃 탈 연 + 燒 불사를 소

뜻 물질이 산소와 빠르게 결합하면서 빛과 열을 내는 현상.
예 물질이 연소가 되려면 탈 물질, 산소, 발화점 이상의 온도 세 가지의 요소가 모두 갖추어져야 한다.

관련 어휘 연소 반응
물질을 태우면 원래 물질과는 성질이 다른 물질을 이산화 탄소 등이 생성되는 것을 '연소 반응'이라고 해.

▲ 연소의 조건
(발화점 이상의 온도 / 산소 / 탈 물질)

산소 비율
酸 실 산 + 素 본디 소 + 比 견줄 비 + 率 비율 률
✔ '산화'의 대표 뜻은 시다이:

뜻 공기를 구성하는 기체 중 산소가 차지하는 양.
예 초가 타기 전에 비커 속 산소 비율이 약 21%였던 것이 초가 타고 난 후에는 17%로 줄었다.

초가 타고 나서 산소가 줄어들었다는 것은 초가 타면서 산소를 사용했다는 뜻이야. 이로써 연소가 이루어지려면 산소가 필요하다는 것을 알 수 있어.

마찰
摩 문지를 마 + 擦 문지를 찰

뜻 두 물체가 서로 닿아 비벼짐.
예 성냥의 머리 부분을 성냥갑에 마찰하면 직접 불을 붙이지 않고도 물질을 태울 수 있다.

여러 가지 뜻을 가진 낱말 마찰
'마찰'은 이해나 의견이 서로 다른 사람이나 집단이 충돌함이라는 뜻으로 쓰이기도 해. 이때는 '갈등'과 뜻이 비슷하지.

뿌옇다

뜻 연기나 안개가 낀 것처럼 선명하지 못하고 조금 허옇다.
예 촛불이 꺼지고 난 다음 석회수가 뿌옇게 흐려지는 것으로 보아, 초가 연소한 후 이산화 탄소가 생긴다는 것을 알 수 있다.
Tip 초가 연소할 때 이산화 탄소와 함께 물이 생겨요

어휘 뿌옜다
'뿌옇다'의 받침 'ㅎ'이 뒤에 오는 'ㄷ'과 만나면 'ㄷ'이 'ㅌ'으로 바뀌어 소리가 나. 그래서 '뿌옇다'는 [뿌얻타]라고 발음해야 해. 또한 '뿌옇다'는 '뿌얘', '뿌예서', '뿌예시', '뿌어니'와 같이 모양이 바뀌는 것을 기억해.

2주차 4회 과학 교과서 어휘

수록 교과서 과학 6-2 / 3. 연소와 소화

다음 중 낱말의 뜻을 잘 알고 있는 것에 ✓ 하세요.

□ 소화 □ 감전 □ 유용하다 □ 소화기 □ 부주의 □ 대피하다

불은 어떻게 꺼야 할까요? 불을 끄는 방법에 대해 생각해 보며 관련 있는 낱말에 대해 이어서 공부해 보자.

낱말을 읽고, 부분에 밑줄을 그어가면서 낱말 공부를 해 보세요.

이것만은 꼭!

소화
消 사라질 소 + 火 불 화

뜻 연소의 조건 중에서 한 가지 이상의 조건을 없애 불을 끄는 것.

Tip 산소 탈 물질 발화점 이상의 온도

예 소화 방법은 탈 물질에 따라 다르다.

불 끄는 것과 같지만 뜻이 다른 낱말 소화
'소화'에는 먹은 음식물을 뱃속에서 분해하여 영양분으로 흡수함이라는 뜻도 있지.
"점심 먹은 것이 모두 소화됐다."와 같이 쓰이지.

감전
感 느낄 감 + 電 전기 전

예 '전(電)'의 대표 뜻은 번개야.

뜻 전기가 통하고 있는 물체에 몸에 닿아 충격을 받음.

예 기름이나 가스, 전기로 생긴 화재는 감전이 될 수 있어 위험하다.

유용하다
有 있을 유 + 用 쓸 용 + 하다

뜻 쓸모가 있다.

예 소화기는 화재의 초기 단계에서 불을 끌 수 있는 유용한 도구이므로 사용 방법을 잘 알아 두어야 한다.

반대말 무용하다

'무용하다'는 쓸모가 없다는 뜻으로, "비가 그치자 들고 나온 우산은 무용하게 되었다."와 같이 쓰여.

소화기
消 사라질 소 + 火 불 화 + 器 그릇 기

'~기(器)'의 대표 뜻은 '그릇'이야.

뜻 불을 끄는 기구.

예 분말 소화기 이외에도 간편하게 사용할 수 있는 분무 소화기, 불이 난 곳에 던져서 사용하는 투척용 소화기도 있다.

Tip 소화기를 작동시키면 나오는 이산화 탄소가 산소를 차단하여 불을 꺼요.

뜻을 더해 주는 말 -기
'-기'는 낱말 뒤에 붙어 '도구' 또는 '기구'라는 뜻을 더해 줘. '-기'가 들어가는 낱말에는 습도를 조절하는 전기 기구인 '가습기', 각도를 재는 도구인 '각도기', 계산을 빠르고 정확하게 하기 위하여 사용하는 기기인 '계산기' 등이 있지.

▲ 분무 소화기

부주의
不 아닐 부 + 注 부을 주 + 意 뜻 의

뜻 조심을 하지 않음.

예 화재는 사람들의 부주의나 사고 등 다양한 원인으로 발생한다.

비슷한말 방심

'방심'이란 마음을 다잡지 않고 놓아 버림이라는 뜻으로 '부주의'와 서로 바꾸어 쓸 수 있어.

반대말 주의

'주의'란 마음에 새겨 두고 조심함을 뜻하는 말로 '부주의'와 뜻이 반대야.

대피하다
待 기다릴 대 + 避 피할 피 + 하다

뜻 위험이나 피해를 입지 않도록 일시적으로 피하다.

예 화재가 발생하면 젖은 수건으로 코와 입을 막으며 몸을 낮춰 대피하고 119에 신고한다.

▲ 화재 대피 훈련

확인 문제

✏️ 62~63쪽에서 공부한 낱말을 떠올리며 문제를 풀어 보세요.

1 낱말이 뜻과 뜻에 알맞은 낱말은 무엇인지 골라 ○표 하세요.

(1) 발화점
어떤 물질이 불에 직접 닿지 않아도 타기 시작하는 (온도, 거리).

(2) 연소
물질이 (물, 산소)와/과 빠르게 결합하면서 빛과 열을 내는 현상.

(3) (마찰, 접촉)
두 물체가 서로 닿아 비벼짐.

(4) (뽑혔다, 뚜렷하다)
연기나 안개가 긴 것처럼 선명하지 못하고 조금 흐릿함.

해설 (1) 발화점은 온도와 관계있는 낱말입니다. (2) 연소는 물질이 '산소'와 결합하면서 일어나는 현상입니다. (3) 두 물체가 서로 닿아 비벼지는 것은 '마찰'입니다. '접촉'은 서로 맞닿음을 뜻합니다. (4) 연기나 안개가 긴 것처럼 선명하지 못하고 조금 흐릿한 것을 뿔뿔하다고 합니다.

2 두 친구의 대화에서 빈칸에 공통으로 들어갈 낱말을 쓰세요.

온도를 □□□□ 낮추면 불을 끌 수 있어.

이번 산불이 최초 □□□□으로 발생되었어. 바로 우리 학교 뒷편이야.

	발		
		화	
			점

해설 남자아이는 '발화점'을 '발화점을 어떤 물질이 불에 직접 닿지 않아도 타기 시작하는 온도'라는 뜻으로 말하였고, 여자아이는 두 번째 원인을 조사할 때 처음 화재가 일어난 자리, 라는 뜻으로 말하였습니다.

보기 해설 (1) 나무, 종이, 휘발유, 앞글유 등을 기리켜 '탈 물질'이라고 합니다. (2) 연소할 때에 산소가 필요하다는 것을 알아보기 위해 '산소 비율'을 확인합니다. (3) 부싯돌을 쇳조각으로 문질러면 두 물질이 '마찰'하여야 합니다. (4) 탈 물질, 산소, 발화점 이상의 온도의 조건들 모두 갖추어야 연소가 됩니다.

3 ( )안에 들어갈 말을 보기에서 찾아 쓰세요.

보기 마찰 연소 발화점 탈 물질 산소 산소 비율

(1) 불이 나려면 나무, 종이, 휘발유, 앞글유와 같은 (탈 물질)이/가 반드시 있어야 한다.

(2) 초가 타고 나서 줄어드는 (산소 비율)을/를 보면 연소할 때에 반드시 산소가 필요하다는 것을 알 수 있다.

(3) 부싯돌과 쇳조각을 (마찰)시키면 직접 불을 붙이지 않고도 불을 낼 수 있다.

(4) 탈 물질, 산소, 발화점 이상의 온도 중 한 가지만 없어도 (연소)은/는 이루어지지 않는다.

✏️ 64~65쪽에서 공부한 낱말을 떠올리며 문제를 풀어 보세요.

4 뜻에 알맞은 낱말을 글자판에서 찾아 묶으세요. (낱말은 가로(—), 세로(|) 방향에 숨어 있어요.)

유	용	하	다
지	감	전	부
소	화	기	주
화	민	다	의

❶ 쓸모가 있다.
❷ 불을 끄는 기구.
❸ 조심을 하지 않음.
❹ 연소의 조건 중에서 한 가지 이상의 조건을 없애 불을 끄는 것.

해설 ❶ 쓸모가 있다는 '유용하다', ❷ 불을 끄는 기구는 '소화기', ❸ 조심을 하지 않음은 '부주의', ❹ 연소의 조건 중에서 한 가지 이상의 조건을 없애 불을 끄는 것은 소화이므로 주의합니다.

5 '부주의'와 뜻이 비슷한 낱말과 반대인 낱말을 보기에서 골라 쓰세요.

보기 방심 주의 부정확 불분명

(1) 뜻이 비슷한 낱말: ( )
(2) 뜻이 반대인 낱말: (주의)

해설 '부주의'란 조심을 하지 않음, 이라는 뜻으로 뜻이 비슷한 낱말은 마음을 다잡지 않고 풀어 버림, 이라는 뜻의 '방심'입니다. '부주의'와 반대인 낱말은 '마음에 새겨 두고 조심함'을 뜻하는 '주의'입니다.

6 빈칸에 들어갈 낱말을 골라 ○표 하세요.

학교에서 실제로 불이 난 상황을 가정하여 훈련을 하였다.

(기피하는, 회피하는, 대피하는)

해설 '위험이나 피해를 입지 않도록 몸을 잠시적으로 피하다.'라는 뜻의 대피하다가 들어가야 합니다. '기피하는'은 꺼리거나 싫어하여 피하다.라는 뜻이고, '회피하는'은 몸을 숨기고 만나지 않다.라는 뜻입니다.

7 ( ) 안에서 알맞은 낱말을 골라 ○표 하세요.

(1) 전기로 생긴 화재에 물을 뿌리면 (감전, 소화)의 위험이 있다.

(2) (소화기, 가습기)로 불을 끌 때에는 바람을 등지고 있어야 한다.

(3) 소화기를 사용하는 방법을 잘 알아 두면 주변에 작은 불이 났을 때 (애용하게, 유용하게) 불을 끌 수 있다.

해설 (1) 전기로 생긴 화재에 물을 뿌리면 '감전'의 위험이 있습니다. (2) 불을 끄라는 때에는 '소화기'가 있어야 합니다. (3) 소화기 사용 방법을 알아 두면 불이 났을 때 쓸모가 있으므로 '유용하게'가 알맞습니다.

안자 어휘

★ 全(전)이 들어간 낱말

✏ '全(전)이 들어간 낱말을 읽고, ▨부분에 낱말을 그으면서 낱말 공부를 해 보세요.

全
온전할 전

'전(全)'은 갖바쳐 옷을 시들이는 모습을 본떠 만들었어. 갖바쳐 옷을 시들을 때에는 제품이 상태가 온전해야 하므로 '온전하다'라는 뜻을 찾게 되었지. 이 부에도 낱말에서 '전(全)'은 '모두', '갖추다' 등의 뜻을 나타내.

안전
보전
전력투구
전국

온전하다 全

안전
安편할 안 + 全온전할 전
뜻 위험이 생기거나 사고가 날 염려가 없음.
예 과학실에서 실험을 할 때에는 안전 수칙을 잘 지켜야 한다.

보전
保보호할 보 + 全온전할 전
↳ '보(保)'의 대표 뜻은 '보호하다'.
뜻 온전하게 보호하여 유지함.
예 환경 보전을 위해 일회용품 사용을 줄여야 한다.
비슷한말 보존
'보존'은 중요한 것을 잘 보호하여 그대로 남김을 뜻해. "자연의 개발보다 보존에 힘써야 한다."와 같이 쓰여.

모두 全

전력투구
全모두 전 + 力힘 력 + 投던질 투 + 球공 구
뜻 모든 힘을 다 기울임.
예 나는 우리 반 대표로 나간 달리기 대회에서 전력투구를 다했다.
비슷한말 전심전력
'전심전력'이란 온 마음과 온 힘을 한곳에 모아 씀이라는 뜻이야. "시험에 통과하려고 전심전력이었다."와 같이 쓰여.
Tip 아래에서 투수가 타자를 상대로 던지는 것을 못하기도 해. '전력투구'는 모든 힘을 기울여서 공을 던지 는 것을 뜻하기도 해.

전국
全모두 전 + 國나라 국
뜻 온 나라.
예 월드컵 경기가 전국으로 중계 방송이 되었다.

★ 報(보)가 들어간 낱말

✏ '報(보)가 들어간 낱말을 읽고, ▨부분에 낱말을 그으면서 낱말 공부를 해 보세요.

報
갚을 보

'보(報)'는 수갑을 차고 있는 죄수를 붙잡아 두고 있는 모습을 표현한 글자야. 원래는 벌을 받아 죗값을 치른다는 뜻이었는데, 이후에 '갚 다', '알리다'의 뜻을 나타내는 글자로 바뀌었 어.

인과응보
보답
보도
예보

갚다 報

인과응보
因인할 인 + 果결과 과 + 應받을 응 + 報갚을 보
↳ '과(果)'의 대표 뜻은 '실과'. '응(應)'의 대표 뜻은 '응하다'.
뜻 이전에 행한 선악에 따라 현재의 행복이 나 불행이 결정되는 것.
예 공부를 안 했으니 시험을 망친 것은 모두 인과응보다.
비슷한말 자업자득
'자업자득'이란 자기가 저지른 일의 결과를 자기가 받는다는 뜻이야.

보답
報갚을 보 + 答보답할 답
↳ '답(答)'의 대표 뜻은 '대답하다'.
뜻 남의 호의나 은혜를 갚음.
예 부모님은 자식에게 보답을 바라지 않고 사랑을 베풀어 준다.

알리다 報

보도
報알릴 보 + 道길 도
↳ '도(道)'의 대표 뜻은 '길'이야.
뜻 대중 전달 매체를 통해 일반 사람들에게 새로운 소식을 알림. 또는 그 소식.
예 신문 보도는 항상 공정하고 정확해야 한다.
Tip 대중 전달 매체는 TV, 신문, 라디오 등을 말해요.

예보
豫미리 예 + 報알릴 보
뜻 앞으로 일어날 일을 미리 알림. 또는 그 런 보도.
예 오후에 비가 온다는 예보를 듣고 우산을 챙겼다.
관련 어휘 일기 예보
'일기 예보'는 앞으로의 날씨를 미리 짐작하여 신문이 나 방송 등을 통해 알리는 것을 말해.

확인 문제

69쪽에서 공부한 낱말을 떠올리며 문제를 풀어 보세요.

4 뜻에 알맞은 낱말을 빈칸에 쓰세요.

(1)

			❷예
❶인	과	응	보

가로 열쇠 ❶ 이전에 행한 선이나 따라 현재나 행복이나 불행이 결정되는 것.
세로 열쇠 ❷ 앞으로 일어날 일을 미리 알림. 또는 그런 보도.

(2)

	도	
❶보	답	

가로 열쇠 ❶ 대중 전달 매체를 통해 일반 사람들에게 새로운 소식을 알림. 또는 그 소식이나 보도.
세로 열쇠 ❶ 남의 호의나 은혜를 갚음.

해설 | '인과'는 행함 선이나 따라 현재나 행복이나 불행이 결정되는 것입니다. '앞으로 일어날 일을 미리 알림. 또는 그런 보도'는 '예보'의 뜻입니다. '대중 전달 매체를 통해 일반 사람들에게 새로운 소식을 알림. 또는 그 소식이나 보도', '남의 호의나 은혜를 갚음'은 '보답'의 뜻입니다.

5 빈칸에 들어갈 낱말을 완성하세요.

놀부가 벌을 받게 된 것은 제비 다리를 부러뜨린 일에 대한 ( )(이)야.

정답: 인과응보

해설 | 놀부가 제비 다리를 부러뜨린, 이전에 행한 어떤 행동 때문에 벌을 받게 되었다는 내용이므로 '인과응보'가 들어가는 것이 알맞습니다.

6 빈칸에 들어갈 낱말을 찾아 선으로 이으세요.

(1) 우리 가족은 태풍이 올 거라는 □을/를 듣고 가족 여행을 취소하였다. — 보답

(2) 친구가 나를 도와준 일에 □하려고 나도 친구가 어려울 때 도와주었다. — 예보

(3) 나의 장래 희망은 신속하고 정확한 기사를 취재하고 □하는 기자이다. — 보도

해설 | (1) 태풍이 올 거라는 일을 미리 알았으므로 '예보'가 알맞습니다. (2) 친구에게 받은 은혜를 갚았으므로 '보답'이 알맞습니다. (3) 신속하고 정확한 기사를 취재하고 일반 사람들에게 새로운 소식을 알리는 기자가 되는 것이 꿈이므로 '보도'가 알맞습니다.

확인 문제

68쪽에서 공부한 낱말을 떠올리며 문제를 풀어 보세요.

1 뜻에 알맞은 낱말이 되도록 보기 에서 글자를 찾아 쓰세요.

보기
구 보 안 도 전 예 력 투

(1) 안전 — 위험이 생기거나 사고가 날 염려가 없음.

(2) 전구 — ...은 나라.

(3) 전력투구 — 모든 힘을 다 기울임.

(4) 보전 — 온전하게 보호하여 유지함.

해설 | (1) '위험이 생기거나 사고가 날 염려가 없음'은 '안전', (2) '온 나라'는 '전국', (3) '모든 힘을 다 기울임'은 '전력투구', (4) '온전하게 보호하여 유지함'은 '보전'을 뜻합니다.

2 빈칸에 들어갈 말로, 밑줄 친 낱말과 뜻이 비슷한 낱말을 완성하세요.

마라톤 선수가 전속력으로 달리는 모습을 보니 마음이 뭉클했어.

정답: 전력 (으)로

해설 | 마라톤 선수가 온 마음과 온 힘을 한곳에 모아 써서 달렸다고 하였으므로 모든 힘을 다 기울인다는 뜻의 '전력'이라는 낱말이 들어가는 것이 알맞습니다.

3 ( ) 안에 들어갈 낱말을 보기 에서 찾아 쓰세요.

보기
안전 보전 전구

(1) 일기 예보에 따르면 내일부터 (전국)에 걸쳐 비가 내린다고 하였다.

(2) 생태계의 (보전)을 위해 우리가 실천할 수 있는 일을 생각해 보자.

(3) 수영장에서 놀 때에는 (안전)을 위해 반드시 구명조끼를 착용해야 한다.

해설 | (1) 일기 예보에서 어딘가에 비가 내린다고 하였으므로 '전국'이 알맞습니다. (2) 생태계는 온전하게 보호하고 유지해야 하므로 '보전'이 들어가는 것이 알맞습니다. (3) 수영장에서 구명조끼를 착용하는 까닭은 '안전'을 지키기 위해서입니다.

2주차 어휘력 테스트

2주차 1~5회에서 공부한 낱말을 떠올리며 문제를 풀어 보세요.

1 뜻에 알맞은 낱말을 보기에서 찾아 기호를 쓰세요.

보기
㉠ 면담 ㉡ 구분 ㉢ 작성 ㉣ 격식

(1) 서로 만나서 이야기함. (㉠)
(2) 격에 맞는 일정한 방식. (㉣)
(3) 서류, 원고 등을 만듦. (㉢)
(4) 일정한 기준에 따라 전체를 몇 개로 갈라 나눔. (㉡)

해설 | 각 낱말의 뜻에 해당하는 낱말을 찾습니다.

2 낱말의 뜻은 무엇인지 ( )안에서 알맞은 낱말을 골라 ○표 하세요.

(1) 비례식 두 개의 비가 (같음, 다름)을 나타내는 식.
(2) 고원 보통 해발 고도 600미터 (이하, 이상)에 있는 넓은 벌판.
(3) 감전 (물, 전기)이/가 통하고 있는 물체가 몸에 충격을 받음.

해설 | (1) '비례식'이란 두 개의 비가 같음을 나타내는 식입니다. (2) '고원'이란 보통 해발 고도 600미터 이상에 있는 넓은 벌판을 말합니다. (3) '감전'이란 전기가 통하고 있는 물체가 몸에 충격을 받음을 뜻합니다.

3 밑줄 친 '마찰'이 다음과 같은 뜻으로 쓰인 문장의 기호를 쓰세요.

두 물체가 서로 닿아 비벼짐.

㉠ 나무에 시포를 맞질쳐 표면을 부드럽게 하였다.
㉡ 우리 가족은 마찰이 생길 때마다 늘 대화로 해결하였다.
㉢ 쓰레기 매립지 건설 문제로 시와 주민 간의 마찰이 계속되었다.

(㉠)

해설 | ㉠에서 '마찰'은 두 물체가 서로 닿아 비벼짐.'이라는 뜻으로 쓰였습니다. ㉡과 ㉢에서 '마찰'은 '이해나 의견이 서로 맞지 않아 서로 충돌함.'이라는 뜻으로 쓰였습니다.

4 다음 뜻을 가진 속담을 골라 ○표 하세요.

말이란 같은 내용이라도 표현하는 데 따라서 아주 다르게 들린다는 말.

(1) 개밥에 도토리 ( )
(2) 돌다리도 두들겨 보고 건너라 ( )
(3) 말이란 아 해 다르고 어 다르다 (○)

해설 | (1) '개밥에 도토리'는 개는 도토리를 먹지 않기 때문에 밥 속에 남아 있어도 먹지 않고 버린다는 뜻에서, 따돌림을 받아서 여럿이 어울리지 못하는 사람을 비유적으로 이르는 말입니다. (2) '돌다리도 두들겨 보고 건너라'는 잘 아는 일이라도 세심하게 주의를 하라는 뜻입니다.

---

5 빈칸에 공통으로 들어갈 말은 무엇인지 쓰세요.

- 각도 ─ 각도를 재는 도구.
- 가습 ─ 수증기를 내어 실내의 습도를 조절하는 전기 기구.
- 계산 ─ 여러 가지 계산을 빠르고 정확하게 하기 위해서 사용하는 기구.

(기)

해설 | 공통적으로 낱말 뒤에 붙어 '도구' 또는 '기구'의 뜻을 더해 주는 말인 '-기'가 들어가야 합니다.

6 밑줄 친 낱말을 알맞게 사용한 친구에게 ○표 하세요.

(1) 진실을 외해도 아무도 양지가 소년의 말을 믿지 않은 것은 거짓말을 일삼던 과거 때문이므로 모든 인과응보야.

(2) 최선을 다하지 않고 매번 전력투구를 하거니, 달리기 시합에서 꼴찌를 하지.

해설 | '인과응보'는 이전에 행한 행위의 선악에 따라 현재의 행복이나 불행이 결정되는 것을 뜻하는 말로 양지가 소년의 말을 믿지 않는 것이 이전에 거짓말을 일삼던 일 때문에 생긴 일이므로 (1)에 들어가는 것이 알맞게 쓰셨습니다.

7~10 ( )안에 들어갈 말을 보기에서 찾아 쓰세요.

보기
연안 증별 긴밀한 인용하여

7 지중해 (연안)을/를 따라 관광 산업이 매우 발달해 있다.

해설 | 지중해가 '이곳을 따라 관광 산업이 발달해 있다고 하였으므로 강에나 호수, 바다를 따라 인접이 있는 육지를 뜻하는 '연안'이 알맞습니다.

8 전문가의 의견을 (인용하여)...

해설 | 전문가의 의견을 자신의 말이나 글 속에 끌어 쓴 것이므로 '인용하여'가 들어가야 합니다.

9 마술관은 1층부터 3층까지 (증별)...

해설 | '층마다 1층부터 3층까지라는 말에서 '증별'이 들어가야 한다는 것을 알 수 있습니다.

10 우리나라와 중국은 국경을 마주하고 있어서 (긴밀한) 관계에 있다.

해설 | 우리나라와 중국은 국경을 나라와 나라의 영역을 가르는 경계인 국경을 마주를 맞추고 있어서 매우 가깝고 빈틈이 없는 '긴밀한' 관계에 있습니다.

어휘가
문해력
이다

초등 6학년 2학기

3주차 정답과 해설

국어 교과서 어휘

수록 교과서 국어 6-2 ㉯
5. 글에 담긴 생각과 비교해요

낱말을 읽고, 부분에 낱말을 그으면서 낱말 공부를 해 보세요.

다음 중 낱말의 뜻을 잘 알고 있는 것에 ✓하세요.
□ 관점 □ 예상하다 □ 독자 □ 토론하다 □ 반박 □ 추천하다

관점
觀 볼 관 + 點 점 점

이것만은 꼭!
뜻 사물이나 현상을 관찰할 때 그 사람이 바라보는 태도나 방향 또는 처지.
예 관점에 따라 같은 사물이나 현상도 다르게 볼 수 있다.

> 사람마다 다른 관점이 다른 까닭은 사람마다 가지고 있는 지식이 다르기 때문이야

예상하다
豫 미리 예 + 想 생각 상 + 하다

뜻 어떤 일을 직접 당하기 전에 미리 생각하여 두다.
예 글을 쓸 때에는 누가 이 글을 읽을지 예상하며 써야 한다.

비슷한말 **예측하다**
'예측하다'는 미리 헤아려 짐작한다는 뜻으로, "기업은 사회의 변화를 예측하여 상품을 생산한다."처럼 써요.

독자
讀 읽을 독 + 者 사람 자

뜻 책, 신문, 잡지 등의 글을 읽는 사람.
예 예상 독자가 누구일지 생각하면 글쓴이의 생각을 파악하는 데 도움이 된다.

> 글의 제목, 글쓴이, 글이 담긴 표현, 글쓴이가 글을 쓴 의도와 목적 등을 통해 글쓴이의 생각을 파악할 수 있어

관련 어휘 **필자**
'필자'란 글을 쓴 사람 또는 쓰고 있거나 쓸 사람을 말해. 필자는 독자를 생각하며 글을 써야 해.

정답과 해설 ▶ 34쪽

토론하다
討 칠 토 + 論 논할 론 + 하다

뜻 어떤 문제에 대하여 여러 사람이 각자 의견을 말하며 논하다.
예 자신의 생각과 상대의 생각을 비교하며 토론한다.

관련 어휘 **토의하다**
'토의하다'는 어떤 문제에 대하여 검토하고 협의한다는 뜻으로, 토론과는 달리 어떤 문제를 해결할 수 있는 다양한 의견을 말하는 것을 뜻해.

Tip 토론은 찬성편과 반대편으로 나누어 상대를 설득하는 말하기예요.

반박
反 반대할 반 + 駁 논박할 박

뜻 어떤 의견, 주장, 논설 등에 반대하여 말함.
예 상대편의 반론에 대해 반박 의견을 말하였다.

비슷한말 **논박**
'논박'이란 어떤 주장이나 의견에 대하여 그 잘못된 점을 조리 있게 공격하여 말함을 뜻해. "토론자는 발표자의 주장에 근거를 들어 논박했다."처럼 써.

추천하다
推 밀 추 + 薦 천거할 천 + 하다

뜻 어떤 조건에 적합한 대상을 책임지고 소개하다.
예 친구에게 추천하고 싶은 책의 제목을 떠올렸다.

Tip '천거하다'는 소개하거나 추천한다는 뜻이에요.

> 책을 읽고 개념은 점을 생각하며 책을 추천해.

꼭! 알아야 할 속담

'낙숫물이 댓돌을 뚫는다'라는 속담은 작은 힘이라도 꾸준히 계속하면 큰일을 이룰 수 있다는 뜻입니다.

낙숫물이 댓돌을 뚫는 힘이더라도 작은 일이라도 꾸준히 계속하면 큰일을 이룰 수 있다.

빈칸 채우기 낙숫물

국어 교과서 어휘

수록 교과서 국어 6-2 (나)
6. 정보와 표현 판단하기

다음 중 낱말의 뜻을 잘 알고 있는 것에 ✓ 하세요.

□ 뉴스 □ 여론 □ 긍정적 □ 과장 광고 □ 적절성 □ 취재

낱말을 읽고, 부분에 알맞은 글자를 그으면서 낱말 공부를 해 보세요.

뉴스

이것만은 꼭!
뜻 새로운 소식을 전하여 주는 방송이나 프로그램.
예 뉴스는 사람들에게 새로운 정보를 알려 준다.

여러 가지 뜻을 가진 낱말 뉴스
'뉴스'에는 일반에게 잘 알려지지 않은 새로운 소식이라는 뜻도 있어. "내가 오늘 좋은 뉴스 하나 들려줄게."와 같이 쓸 수 있지.

여론

異 다를 이 + 論 의견 론
〜예 '이(異)'의 대표 뜻은 '수레', '논(論)'의 대표 뜻은 '의견론'이야.

뜻 사회 대중의 공통된 의견.
예 뉴스는 여러 사람의 생각에 영향을 주어 여론을 형성한다.

비슷한말 국론, 공론
'국론'과 '공론'은 모두 국민 또는 사회 일반의 공통된 의견이라는 뜻으로, '여론'과 뜻이 비슷해서 서로 바꾸어 쓸 수 있어.

긍정적

肯 즐길 긍 + 定 정할 정 + 的 과녁 ~한 상태로 되는 적
〜예 '긍(肯)'의 대표 뜻은 '즐기다', '적(的)'의 대표 뜻은 '과녁'이야.

뜻 그러하거나 옳다고 인정하는 것.
예 뉴스는 어떤 일을 긍정적이거나 비판적인 시각으로 보게 한다.

반대말 부정적
'부정적'이란 그렇지 않다고 단정하거나 옳지 않다고 반대하는 것을 말해. "반 친구들은 선착순으로 앉을 자리를 정하는 것에 대하여 부정적이었다."와 같이 쓸 수 있어.

속담 말이 씨가 된다
'말이 씨가 된다'는 늘 말하던 것이 마침내 사실대로 되었을 때를 이르는 말이야. 긍정적인 말과 행동을 많이 해야 좋은 결과가 따라온다는 뜻입니다.

과장 광고

誇 자랑할 과 + 張 베풀 장 + 廣 널리 광 + 告 알릴 고
〜예 '장(張)'의 대표 뜻은 '베풀다', '광(廣)'의 대표 뜻은 '넓다', '고(告)'의 대표 뜻은 '고하다'야.

뜻 상품이 잘 팔리게 하려고 상품 기능을 실제보다 부풀린 광고.
예 과장 광고에는 '무조건', '세계 최고', '100퍼센트'와 같은 과장된 표현이 쓰이기도 한다.

관련 어휘 허위 광고
'허위'는 진실이 아닌 것을 진실인 것처럼 꾸민 것이라는 뜻이므로 허위 광고란 있지도 않은 상품 기능을 있는 것처럼 설명하는 광고를 말해.
Tip 과장 광고나 허위 광고는 소비자에게 피해를 줄 수 있기 때문에 법적인 제재를 받을 수 있어요.

적절성

適 맞을 적 + 切 적절할 절 + 性 성질 성
〜예 '절(切)'의 대표 뜻은 '끊다', '성(性)'의 대표 뜻은 '성품'이야.

뜻 어떤 기준이나 정도에 맞아 어울리는 성질.
예 광고 표현의 적절성을 판단할 때에는 광고에 과장하거나 감추는 내용이 있는지 살펴본다.

관련 어휘 타당성
'타당성'은 사람이 이치에 맞아 올바른 성질을 뜻하는 낱말로, "주장을 뒷받침하는 근거의 타당성을 검토하다."와 같이 써.

취재

取 가질 취 + 材 재료 재
〜예 '재(材)'의 대표 뜻은 '재료'이야.

뜻 작품이나 기사에 필요한 재료를 조사하여 얻음.
예 뉴스를 만들 때에는 어떤 내용을 보도할지 회의한 다음에 알리려는 내용을 취재한다.

알아야 할 관용어

표현하기
너무 믿기 어려운 이야기를 들어서 잘못 들은 게 아닌가 생각할 때에는 (귀를 의심하다.)라는 말을 씁니다.

✎ 78~79쪽에서 공부한 낱말을 떠올리며 문제를 풀어 보세요.

4 뜻에 알맞은 낱말을 글자 카드에서 찾아 쓰세요.

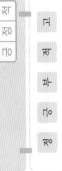

뉴 여 스 론 광

(1) 사회 대중의 공통된 의견. → 여론

(2) 그러하거나 옳다고 인정하는 것. → 긍정적

정 긍 부 적 정 고 적

해설 | (1) 사회 대중의 공통된 의견을 가리켜 '여론'이라고 합니다. (2) 그러하거나 옳다고 인정하는 것을 긍정적이라고 합니다.

5 밑줄 친 낱말이 다음과 같은 뜻으로 쓰인 문장을 찾아 ○표 하세요.

> 새로운 소식을 전하여 주
> 는 방송이나 프로그램.

(1) 뉴스에서 내일 날씨에 대해 보도하였다. (○)

(2) 엄마가 들으시면 깜짝 놀랄 만한 뉴스가 있다. ( )

해설 | (1)의 뉴스는 '새로운 소식을 전하여 주는 방송이나 프로그램'의 뜻으로 사용되었습니다. (2)의 뉴스는 일반에게 잘 알려지지 않은 새로운 소식'이라는 뜻으로 쓰였습니다.

6 뜻이 서로 반대인 낱말끼리 짝 지어진 것을 골라 ○표 하세요.

(1) 여론 - 공론 (2) 긍정적 - 부정적 (○) (3) 과장 광고 - 허위 광고

해설 | '여론'과 '공론'은 모두 국민 또는 사회 일반의 공통된 의견이라는 뜻입니다. (2) '긍정적'은 그러하거나 옳다고 인정하는 것이고, '부정적'은 그렇지 않다고 인정하거나 옳지 않다고 반대하는 것입니다. (3) '과장 광고'는 상품 기능을 실제보다 부풀린 광고를 말하고, '허위 광고'는 하위 광고는 있지도 않은 상품 기능을 있는 것처럼 설명하는 광고입니다.

7 ( ) 안에서 알맞은 낱말을 골라 ○표 하세요.

(1) 기사에 필요한 자료를 조사하기 위하여 환경 파괴가 심각한 곳으로 (취재), 소개)를 나갔다.

(2) 이 자전거 광고는 '세계 최고의 기술력'이라는 과장된 표현을 사용한 (공익 , (과장)) 광고이다.

(3) 광고의 사용자 '사용자 만족도 1위'라는 문구를 보고 어떤 조사에서 1위를 한 것인지 광고의 (전문성, (적절성))을 따져 보았다.

해설 | (1) 작품이나 기사에 필요한 잡료를 조사하여 찬성편과 반대편으로 나누어 어느 것을 '취재'라고 합니다. (2) 상품이 잘 팔리게 하려고 상품 기능을 실제보다 부풀린 광고를 '과장' 광고라고 합니다. (3) 광고를 보고 과장되거나 가짓된 내용이 있는지 따져 보는 것을 (으)로 상황이므로 '받박'이 알맞습니다.

80

확인 문제

✎ 76~77쪽에서 공부한 낱말을 떠올리며 문제를 풀어 보세요.

1 뜻에 알맞은 낱말을 보기 에서 찾아 쓰세요.

보기
관 반 토 박 론 점

(1) 어떤 의견, 주장, 논설 등에 반대하여 말함. → 반론

(2) 어떤 문제에 대하여 여러 사람이 각각 의견을 말하며 논의하다. → 토론하다

(3) 사물이나 현상을 관찰할 때 그 사람이 바라보는 태도나 방향 또는 처지. → 관점

해설 | 가 낱말의 뜻에 해당하는 낱말을 보기 에서 찾아 씁니다.

2 밑줄 친 말과 관련 있는 낱말을 골라 ○표 하세요.

> 글쓴이의 생각을 파악하려
> 면 어떻게 해야 하지?

(반박 , 토론, (예상))

해설 | '미리 생각해 둔과 관련 있는 낱말은 '어떤 일을 직접 당하기 전에 미리 생각하여 둠'을 뜻하는 '예상'입니다.

3 빈칸에 알맞은 낱말을 완성하세요.

(1) 나에게 힘이 되었던 책을 친구에게 읽어 보라며 추천 하였다.

(2) "착한 사마리아인의 법을 제정해야 한다." 을 주제로 찬성편과 반대편으로 나누어 토론 하였다.

(3) 상대편이 우리 편의 주장에 대하여 반론을 펼치자, 우리 편은 상대편 반론에 반박 하기 위한 근거를 제시하였다.

해설 | (1) 친구에게 책을 소개한 것이므로 추천이 알맞습니다. (2) 주제를 정하여 찬성편과 반대편으로 나누어 이견을 말하는 것이므로 '토론'이 알맞습니다. (3) 상대편의 반론에 대하여 다시 반박하는 상황이므로 '반박'이 알맞습니다.

3주차 2회 사회 교과서 어휘

수록 교과서 사회 6-2
2. 통일 한국의 미래와 지구촌의 평화

다음 중 낱말의 뜻을 잘 알고 있는 것에 ✓ 하세요.

□ 군사적　□ 관할하다　□ 보고　□ 지속적　□ 항로　□ 민간단체

이 섬의 이름이 무엇인지 아니? 바로 독도야. 우리나라 동쪽 끝에 위치한 섬이지. 이번에는 우리 땅 독도와 관련된 낱말에 대해 공부해 보자.

낱말을 읽고, ＿＿ 부분에 밑줄을 그으면서 낱말 공부를 해 보세요.

군사적
軍 군사 군 + 事 일 사 + 的 ~한 상태로 되는 적
✓ '적(的)'의 대표 뜻은 '과녁'이에요.

뜻 군대, 전쟁 등 군에 관계되는 것.
예 독도는 동해의 한가운데에 자리잡고 있어 군사적으로도 중요한 위치에 있다.
Tip 독도는 여러 해양 생물이 살기 좋은 환경이며, 가스 하이드레이트가 묻혀 있어요.

관할하다
管 주관할 관 + 轄 다스릴 할 + 하다
✓ '관(管)'의 대표 뜻은 '대롱'이에요.

뜻 일정한 권한을 가지고 통제하거나 지배하다.
예 독도는 우리나라가 관할하는 엄연한 우리 땅이다.

이것만은 꼭!
독도는 소중한 우리의 영토야!

▲ 독도에 휘날리는 태극기

보고
寶 보배 보 + 庫 곳집 고
Tip '곳집'은 곳간(물건을 간직하여 두는 곳)을 말해요.

뜻 귀중한 것이 많이 나거나 간직되어 있는 곳을 비유적으로 이르는 말.
예 독도는 다양한 동식물이 서식하는 생태계의 보고이다.
글자는 같지만 뜻이 다른 낱말 보고
'보고'에는 일에 관한 내용이나 결과를 말이나 글로 알림이라는 뜻도 있어. "선생님께 상황을 보고하였다."와 같이 쓰여.

지속적
持 가질 지 + 續 계속할 속 + 的 ~한 상태로 되는 적
✓ '지(持)'의 대표 뜻은 '가지다', '속(續)'의 대표 뜻은 '잇다'야.

뜻 어떤 상태가 오래 계속되는 것.
예 독도를 지속적으로 이용할 수 있도록 여러 법령을 시행하고 있다.
관련 어휘 간헐적
'간헐적'은 얼마쯤의 시간 간격을 두고 되풀이하는 것을 뜻하는 말로, "지수는 일주일에 2~3번 간헐적으로 달리기 운동을 한다."처럼 쓰여.
Tip '법령'은 법률과 명령을 아울러 이르는 말이에요.

항로
航 배 항 + 路 길 로

뜻 선박이 지나다니는 길.
예 독도는 선박이 항로에서 중요한 위치에 있다.
여러 가지 뜻을 가진 낱말 항로
'항로'에는 비행기 등이 공중에서 지나다니는 길이라는 뜻도 있어. "제주도로 향하던 비행기가 태풍으로 항로를 변경했다."처럼 쓰여.

민간단체
民 백성 민 + 間 틈 간 + 團 단체 단 + 體 몸 체
✓ '간(間)'의 대표 뜻 사이, '단(團)'의 대표 뜻은 '둥글다', 체(體)의 대표 뜻은 '몸'이에요.

뜻 민간인으로 이루어진 단체.
예 정부와 민간단체들은 외국에 독도를 알릴 수 있는 홍보 활동들을 다양하게 하고 있다.
Tip '민간인'은 관리나 군인이 아닌 일반 사람을 말해요.

'반크'라는 민간단체는 인터넷에서 독도와 관련된 사실을 전담하는 데 힘쓰고 있어.

국방비 國 나라 국 + 防 막을 방 + 費 비용 비

뜻 국가가 외국의 침략에 대비 태세를 갖추고 국토를 안전하게 지키는 데에 쓰는 비용.

예 분단으로 남한과 북한이 각각 사용하는 국방비의 비율이 높아 경제적으로 손실을 보고 있다.

'비'는 '비용'의 대표 뜻으로 쓰여.

경쟁력 競 겨룰 경 + 爭 경쟁할 쟁 + 力 힘 력

뜻 경쟁할 만한 힘. 또는 그런 능력.

예 북한의 풍부한 자연과 남한의 높은 기술력을 이용하면 경쟁력 있는 제품을 만들 수 있다.

Tip 경쟁은 어떤 목표를 두고 서로 이기거나 앞서려고 서로 겨룸을 뜻해.

뜻을 더해 주는 말 -력

'-력'은 '능력' 또는 '힘'의 뜻을 더해 주는 말이야. '경제'에 '력'을 합하면 경제 행위를 해 나가는 힘이라는 뜻이 '경제력', '군사'에 '력'을 합하면 전쟁을 수행할 수 있는 능력이라는 뜻이 '군사력'이라는 낱말이 되는 거야.

자본 資 재물 자 + 本 근본 본

뜻 장사나 사업 등의 기본이 되는 돈.

예 남한의 자본과 기술력에 북한의 노동력이 결합한 개성 공단이 활발하게 운영되었다. Tip 남북한의 경제 협력의 상징이었던 개성 공단은 2016년 2월에 폐쇄되었어요.

기여하다 寄 부칠 기 + 與 도울 여 + 하다

뜻 도움이 되다.

예 지구촌 평화에 기여하는 통일 한국의 모습을 그려 보았다.

비슷한말 공헌하다

'공헌하다'란 힘을 써 일이 되게 하는 데에 도움을 준다는 뜻으로 '기여하다'와 서로 바꾸어 쓸 수 있어. "독립에 크게 공헌한 이에게 훈장을 수여했다."와 같이 쓰이지.

3주차 2회
사회 교과서 어휘

수록 교과서 사회 6-2
2. 통일 한국의 미래와 지구촌의 평화

다음 중 낱말의 뜻을 잘 알고 있는 것에 ✓ 하세요.
□ 분단 □ 휴전선 □ 국방비 □ 경쟁력 □ 자본 □ 기여하다

우리나라라는 분단으로 인한 아픔을 갖고 있어. 남북 분단으로 겪는 어려움에 대해 생각하며 더 깊이 관련 있는 낱말을 공부해 보자.

✏ 낱말을 읽고, 부분에 답들을 그리면서 낱말 공부를 해 보세요.

이것만은 꼭!

뜻 본래 하나였던 것을 둘 이상으로 묶어 나눔.

예 남북 분단으로 이산가족이 고향을 가지 못하거나 부모 형제가 서로 만날 수 없게 되었다.

그 밖에도 남북 분단으로 인해 전쟁에 대한 공포, 남북 간의 언어·문화 차이, 국토의 제한적 활용 등 많은 어려움을 겪고 있어.

분단 分 나눌 분 + 斷 끊을 단

휴전선 休 쉴 휴 + 戰 전쟁 전 + 線 선 선

뜻 1953년 7월 27일, 6·25 전쟁이 휴전에 따라서 한반도의 가운데를 가로질러 설정된 군사 경계선.

예 남북 사이에는 분단의 상징인 휴전선이 있다.

'선'은 '선(線)'의 대표 뜻으로 '줄·선(線)'의 대표 뜻은 '줄'이다.

확인 문제

✏️ 82~83쪽에서 공부한 낱말을 떠올리며 문제를 풀어 보세요.

1 낱말의 뜻을 보기 에서 찾아 사다리를 타고 내려간 곳에 기호를 쓰세요.

보기
㉠ 선박이 지나다니는 길. – 항로
㉡ 어떤 상태가 오래 계속되는 것. – 지속적
㉢ 귀중한 것이 많이 나거나 간직되어 있는 곳을 비유적으로 이르는 말. – 보고

항로   보고   지속적

해설 각 낱말에서 사다리를 타고 내려온 곳에 알맞은 낱말의 뜻을 보기 에서 찾아 기호를 씁니다.

2 낱말의 뜻은 무엇인지 ( ) 안에서 알맞은 낱말을 골라 ○표 하세요.

(1) 민간단체
(군인, (민간인))으로 이루어진 단체.

(2) 군사적
군대, 전쟁 등 ((군), 학교)에 관계되는 것.

해설 (1) 민간인으로 이루어진 단체를 '민간단체'라고 합니다. (2) 군대, 전쟁 등 군에 관계되는 것을 '군사적'이라고 합니다.

3 밑줄 친 낱말의 뜻이 다른 하나를 골라 ○표 하세요.

(1) 경주는 세계 문화유산의 보고이다. ( )
(2) 생태계의 보고인 독도를 천연기념물 제336호로 지정하였다. ( )
(3) 반갑은 교실에서 싸움이 일어난 싸움에 대하여 선생님께 보고하였다. (○)

해설 (1), (2)의 '보고'는 귀중한 것이 많이 나거나 간직되어 있는 곳을 비유적으로 이르는 말이고, (3)의 '보고'는 '일에 관한 내용이나 결과를 알림'이라는 뜻으로 쓰였습니다.

4 ( ) 안에서 알맞은 낱말을 골라 ○표 하세요.

(1) 중국 어선이 ((항로), 도로)를 벗어나 우리나라 영해 안으로 들어왔다.
(2) 대한 제국 칙령 제41호 제2조에는 울릉도의 울릉군청을 두고 독도를 (기여함, (관할함)) 것으로 기록하고 있다.

해설 (1), (2)가 배가 다니는 길이므로 '항로'가 알맞습니다. (2) 울릉군청에서 독도를 통제로 지배함을 일컫습니다. '기여함'은 도움이 된다는 뜻이고, '관할함'은 일정한 권한을 가지고 통제하거나 지배함의 뜻입니다.

✏️ 84~85쪽에서 공부한 낱말을 떠올리며 문제를 풀어 보세요.

5 뜻에 알맞은 낱말을 글자판에서 찾아 묶으세요.(낱말은 가로(ㅡ), 세로(ㅣ), 대각선(\) 방향에 숨어 있어요.)

❶ 도움이 되다.
❷ 장사나 사업 등의 기본이 되는 돈.
❸ 본래 하나였던 것을 둘 이상으로 많아 나눔.
❹ 국가가 외국의 침략에 대비 태세를 갖추고 국토를 안전하게 지키는 데에 쓰는 비용.

기	④국	방	비
휴	여	역	하	선	다
❶ 기	전	하	선
❷ 자	본	분	단

해설 '도움이 되다'는 '기여하다', '장사나 사업 등의 기본이 되는 돈'은 '자본', 본래 하나였던 것을 둘 이상으로 많아 나누는 것은 '분단', '국가가 외국의 침략에 대비 태세를 갖추고 국토를 안전하게 지키는 데에 쓰는 비용은 '국방비'인 뜻이 됩니다.

6 빈칸에 공통으로 들어갈 맞은 말은 무엇인가요? (①)

• 경제 – 경쟁할 만한 힘.
• 경제 – 경제 행위를 하여 나가는 힘.
• 군사 – 전쟁을 수행할 수 있는 능력.

① 력 ② 적
③ 부 ④ 률
⑤ 률

해설 낱말의 뜻에 '힘'이나 '능력'이 들어가 있는 것으로 보아, '힘' 또는 '능력'을 더해 주는 '-력'이 들어가는 것이 알맞습니다.

7 빈칸에 들어갈 낱말을 보기 에서 찾아 쓰세요.

보기   분단   휴전선   국방비

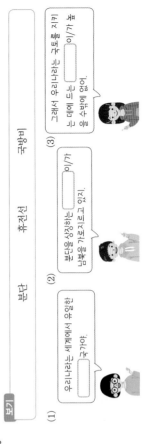

(1) 우리나라는 세계에서 유일한 [분단] 국가야.

(2) 분단을 상징하는 [휴전선] 이 남북을 가로지르고 있어.

(3) 그래서 우리나라는 [국방비] 는 음수밖에 없어.

해설 (1) 우리나라는 세계에서 유일하게 전쟁으로 인해 한 나라가 둘로 나뉘어진 '분단국가'입니다. (2) 분단을 상징하고 있는 것은 군사 경계선인 '휴전선'입니다. (3) 언제 또 일어날지 모를 전쟁에 대비하기 위해 국토를 지키는 데에 바탕이 되는 비용인 '국방비'를 많이 사용합니다.

비례배분
比 견줄 비 + 例 법식 례 + 配 나눌 배 + 分 나눌 분
뜻 전체를 주어진 비로 배분하는 것.
예 서우와 지연이는 사탕 18개를 2:7로 비례배분하여 가지기로 했다.

사탕 18개
$18 \times \dfrac{2}{2+7}$ → 4개
$18 \times \dfrac{7}{2+7}$ → 14개

비용
費 쓸 비 + 用 쓸 용
뜻 어떤 일을 하는 데 드는 돈.
예 여행 비용을 가족 수에 따라 3:5로 나누어 내기로 했다.

수확하다
收 거둘 수 + 穫 거둘 확 + 하다
뜻 익거나 다 자란 농수산물을 거두어들이다.
예 텃밭에서 수확한 배추 63포기를 가족 수에 따라 나누어 주었다.

포기
뜻 뿌리를 단위로 한 포기나 나무를 세는 단위.
예 수확한 배추 63포기로 김치를 담갔다.
글자는 같지만 뜻이 다른 낱말 포기
포기에는 하려던 일을 도중에 그만두어 버리는 것이라는 뜻도 있어. "너무 힘들어서 담는 것을 포기하고 싶었다." "아무리 힘들어도 포기하지 마."와 같이 쓰여.

이동 거리
Tip 성거하다는 서로 떨어져 있다는 뜻이에요.
移 옮길 이 + 動 움직일 동 + 距 상거할 거 + 離 떨어질 리
뜻 움직여 옮기는 두 점 사이를 잇는 선분의 길이.
예 동물원 입구에서 분수대가 있는 곳까지의 이동 거리를 계산하였다.

3주차
3회

수학 교과서 어휘

수록 교과서 수학 6-2
4. 비례식과 비례배분

다음 중 낱말의 뜻을 잘 알고 있는 것에 ✔ 하세요.
□ 비례식의 성질 □ 배분 □ 비례배분 □ 비용 □ 수확하다 □ 포기 □ 이동 거리

수확한 사과를 가족 수에 따라 2:3으로 나누어 가지려고 해. 이때 무엇을 알아야 할 낱말을 알아보자.

낱말을 읽고, 부분에 밑줄을 그으면서 낱말 공부를 해 보세요.

이것만은 꼭!
뜻 비례식에서 외항의 곱과 내항의 곱은 같다.
예 외항의 곱과 내항의 곱을 비교하여 비례식의 성질을 이해하였다.

외항
$2 : 5 = 8 : 20 \quad 2 \times 20 = 5 \times 8$
내항

비례식의 성질
比 견줄 비 + 例 법식 례 + 式 법 식 + 의 + 性 성질 성 + 質 바탕 질
←'성(性)'의 대표 뜻은 '성질'이야.

외항의 곱과 내항이 곱이 400으로 같지?

일의 양이 4…로

배분
뜻 각각의 몫으로 나눔.
예 승기와 연수는 빵 10개를 3:2로 배분하였다.
비슷한말 분배
'배분'과 뜻이 비슷한 말로 '분배'가 있어. '분배'는 몫에 따라 나눔이라는 뜻으로, "일한 시간에 따라 급여가 분배된다."처럼 쓰여.
配 나눌 배 + 分 나눌 분

수학 교과서 어휘

수록 교과서 수학 6-2
5. 원의 넓이

다음 중 낱말을 잘못 알고 있는 것에 ✓ 하세요.

☐ 원주 ☐ 지름 ☐ 반지름 ☐ 원주율 ☐ 원의 넓이 ☐ 한없이 ☐ 과녁

✏ 낱말을 읽고, ____ 부분에 알맞은 그림을 그려넣으면서 낱말 공부를 해 보세요.

원주
圓 둥글 원 + 周 둘레 주
예 주(周)의 대표 뜻은 '둘레'야.
Tip 원은 지름을 잴 수 없어요. 둘레는 곧은 선으로만 이루어진 원주를

이것만은 꼭!
뜻 원의 둘레.
예 실을 이용하여 원의 둘레를 잴 수 있다.

지름
뜻 원 위의 두 점을 이은 선분 중에서 원의 중심을 지나는 선분 또는 그 선분의 길이.
예 원 위의 두 점을 이은 선분 중에서 가장 긴 선분의 길이를 재면 지름을 구할 수 있다.

반지름
半 반 반 + 지름
뜻 원의 중심과 원 위의 한 점을 이은 선분 또는 그 선분의 길이.
예 원의 넓이를 구하려면 반지름을 알아야 한다.

원주율
圓 둥글 원 + 周 둘레 주 + 率 비율 율
뜻 원의 지름에 대한 원주의 비율. (원주 ÷ 지름)
예 원주율은 3, 3.1, 3.14 등으로 어림하여 사용하기도 한다.

원의 넓이
圓 둥글 원 + 의 + 넓이
뜻 원의 크기.
예 직사각형을 이용하여 원의 넓이를 구할 수 있다.
Tip 반지름과 원주율을 이용해 원의 넓이를 구할 수 있어요.

한없이
限 한할 한 + 없이
뜻 끝이 없이.
예 원을 한없이 잘라서 이어 붙이면 직사각형에 가까워진다.

과녁
뜻 화살이나 총 등을 쏠 때 표적으로 만들어 놓는 물건.
예 원 모양으로 색 도화지를 오려서 과녁을 만들었다.
관련 어휘 표적
'표적'이란 목표로 삼는 물건을 뜻해. "표적을 향해 방아쇠를 당기다."와 같이 쓰여.

확인 문제

88~89쪽에서 공부한 낱말을 떠올리며 문제를 풀어 보세요.

1 뜻에 알맞은 낱말을 빈칸에 쓰세요.

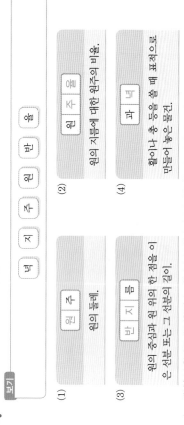

해설 | 각 낱말의 뜻에 해당하는 낱말을 빈칸에 알맞게 씁니다.

2 밑줄 친 낱말의 쓰임이 알맞으면 ○표, 알맞지 않으면 ✗표 하세요.

(1) 초콜릿 20개를 3 : 7로 <u>비례배분</u>하여 나누어 가졌다. (○)

(2) 포도나무에서 포도 80개를 수확하여 사람 수에 따라 나누었다. (✗)

(3) 비례식에서 전항과 후항의 곱은 같다는 <u>비례식의 성질</u>을 이용해서 값을 구하였다. (✗)

해설 | (1) 초콜릿 20개를 3 : 7로 배분한 것이므로 '비례배분'이 알맞게 쓰였습니다. (2) 포도는 뿌리를 단위로 한 포기나 나무를 세는 단위이므로 '포기' 대신에 '송이'가 와야 합니다. (3) '비례식의 성질'은 비례식에서 외항의 곱과 내항의 곱은 같다는 것이므로 전항과 후항의 곱과 곱이 같다는 말은 잘못된 설명입니다.

3 ( ) 안에 들어갈 낱말을 보기 에서 찾아 쓰세요.

보기
포기   비율   수확   이동 거리

(1) 우리 가족은 주말농장에 가서 고추와 상추를 (수확)하였다.

(2) 자연 휴양림 입구에서 생태 연못까지의 (이동 거리)은/는 총 2.6km이다.

(3) 어머니의 생신 선물을 사는 데 든 (비용)...

(4) 아버지께서는 사업에 큰 위기를 맞았지만 (포기)를/을 하지 않고 끝내 회사를 일으키셨다.

해설 | (1) 주말농장에 가서 고추와 상추를 얻는 뜻이므로 '수확'이 알맞습니다. (2) 입구에서 생태 연못까지 2.6km라고 하였으므로 '이동 거리'에 해당합니다. (3) 누나와 6 : 4로 나누어 썼다는 것으로 보아 '비용'이 알맞습니다. (4) 아버지께서는 큰 위기에도 그만두지 않으셨다는 뜻이므로 '포기'가 알맞습니다.

90~91쪽에서 공부한 낱말을 떠올리며 문제를 풀어 보세요.

4 뜻에 알맞은 낱말이 되도록 보기 에서 글자를 찾아 쓰세요.

보기
녁   지   주   원   반   올   름

(1) 원주 / 원의 둘레.

(2) 원주율 / 원의 지름에 대한 원주의 비율.

(3) 반지름 / 원의 중심과 원 위의 한 점을 이은 선분 또는 그 선분의 길이.

(4) 과녁 / 활이나 총 등을 쏠 때 표적으로 만들어 놓은 물건.

해설 | (1) 원의 둘레를 '원주'라고 합니다. (2) 원의 지름에 대한 원주의 비율을 '원주율'이라고 합니다. (3) 원의 중심과 원 위의 한 점을 이은 선분 또는 그 선분을 '반지름'이라고 합니다. (4) 활이나 총 등을 쏠 때 표적으로 만들어 놓은 물건을 '과녁'이라고 합니다.

5 밑줄 친 말과 바꾸어 쓸 수 있는 말을 골라 ○표 하세요.

(1) ... (똑같이 , (한없이) , 막연히)

(2) ... (원의 지름 , 원의 둘레 , (원의 넓이))

해설 | (1) 끝없이는 끝나는 데가 없거나 제한이 없다는 뜻으로 한없이와 뜻이 비슷합니다. (2) 원의 크기는 원의 넓이와 바꾸어 쓸 수 있습니다.

6 ( ) 안에서 알맞은 낱말을 골라 ○표 하세요.

(1) 회전목마가 한 바퀴 돌 때의 길이인 ((원주) , 원주율)을/를 계산하니 31.4m이다.

(2) 원의 중심을 지나는 원 위의 두 점을 이은 ((지름) , 반지름)의 길이를 재니 7cm였다.

(3) 원 모양으로 세 도화지를 오려서 만든 (상자 , (과녁))이/가 가장 안쪽 원의 지름은 5cm이다.

해설 | (1) 원의 둘레를 가리켜 원주라고 하므로 회전목마가 한 바퀴 돌 때의 길이는 '원주'에 해당합니다. (2) 원의 중심을 지나는 원 위의 두 점을 이은 선분은 지름입니다. (3) 세 도화지를 오려서 원 모양으로 만들었습니다.

소화 기관

消 사라질 소 + 化 될 화 +
器 기관 기 + 官 살 사람의 기관 관
〈'기관(器官)'의 대표 뜻은 '기관'이야.

뜻 음식물을 소화하고 흡수하는 일을 하는 일, 식도, 위, 작은창자, 큰창자, 항문 등.

예 소화 기관에는 입, 식도, 위, 쓸개, 작은창자, 큰창자, 항문이 있고, 간, 쓸개, 이자는 소화를 도와주는 기관이다.

관련 어휘 소화
'소화'란 우리 몸에 필요한 영양소가 들어 있는 음식물을 잘게 쪼개 몸에 흡수될 수 있는 형태로 분해하는 과정을 말해. 음식물을 잘 씹어야 하는 까닭은 음식물이 잘게 부서져야 몸에서 흡수가 잘되기 때문이지.

▲ 소화 기관

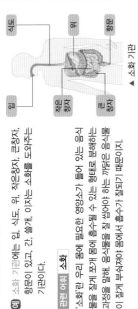

배출

排 밀어낼 배 + 出 내보낼 출
〈'배출(排出)'의 대표 뜻은 '내보내다'.

뜻 섭취한 음식물을 소화하여 항문으로 내보내는 일.

예 항문은 소화되지 않은 음식물 찌꺼기를 배출한다.

글자는 같지만 뜻이 다른 낱말 배출
"우리 학교는 여러 명의 지도자를 배출했다."에서 '배출'은 훌륭한 인재가 잇따라 나온다는 뜻으로 쓰였어.

호흡 기관

呼 내쉴 호 + 吸 숨 마실 흡 +
器 기관 기 + 官 살 사람의 기관 관
〈'호(呼)'의 대표 뜻은 '내쉬다'.

뜻 숨을 들이마시고 내쉬는 활동에 관여하는 코, 기관, 기관지, 폐 등.

예 호흡 기관은 선소를 받아들이고, 이산화 탄소를 몸 밖으로 내보낸다.

운동을 하면 심장이 빨리 뛰고 동시에 헐떡거리는데, 이는 몸에 필요한 산소를 공급하고 몸 밖으로 많은 이산화 탄소를 빠르게 내보내기 위해서야.

순환 기관

循 돌 순 + 環 돌 환 +
器 기관 기 + 官 살 사람의 기관 관
〈'환(環)'의 대표 뜻은 '돌다'.

뜻 혈액의 이동에 관여하는 심장과 혈관.

예 순환 기관의 혈관은 혈관을 따라 이동하며 우리 몸에 필요한 영양소와 산소를 온몸으로 운반한다.

Tip 심장은 펌프 작용을 하며 혈액을 온몸으로 보내고, 심장에서 나온 혈액은 온몸을 가져 다시 심장으로 돌아와요.

3주차 4회

과학 교과서 어휘

수록 교과서 과학 6-2
4. 우리 몸의 구조와 기능

● 다음 중 낱말의 뜻을 잘 알고 있는 것에 ✓ 하세요.
□ 기관 □ 운동 기관 □ 소화 기관 □ 배출 □ 호흡 기관 □ 순환 기관

우리는 하루도 빠짐없이 몸을 움직이고, 숨을 쉬고, 밥을 먹으며 생활해. 이런 일들을 할 수 있는 것은 우리 몸속 기관들이 제 역할을 하기 때문이야. 우리 몸속 기관에 대한 낱말을 자세히 알아보자.

✏ 낱말을 읽고, _____ 부분에 알맞은 말을 그으면서 낱말 공부를 해 보세요.

기관

器 기관 기 + 官 살 사람의 기관 관
〈'기관(器官)'의 대표 뜻은 '그릇' 관
〈'관(官)'의 대표 뜻은 '벼슬'이야.

뜻 우리가 살아가는 데 필요한 일을 하는 몸속 부분.

예 우리 몸속의 각 기관은 유기적으로 관련되어 있다.

Tip 유기적은 각 부분이 밀접한 관련을 맺고 있어서 따로 떼어 낼 수 없다는 뜻이에요.

'기관'에는 사회생활에서 일정한 역할을 하거나 목적을 이루기 위해 설치한 기구나 조직이라는 뜻도 있어. '공공 기관', '교육 기관'이 이러한 뜻으로 쓰인 예야.

운동 기관

運 움직일 운 + 動 움직일 동 +
器 기관 기 + 官 살 사람의 기관 관
〈'운동(運動)'의 대표 뜻은 '옮기다'야.

뜻 우리 몸속 기관 중에서 움직임에 관여하는 뼈와 근육.

예 운동 기관은 우리 몸의 형태를 만들어 주며 몸을 지지해 주고, 근육의 길이가 줄어들거나 늘어나면서 뼈를 움직이게 한다.

이것만은 꼭!

뼈와 근육이 이어서 움직임이 들어 있을 수 있지.

뼈와 근육이 이어서 다양한 자세로 움직일 수 있어.

과학 교과서 어휘

정답과 해설 ▶ 44쪽

수록 교과서 **과학 6-2**

4. 우리 몸의 구조와 기능

다음 중 낱말의 뜻을 잘못 알고 있는 것에 ☑ 하세요.

☐ 노폐물 ☐ 배설 기관 ☐ 자극 ☐ 감각 기관 ☐ 맥박 ☐ 인공 기관

우리 몸은 눈, 귀, 코, 혀, 피부와 같은 기관을 통해 다양한 자극을 느끼고 반응해. 우리 몸에서 어떤 일이 일어나는지 관련 있는 낱말들을 더 배워 보자.

🖋 낱말을 읽고, ___ 부분에 낱말을 그으면서 낱말 공부를 해 보세요.

노폐물

老 오래될 **노** + 廢 버릴 **폐** + 物 물건 **물**

ᗐ '노(老)'의 대표 뜻은 '늙다', '폐(廢)'의 대표 뜻은 '버리다', '물(物)'의 대표 뜻은 '물건'이야.

ᗐ 몸 안에서 생긴 물질 중 몸에서 필요 없는 것.

ᗐ 노폐물이 우리 몸속에 쌓이게 되면 몸에 해롭기 때문에 노폐물을 몸 밖으로 내보내야 한다.

노폐물은 날숨이나 오줌, 땀, 대변 따위에 섞여 몸 밖으로 배출되거나 배설되지.

배설 기관

排 밀어낼 **배** + 泄 샐 **설** + 器 그릇 **기** + 官 벼슬 사람의 기관 **관**

ᗐ '배(排)'의 대표 뜻은 '밀다', '설(泄)'의 대표 뜻은 '새다', '기(器)'의 대표 뜻은 '그릇', '관(官)'의 대표 뜻은 '벼슬'이야.

ᗐ 혈액에 있는 노폐물을 몸 밖으로 내보내는 과정에 관여하는 콩팥, 방광 등.

ᗐ 콩팥은 강낭콩 모양으로 좌우에 한 쌍이 있고, 방광은 작은 공처럼 생겼어요.

ᗐ 배설 기관 중 콩팥은 혈액에 있는 노폐물을 걸러 내고, 걸러진 노폐물은 방광으로 모인다.

노폐물이 걸러진 혈액은 다시 혈관 등을 통해 순환해

자극

刺 찌를 **자** + 戟 찌를 **극**

ᗐ '극(戟)'의 대표 뜻은 '창'이야.

ᗐ 몸에 작용하여 반응을 일으키게 하는 일. 또는 그런 작용의 원인.

ᗐ 우리 몸은 다양한 자극에 반응한다.

관련 어휘 반응

'반응'은 외부 자극에 대하여 어떤 현상이 일어나는 것을 말해. 눈을 통해 신호등에 녹색 불이 켜지는 것을 본 다음에 몸을 움직여 건널목을 건너는 행동이 바로 '반응'이야.

감각 기관

感 느낄 **감** + 覺 깨달을 **각** + 器 그릇 **기** + 官 벼슬 사람의 기관 **관**

ᗐ 전달된 자극을 느끼고 받아들이는 우리 몸의 눈, 귀, 코, 혀, 피부와 같은 기관.

ᗐ 감각 기관이 받아들인 자극은 온몸에 퍼져 있는 신경계를 통해 전달되고, 신경계는 운동 기관에 명령을 내린다.

관련 어휘 시각, 청각, 평형 감각, 후각, 미각, 피부 감각

감각 기관에는 눈으로 느끼는 '시각', 귀로 느끼는 '청각', 귓속의 반고리관과 전정 기관이 느끼는 '평형 감각', 코로 느끼는 '후각', 입으로 느끼는 '미각', 피부로 느끼는 '피부 감각'이 있어.

이것만은 꼭!

맥박

脈 맥박 **맥** + 搏 두드릴 **박**

ᗐ '맥(脈)'의 대표 뜻은 '줄기'야.

ᗐ 심장의 박동으로 심장에서 나오는 피가 얇은 피부에 분포되어 있는 동맥의 벽에 닿아서 생기는 주기적인 움직임.

ᗐ 운동을 하면 평소보다 더 많은 영양소와 산소가 필요하므로 맥박과 호흡이 빨라진다.

▲ 맥박 재는 모습

운동 후 휴식을 취하면 맥박 수와 호흡이 운동하기 전과 비슷해져요.

인공 기관

人 사람 **인** + 工 인공 **공** + 器 그릇 **기** + 官 벼슬 사람의 기관 **관**

ᗐ '공(工)'의 대표 뜻은 '장인'이야.

ᗐ 우리 몸의 기관을 대신하여 사용하는 것.

ᗐ 인공 기관에는 인공 심장, 인공 관절, 인공 달팽이관, 전자 의수, 전자 의족 등이 있다.

손가락으로 손목을 살짝 누르면 맥박이 뛰는 것을 느낄 수 있어.

확인 문제

✏ 94~95쪽에서 공부한 낱말을 떠올리며 문제를 풀어 보세요.

1 뜻에 알맞은 낱말을 글자 카드에서 찾아 쓰세요.

(1) 섭취한 음식물을 소화하여 항문으로 내보내는 일.
[배 출]

글자 카드: 출 순 배 환

(2) 우리가 살아가는 데 필요한 일을 하는 몸속 부분.
[기 관]

글자 카드: 기 등 운 관

해설 | (1) 섭취한 음식물을 소화하여 항문으로 내보내는 일이라는 뜻인 낱말은 '배출'입니다. (2) 우리가 살아가는 데 필요한 일을 하는 몸속 부분을 가리켜 '기관'이라고 합니다.

2 빈칸에 다음을 포함할 수 있는 낱말을 완성하세요.

운동 기관, 소화 기관, 호흡 기관, 순환 기관

[기 관]

해설 | 기관이란 우리가 살아가는 데 필요한 일을 하는 몸속 부분으로 운동 기관, 소화 기관, 호흡 기관, 순환 기관 등이 있습니다.

3 두 친구는 어떤 기관에 대하여 말하고 있는지 쓰세요.

(1) 음식을 먹을 때에는 으로 꼭꼭 씹어서 잘게 부숴야 해. 그래야 몸에서 흡수가 잘되거든.
(소화 기관)

(2) 숨을 들이마실 때 코로 들어온 공기는 숨길을 내려가면서 다시 코로 나가.
(호흡 기관)

해설 | (1) 음식물을 잘게 만드는 과정을 이야기하고 있으므로 '소화 기관'에 대하여 말하고 있습니다. (2) 숨을 코로 들이마시고 내쉬는 활동을 이야기하고 있으므로 호흡 기관에 대하여 말하고 있습니다.

4 ( ) 안에서 알맞은 낱말을 골라 ○표 하세요.

(1) 팔과 다리가 구부러지고 펴지는 것은 (운동 , 순환) 기관인 근육과 관계가 있다.

(2) 입은 소화가 시작되는 곳으로 (호흡 , 소화) 기관 중에서 유일하게 직접 볼 수 있는 기관이다.

(3) (순환 , 호흡) 기관인 심장에서 나온 혈액은 온몸을 거쳐 다시 심장으로 돌아오는 과정을 반복한다.

해설 | (1) 팔과 다리가 구부러지고 펴지는 것은 뼈와 근육이며, 뼈와 근육은 '운동' 기관에 해당합니다.

✏ 96~97쪽에서 공부한 낱말을 떠올리며 문제를 풀어 보세요.

5 낱말의 뜻을 보기에서 찾아 사다리를 타고 내려간 곳에 기호를 쓰세요.

보기
㉠ 우리 몸의 기관을 대신하여 사용하는 것. - 인공 기관
㉡ 몸 안에서 생긴 필요 없는 물질. - 노폐물
㉢ 몸에 작용하여 반응을 일으키게 하는 일 또는 그런 작용의 원인. - 자극
㉣ 심장의 박동으로 심장에서 나오는 피가 얇은 피부에 있는 동맥의 벽에 닿아서 생기는 주기적인 움직임. - 맥박

자극   맥박   노폐물   인공 기관

㉢   ㉡   ㉣   ㉠

해설 | '자극', '맥박', '노폐물', '인공 기관'의 뜻을 보기에서 찾아 기호를 씁니다.

6 다음을 공통적으로 어떤 기관에 해당하는지 알맞은 것을 골라 ○표 하세요.

눈, 귀, 코, 혀, 피부
(감각 , 배설 · 인공) 기관

해설 | 눈, 귀, 코, 혀, 피부로는 각각 시각, 청각, 후각, 미각, 피부 감각을 느낄 수 있는 감각 기관입니다.

7 밑줄 친 낱말의 쓰임이 알맞으면 ○표, 알맞지 않으면 ×표 하세요.

(1) 배설 기관에서는 혈액에 있는 노폐물을 몸 밖으로 내보낸다. (○)

(2) 한의사 선생님께서 손가락으로 나의 손목을 눌러 맥박을 확인하셨다. (○)

(3) 우리가 사물을 보고, 사물이 냄새를 맡고, 사물을 만지는 것은 인공 기관과 관련이 있다. (×)

(4) 과학자들은 기능이 떨어진 심장 등을 보조하거나 대신할 수 있는 감각 기관을 연구한다. (×)

해설 | (1) 배설 기관은 몸 안에서 생긴 물질 중 몸에서 필요 없는 '노폐물'을 몸 밖으로 내보내므로 알맞습니다. (2) 손목을 눌러 맥박을 확인하는 것은 '맥박'을 보고 내뱉는 것과 관련이 있습니다. (3) 사물을 보고 냄새를 맡고 만지는 것은 감각 기관과 관련이 있습니다. (4) 기능이 떨어진 심장 등을 보조하거나 대신할 수 있는 것을 '인공' 기관이라고 합니다.

해설 | (1) 팔과 다리가 구부러지고 펴지는 것은 뼈와 근육이며, 뼈와 근육은 '운동' 기관에 해당합니다. (2) 입은 소화가 시작되는 곳이라고 하였으므로 '소화' 기관에 해당합니다. (3) 심장은 혈액을 온몸으로 보내는 순환 기관입니다.

窮 (궁)이 들어간 낱말

'窮(궁)'이 들어간 낱말을 읽고, ▨ 부분에 알맞은 글자를 그으면서 낱말 공부를 해 보세요.

窮 다할 궁

'궁(窮)'은 집에 뼈가 앙상한 사람이 있는 모습을 표현한 글자로, 매우 가난하다는 뜻을 나타내. 낱말에서 '궁(窮)'은 '다하다', '더하다', '궁하다' 등의 뜻으로 쓰이지.

다하다 窮

추궁 / 追쫓을 추 + 窮다할 궁
뜻 잘못한 일을 샅샅이 따져서 밝힘.
예 어머니께서는 화분을 깬 사람이 누구인지 추궁하셨다.

궁지 / 窮다할 궁 + 地처지 지
뜻 매우 곤란하고 어려운 일을 당한 처지.
예 거짓말을 했다가 오히려 더 궁지에 몰리는 상황이 되었다.
속담 **궁지에 빠진 쥐가 고양이를 문다**
막다른 지경에 이르게 되면 약한 자도 마지막 힘을 다하여 반항한다는 뜻이다.

궁하다 窮

궁여지책 / 窮다할 궁 + 餘남을 여 + 之의 지 + 策꾀 책
뜻 궁한 나머지 생각다 못하여 짜낸 꾀.
예 지붕에서 물이 새서 궁여지책으로 바가지를 받아 두었다.
비슷한말 **고육지책**
자기 몸을 상해 가면서까지 꾸며 내는 계책이라는 뜻으로, 어려운 상태를 벗어나기 위해 어쩔 수 없이 꾸며 내는 계책을 말해.

궁핍 / 窮다할 궁 + 乏모자랄 핍
뜻 몹시 가난함.
예 흥부는 궁핍하여 이 집 저 집으로 밥을 빌러 다녔다.

Tip 궁하다는 가난하거나 살림이 어렵다. 어떤 것이 없거나 모자라다. 빠져나가거나 피해 나갈 방법이 없다는 뜻이에요.

圖 (도)가 들어간 낱말

'圖(도)'가 들어간 낱말을 읽고, ▨ 부분에 알맞은 글자를 그으면서 낱말 공부를 해 보세요.

圖 그림 도

'도(圖)'는 땅의 일정 지역까지 그려진 지도라는 뜻으로 만들어진 글자로, '그림'이나 '지도'의 뜻을 나타내. 전쟁에 대한 계획이나 대책을 세우기 위해서는 지도가 꼭 필요하다는 점에서 '꾀하다'라는 뜻으로도 쓰이게 되었어.

그림 圖

지도 / 地땅 지 + 圖그림 도
뜻 지구 표면의 상태를 일정한 비율로 줄여, 이를 약속된 기호로 평면에 나타낸 그림.
예 김정호는 목판에 지도를 앞뒤로 새겨 「대동여지도」를 완성하였다.

도감 / 圖그림 도 + 鑑볼보기 감
뜻 그림이나 사진을 모아 실물 대신 볼 수 있도록 엮은 책.
예 뒷산에서 본 곤충을 도감에서 찾아 보았다.

꾀하다 圖

각자도생 / 各각각 각 + 自스스로 자 + 圖꾀할 도 + 生날 생
뜻 제각기 살아 나갈 방법을 꾀함.
예 국난이 있을수록 각자도생보다는 함께 어려움을 이겨 내야 한다.

시도 / 試시험 시 + 圖꾀할 도
뜻 어떤 것을 이루어 보려고 계획하거나 행동함. Tip '시도'에는 시험적으로 해 본다는 뜻도 있어요.
예 몇 번의 시도 끝에 골을 넣는 데에 성공하였다.

관용어 **해당어 하향 지다**
어떤 일을 시도하였다가 아무 소득도 얻지 못하였을 때 쓰는 말이다.

확인 문제

100쪽에서 공부한 낱말을 떠올리며 문제를 풀어 보세요.

1 뜻에 알맞은 낱말이 되도록 보기에서 글자를 찾아 쓰세요. (같은 글자를 여러 번 쓸 수 있어요.)

보기

추	지
궁	핍
책	여

(1) 몹시 가난함. → 궁핍

(2) 잘못한 일을 상이 따져서 밝힘. → ( )

(3) 궁한 나머지 생각다 못하여 짜낸 꾀. → 궁 여 지 책

(4) 매우 곤란하고 어려운 임음 당한 처지. → 궁 지

해설 | 낱말의 뜻에 해당하는 낱말을 떠올린 뒤 보기에서 글자를 찾아 씁니다.

2 빈칸에 들어갈 속담을 골라 ○표 하세요.

함선 친구에게 매일 당하기만 하던 주인공이 더 이상 참지 않고 반격을 하는 장면이 정말 재밌었어!

더니, 막다른 지경에 이르게 되면 약한 자도 반항을 하게 되지.

(1) 가랑비에 옷 젖는 줄 모른다 ( )

(2) 궁지에 빠진 쥐가 고양이를 문다 (○)

(3) 하늘이 무너져도 솟아날 구멍이 있다 ( )

해설 | (1) 아주 사소한 것이라도 그것이 거듭되면 무시하지 못할 정도로 크게 됨을 비유적으로 이르는 말입니다. (3) 아무리 어려운 경우에 처하더라도 살아 나갈 방도가 생긴다는 속담입니다.

3 빈칸에 들어갈 낱말을 찾아 선으로 이으세요.

(1) 이순신 장군은 [   ]에 빠진 조선을 구하였다. • — 궁지

(2) 형은 빵을 다 먹은 사람이 누구냐며 나를 [   ]를 하였다. • — 궁핍

(3) 할머니께서는 [   ]했던 보릿고개 시절을 떠올리셨다. • — 추궁

해설 | (1) 이순신 장군이 위기에 처한 조선을 구하였다는 내용이므로 '궁지'가 알맞습니다. (2) 빵을 다 먹은 사람이 '궁지'가 알맞습니다. (3) '보릿고개'란 농촌의 식량 사정이 가장 어려운 때를 비유적으로 이르는 말이므로 '궁핍'이 알맞습니다.

101쪽에서 공부한 낱말을 떠올리며 문제를 풀어 보세요.

가로 열쇠 ❶ 제각기 살아 나갈 방법을 꾀함.
세로 열쇠 ❷ 어떤 것을 이루어 보려고 계획하거나 행동함.

가로 열쇠 ❶ 지구 표면의 상태를 일정한 비율로 줄여, 이를 약속된 기호로 평면에 나타낸 그림.
세로 열쇠 ❷ 그림이나 사진을 모아 실물 대신 볼 수 있도록 엮은 책.

4 뜻에 알맞은 낱말을 빈칸에 쓰세요.

(1)

❶각	❷자	생
	시	도

(2)

	❷도	
❶지	도	
	감	

해설 | (1) '제각기 살아 나갈 방법을 꾀함'은 '각자도생'을 뜻하는 말입니다. '어떤 것을 이루어 보려고 계획하거나 행동함'은 '시도'입니다. (2) '지구 표면의 상태를 일정한 비율로 줄여, 이를 약속된 기호로 평면에 나타낸 그림'은 '지도'이고, '그림이나 사진을 모아 실물 대신 볼 수 있도록 엮은 책'은 '도감'의 뜻입니다.

5 밑줄 친 말의 뜻은 무엇인지 빈칸에 알맞은 낱말을 완성하세요.

아이스크림을 하나 사면 하나 더 준다길래 바로 가 봤는데 이미 아이스크림이 다 팔려서 허탕을 치고 왔어.

엄청 속상했겠는걸! 내일 다시 가 봐.

→ 어떤 임음 시 도 하였다가 아무 소득도 얻지 못하였을 때 쓰는 말.

해설 | '허탕 치다'는 어떤 일을 '시도'하였다가 아무 소득도 얻지 못하였을 때 쓰는 말입니다.

6 ( ) 안에 들어갈 낱말을 보기에서 찾아 쓰세요.

보기

지도	도감	시도	각자도생

(1) 세계 (지도)을/를 보면 나라별 크기를 한눈에 비교해 볼 수 있다.

(2) 독도 바다에 사는 해양 생물의 사진과 설명이 담긴 독도 (도감)이/가 발간되었다.

(3) 어려운 일을 읽을 읽어 보니 (각자도생)보다 합심하여 헤쳐 나가는 것이 중요하다는 것을 깨달았다.

(4) 나는 게임을 많고 독서를 하기로 한 방학 계획을 (시도)한 지 하루 만에 포기하고 싶어졌다.

해설 | (1) 나라별 크기를 한눈에 비교해 볼 수 있는 것은 세계 '지도'입니다. (2) 생태계와 사진과 설명이 담겨 있으므로 '도감'이 담겨 있었습니다. (3) 합심과 반대되는 뜻이 각자도생이 들어가는 것이 알맞습니다. (4) 계획을 한 지 하루 만에 포기하고 싶은 마음이 들었으므로 '시도'가 알맞습니다.

3주차 어휘력 테스트

3주차 1~5회에서 공부한 낱말을 떠올리며 문제를 풀어 보세요.

1 뜻에 알맞은 낱말을 보기에서 찾아 쓰세요.

보기 반박   여론   긍정적

(1) 사회 대중이 공통된 의견. → (여론)

(2) 그러하거나 옳다고 인정하는 것. → (긍정적)

(3) 어떤 의견, 주장, 논설 등에 반대하여 말함. → (반박)

해설 | (1) 사회 대중의 공통된 의견은 '여론'. (2) 그러하거나 옳다고 인정하는 것은 '긍정적'. (3) 어떤 의견, 주장, 논설 등에 반대하여 말함은 '반박'에 해당합니다.

2 낱말과 그 뜻이 알맞게 짝 지어지지 않은 것을 두 개 고르세요. (③ , ④)

① 기여하다 - 도움이 되다.

② 지속적 - 어떤 상태가 오래 계속되는 것.

③ 비용 - 일정한 제어에 의해 은행에 맡긴 돈.

④ 배출 - 몸 안에서 생긴 물질 중 몸에서 필요 없는 것.

⑤ 구속비 - 국가가 외국과 접부에 대비 태세를 갖추고 국토를 안전하게 지키는 데에 쓰는 돈.

해설 | ③ '비용'이란 어떤 일을 하는 데 드는 돈. '일정한 계약에 의해 은행에 맡긴 돈'은 '예금'의 뜻입니다. ④ '배출'이란 '섭취한 음식물을 소화하여 항문으로 내보내는 일'을 뜻합니다. '몸 안에서 생긴 물질 중 몸에서 필요 없는 것'을 뜻하는 것은 '배설'입니다.

3 낱말의 관계가 다른 하나를 골라 ○표 하세요.

(1) 반박 - 논박

(2) 긍정적 - 부정적 (○)

(3) 기여하다 - 공헌하다

해설 | (1) '반박'과 '논박', (3) '기여하다'와 '공헌하다'는 서로 뜻이 비슷한 낱말입니다. (2) '긍정적'과 '부정적'은 서로 뜻이 반대입니다.

4 빈칸에 공통으로 들어갈 낱말을 완성하세요.

· [ ]의 생명도 모두 소중하다.

· 접수선을 앞두고 남어졌을 때 그대로 정기를 [포][기]하고 싶었다.

해설 | 첫 번째 빈칸에는 뿌리를 단위로 한 풀이나 나무를 세는 단위인 '포기'가 들어가야 합니다. 두 번째 빈칸에는 접수선을 앞두고 그만두어 버림. '이라는 뜻이 '포기'가 들어가야 합니다.

---

5 문장에서 잘못 쓴 부분에 ○표 하고, 바르게 고쳐 쓰세요.

(1) 태풍으로 항구가 많아 사람들이 섬에 안겼다. (항로)

(2) 몸 밖으로 노폐물이 배출되지 않으면 각종 질병이 생긴다. (노폐물)

해설 | (1) 섬에서 지나다니는 길을 뜻하는 낱말은 '항로'라고 씁니다. (2) 몸 안에서 생긴 물질 중 몸에서 필요 없는 것을 뜻하는 낱말은 '노폐물'이라고 합니다.

6 빈칸에 공통으로 들어갈 말을 쓰세요.

· 항하다 – 일정한 권한을 가지고 통제하거나 지배하다. → 관수 부분

· 기[ ] – 우리가 살아가는 데 필요한 일을 하는 [관]

· 점[ ] – 점 · 사물이나 현상을 관찰할 때 그 사람이 바라보는 태도나 방향 또는 처지.

해설 | 각각 '관점하다', '기관', '관점'의 뜻에 해당합니다.

7 밑줄 친 말을 알맞게 사용하지 못한 친구에게 ×표 하세요.

(1) 엄마가 떡볶이를 사 준다고 하셔서 시장에 갔는데 문이 단혀서 시장에 갔는데 문이 단혀서 허탕을 쳤어.

(2) 영상이 줄넘기 연습을 한 결과 줄넘기 대회에서 우등을 해서 허탕 쳤어.

(3) 동네 가 삼수를 연습하러 갔는데 아무도 만나지도 못하고 허탕만 쳤어.

해설 | '허탕 치다'는 어떤 일을 시도하였다가 아무 소득도 얻지 못하였을 때 쓰는 말이므로, (1), (3)의 상황은 알맞습니다. (2)는 영상이 줄넘기 연습을 한 결과 줄넘기 대회에서 우등을 한 상황이므로 허탕을 쳤다고 보기 어렵습니다.

8 ~ 10 안에 들어갈 낱말을 보기에서 찾아 쓰세요.

보기 과녁   지름   휴전선

8 화살이 (과녁)의 한가운데에 명중하였다.

해설 | '과녁'이란 활이나 총을 쏠 때 표적으로 만들어 놓은 물건으로, 화살이 명중했다는 말이 나오므로 '과녁'이 알맞습니다.

9 한 변의 길이가 10cm인 정육면체 상자에 (지름)이 9cm인 공을 넣었다.

해설 | 한 변의 길이가 10cm인 정육면체 상자에 넣었다고 하였으므로 지름이 9cm인 공이었을 것입니다.

10 할머니께서는 (휴전선) 위에 두고 온 가족을 평생 그리워하며 지내셨다.

해설 | 가족을 평생 만나지 못하고 그리워하는 상황이므로 '휴전선'이 들어가야 합니다.

어휘가
**문해력
이다**

초등 6학년 2학기

4주차 정답과 해설

4주차 1회

국어 교과서 어휘

수록 교과서 국어 6-2 ㉯
7. 글 고쳐 쓰기

다음 중 낱말의 뜻을 잘 알고 있는 것에 ☑ 하세요.

☐ 고쳐쓰기 ☐ 삭제하다 ☐ 문장 호응 ☐ 불확실하다 ☐ 공유하다

✏️ 낱말을 읽고, 부분에 밑줄을 그으면서 낱말 공부를 해 보세요.

이것만은 꼭!
쓴 글을 쓰고 다시 읽어 보고 어색한 문장은 고쳐 써야 해

고쳐쓰기
改 고칠 개 + 쓰다

뜻 글을 쓰고 나서 내용과 표현이 알맞도록 다시 쓰는 것.
예 고쳐쓰기를 하지 않으면 읽는 사람이 내용을 잘 이해하지 못할 수 있다.

TIP 글을 고쳐 쓰면 자신의 생각을 더 잘 전달할 수 있어요.

주제를 생각해서 제목을 고쳐 쓸 수도 있어

삭제하다
削 깎을 삭 + 除 덜 제 + 하다

뜻 깎아 없애거나 지워 버리다.
예 글을 고쳐 쓸 때는 필요 없거나 없거나 중복되는 문장을 삭제해야 한다.

반대말 첨가하다
'첨가하다'란 이미 있는 것에 덧붙이거나 보탠다는 뜻으로 '삭제하다'와는 반대 뜻이야. '주장을 뒷받침하는 근거를 첨가하였다.'처럼 쓰이지.

필요 없는 문장을 삭제하여 제목을 더 쓰면 내 생각을 더 잘 전달할 수 있어.

추가하다
追 쫓을 추 + 加 더할 가 + 하다

뜻 나중에 더 보태다.
예 글을 고쳐 쓸 때 앞 문장을 더 자세히 설명하려고 내용을 추가할 수 있다.

필요한 내용을 추가하면 내용이 풍부한 글을 쓸 수 있어.

문장 호응
文 글월 문 + 章 글 장 + 呼 부를 호 + 應 응할 응

뜻 문장 안에서 앞에 어떤 말이 오면 뒤에 적절한 말이 따라옴.
예 서로 어울리는 말을 함께 써올 때 문장 호응이 잘 이루어졌다고 한다.

'만약'은 '~면'과 호응하는 말이야. '만약 내가 선생님이 된다면'과 같이 쓰여.

앞에 '만약'과 같이 미래를 나타내는 말이 온다면 뒤에도 '~할 것이다'처럼 미래를 나타내는 말이 와야 해.

불확실하다
不 아닐 불 + 確 확실할 확 + 實 내용 실 + 하다

뜻 확실하지 않다.
예 주장하는 글을 쓸 때에는 불확실한 표현을 사용하지 않는 것이 좋다.

반대말 확실하다
'확실하다'란 틀림없이 그러하다는 뜻이야. '근거를 뒷받침하는 자료로 출처가 확실한 자료를 사용해야 한다.'처럼 쓰여.

공유하다
共 함께 공 + 有 가질 유 + 하다

뜻 두 사람 이상이 어떤 것을 함께 가지고 있다.
예 내가 쓴 글을 고쳐 쓰고 친구와 공유하였다.

꼭! 알아야 할 속담

빈칸 채우기

• 없는 부분이 없다는 아무리 큰 살림을 하는 사람도 자기도 그것을 변명하고 이유를 붙일 수 있다는 말입니다.

4주차 1회 국어 교과서 어휘

수록 교과서 국어 6-2 ④
8. 작품으로 경험하기

◦ 낱말을 읽고, 부분에 알맞은 그림을 그리면서 낱말 공부를 해 보세요.

다음 중 낱말의 뜻을 잘 알고 있는 것에 ✓ 하세요.
☐ 영화 감상문 ☐ 영상 ☐ 화면 구도 ☐ 나열하다 ☐ 자막 ☐ 보완하다

영화 감상문
映 비칠 영 + 畵 그림 화 + 感 느낄 감 + 想 생각 상 + 文 글월 문

뜻 영화를 감상할 때에는 영화의 성격, 인물 간의 관계 등 영상의 특징, 화면 구도 등을
예 제목과 줄거리, 전체적인 느낌이나 주제, 영화와 비슷한 자신의 경험, 자신이 본 다른 영화 등등을 넣어 영화 감상문을 쓴다.

이것만은 꼭!

영화 감상문을 쓸 때 인물에게 하고 싶은 말을 써서 자신의 생각이나 느낌을 나타내도 좋아.

영상
映 비칠 영 + 像 모양 상

뜻 영화, 텔레비전 등의 화면에 나타나는 모습.
예 이 영화는 과거의 모습을 나타낼 때에 영상을 흑백으로 보여 주었다.

글자는 같지만 뜻이 다른 낱말 **영상**
'영상'은 섭씨온도계에서, 눈금이 0도(℃) 이상의 온도를 뜻하기도 해. '영상의 날씨'와 같이 쓰이지. '영상'의 반대말은 섭씨온도계에서, 눈금이 0도(℃) 이하의 온도를 뜻하는 '영하'야. 함께 알아 두면 좋겠지?

화면 구도
畵 그림 화 + 面 낯 면 + 構 얽을 구 + 圖 그림 도

뜻 인물, 자연, 사물 등을 조화롭게 묘사하기 위하여 선, 면, 색채, 등을 알맞게 배치하는 일, 또는 그렇게 하는 활동.
예 영화를 감상할 때에는 영상의 특징과 함께 화면 구도도 살펴보면 좋다.

비슷한말 **화면 구성**
'화면 구도'와 뜻이 비슷한 말로 '화면 구성'이 있어. 주어진 화면에 테두리 안에서 인물과 환경을 알맞게 꾸미는 일을 뜻하지. 그 밖에도 '장면 설계', '화면 설계'도 비슷한 뜻으로 쓰여.

나열하다
羅 벌일 나 + 列 벌일 열 + 하다

뜻 죽 벌여 놓다.
예 영화에 넣을 사진이나 그림, 영상을 수집해 영화 장면의 차례대로 나열하였다.

자막
字 글자 자 + 幕 막을 막

뜻 영화나 텔레비전 등에서, 관객이나 시청자가 읽을 수 있도록 제목, 대화, 설명 등을 화면에 나타내는 글자.
예 영화를 만들 때 각 장면에 알맞은 음악과 자막을 함께 넣는다.
Tip 편집 프로그램을 이용해 자막을 넣을 수 있어요.

보완하다
補 보탤 보 + 完 완전할 완 + 하다

뜻 모자라거나 부족한 것을 보충하여 완전하게 하다.
예 우리 모둠이 만든 영화를 보면서 부족한 부분을 찾아 보완하였다.

비슷한말 **보충하다**
'보충하다'는 부족한 것을 보태 채운다는 뜻으로, '필요한 물품을 보충하다. '와 같이 쓰여. '보완하다'와 '보충하다'는 서로 바꾸어 쓸 수 있으니 함께 기억해 둬.
Tip '깁다'는 떨어지거나 해어진 곳을 꿰매는 것을 말해요.

꼭! 알아야 할 관용어

동은 기어이 있거나 어떤 말이나 소리를 자주 듣게 되었을 때 '(눈 귀)에 (익다)'라는 말을 씁니다.

○표 하기

4주차 1회_정답과 해설

초등 6학년 2학기 111

확인 문제

108~109쪽에서 공부한 낱말을 떠올리며 문제를 풀어 보세요.

1 낱말의 뜻을 보기 에서 찾아 사다리를 타고 내려간 곳에 기호를 쓰세요.

보기
㉠ 나중에 더 보태다. - 추가하다
㉡ 두 사람 이상이 어떤 것을 함께 가지고 있다. - 공유하다
㉢ 글을 쓰고 나서 내용과 표현이 알맞도록 다시 쓰는 것. - 고쳐쓰기
㉣ 문장 안에서 앞에 어떤 말이 오면 뒤에 적절한 말이 따라옴. - 문장 호응

공유하다 ㉡ 추가하다 ㉠ 문장 호응 ㉣ 고쳐쓰기 ㉢

해설 | ㉠은 '추가하다', ㉡은 '공유하다', ㉢은 '고쳐쓰기', ㉣은 '문장 호응'이 뜻입니다.

2 다음 낱말과 뜻이 반대인 낱말을 골라 ○표 하세요.

(1) 삭제하다 → (추가하다, 제한하다)
(2) 불확실하다 → (확성하다, 호응하다)

해설 | (1) '삭제하다'는 '깎아 없애거나 지워 버리다.'라는 뜻으로 '이미 있는 것에 덧붙이거나 보태다.'라는 뜻의 '첨가하 다'와 뜻이 반대입니다. (2) '불확실하다'는 '확실하지 않다.'라는 뜻으로 '틀림없이 그러하다.'라는 뜻의 '확실하다'와 뜻 이 반대입니다.

3 빈칸에 들어갈 말을 완성하세요.

(1) 글에서 주제와 관련 없는 문장은 삭 제 해야 한다.
(2) '비록 한 끼라면은' 문 장 호 응 이/가 이루어지지 않아서 어색하다.
(3) "고운 말을 사용하면 좋을 수도 있다."와 같이 주장하는 글에서 불 확 실 한 표현은 사

용하는 것은 좋지 않다.

해설 | (1) 주제와 관련 없는 문장은 지워야 하므로 '삭제'가 알맞습니다. (2) 주어와 서술어가 서로 어울리지 않으므로 '문장 호응'과 관련 없는 문장입니다. (3) 화면에 나타내는 글자와 같이 써야 합니다. (3) '좋을 수도 있다'

정답과 해설 ▶ 52쪽

110~111쪽에서 공부한 낱말을 떠올리며 문제를 풀어 보세요.

4 뜻에 알맞은 낱말이 되도록 보기 에서 글자를 찾아 쓰세요.

보기
나 감 문 열 보 상 영 하 다

(1) 죽 벌여 늘어놓다. → 나 열 하 다
(2) 영화를 보고 느낀 점을 쓴 글. → 영 화 감 상 문
(3) 모자라거나 부족한 것을 보충하여 완전하게 하다. → 보 완 하 다

해설 | (1)은 '나열하다', (2)는 '영화 감상문', (3)은 '보완하다'의 뜻입니다.

5 낱말의 뜻은 무엇인지 ( ) 안에서 알맞은 낱말을 골라 ○표 하세요.

(1) 자막 | 관객이나 시청자가 읽을 수 있도록 화면에 나타내는 (글자, 그림).
(2) 영상 | 영화, 텔레비전 등의 (화면, 인물)에 나타나는 모습.

해설 | (1) '자막'이란 화면에 나타내는 글자를 뜻합니다. (2) '영상'이란 영화, 텔레비전 등이 화면에 나타나는 모습을 말합니다.

6 '영상'이 나머지와 다른 뜻으로 쓰인 것을 골라 ○표 하세요.

(1) 운동회는 봄 날씨처럼 영상의 웃도는 날이 많다. (○)
(2) 일 년 한 간 우리 가족이 지난 사진을 영상 으로 만들어 보았다. ( )
(3) 세계 유명 여행지에 대한 영상을 보고 나니 그곳에 가 보고 싶은 생각이 들었다. ( )

해설 | (2)와 (3)의 '영상'은 영화, 텔레비전 등의 화면에 나타나는 모습이라는 뜻으로 쓰였고, (1)의 '영상'은 섭씨에 ...

7 ( ) 안에 들어갈 말을 보기 에서 찾아 쓰세요.

보기
나열 보완 화면 구도
자막

(1) 내 사진을 일렬로 (나열)한 다음 시간 순서대로 사진첩에 붙여 두었다.
(2) 이번 학교 홍보 영상은 지난 영상보다 화질 면에서 (보완)된 점이 많다.
(3) (자막)이/가 나무 길면 영상을 보고 ...
(4) 이 영화는 자연을 배경으로 함께 볼 때에는 가볍게 위치를 위하면서 잠도 독특한 (화면 구도)

을 지녔다.

해설 | (1) 사진을 일렬로 죽 붙여 늘어놓았다는 뜻이므로 '나열'이 알맞습니다. (2) 지난 영상보다 이번 영상이 더 완전한 다는 뜻이므로 '보완'이 알맞습니다. (3) 화면에 나타내는 글자인 자막이 너무 길면 이해하기 ...

사회 교과서 어휘

수록 교과서 사회 6-2
2. 통일 한국의 미래와 지구촌의 평화

다음 중 낱말의 뜻을 잘 알고 있는 것에 ✓ 하세요.

□ 지구촌 갈등 □ 난민 □ 우호적 □ 비정부 기구 □ 구호 □ 조직하다

낱말을 읽고, 부분에 알맞을 그어면서 낱말 공부를 해 보세요.

Tip '기아'는 먹을 것이 없어 굶주린다는 뜻이에요.
지구촌은 환경 오염, 전쟁, 기아 등 많은 문제에 직면해 있고 이를 해결하기 위한 지구촌 사람들의 다양한 노력과 관련하여 앞서 두어야 할 일들을 배워 보자.

이것만은 꼭!
Tip 지구촌 갈등의 원인은 영토, 자원, 종교, 언어, 인종, 민족, 역사, 정치 등 등 다양해요.

지구촌 갈등
地 땅 지 + 球 공 구 + 村 마을 촌 + 葛 칡 갈 + 藤 등나무 등

뜻 국가나 민족 등이 서로 얽히고 설켜 긴장 관계에 있는 상황.

예 지구촌 갈등을 겪고 있는 아이들은 먹을 것과 깨끗한 물이 부족해 질병에 쉽게 걸리고 정을 잃어 해매기도 한다.

관련 어휘 지구촌
'지구촌'은 지구 전체를 한 마을처럼 여겨 이르는 말로 통신, 교통의 발달로 지구가 마치 한 마을처럼 가까워진다는 뜻에서 생겨난 말이야.

난민
難 어려울 난 + 民 백성 민

뜻 전쟁이나 재해 등으로 자기 나라를 떠나 머물 곳을 찾아 헤매는 사람.

예 유엔난민기구(UNHCR)는 전쟁 등으로 삶 곳을 잃은 많은 난민들을 돕고 있다.

관련 어휘 내전
'내전'은 한 나라 국민끼리 편이 갈라져서 싸우는 전쟁을 뜻하는 말이야. 내전은 난민이 발생하는 주요 원인이다.

우호적
友 벗 우 + 好 좋을 호 + 的 ~한 상태로 되는 적

뜻 개인끼리나 나라끼리 서로 사이가 좋은 것.

예 우리나라는 다른 나라를 돕고 여러 나라들과 관계를 우호적으로 유지할 수 있도록 다양한 외교 활동을 펼치고 있다.

관련 어휘 우방, 우방국
서로 우호적인 관계를 맺고 있는 나라를 '우방', '우방국'이라고 해.

비정부 기구
非 아닐 비 + 政 정사 정 + 府 관청 부 + 機 틀 기 + 構 얽을 구

Tip 정사는 나라를 다스리는 일을 말해요.

뜻 정부 간의 협정에 의하지 않고 민간인의 국제 협력으로 설립된 조직.

예 비정부 기구에는 유엔 전문 기구인 유네스코, 유니세프, 국제 앰네스티 등이 있다.

Tip 비정부 기구는 지역, 국가, 종교에 상관없이 조직된 자발적인 시민 단체예요.

어린이들도 비정부 기구에 참여할 수 있을까?

그럼! 신생아를 살리기 위한 모자 뜨기 운동에 참여해 보는 건 어때?

구호
救 구원할 구 + 護 보호할 호

뜻 재해나 재난 등으로 어려움에 처한 사람을 도와 보호함.

예 전국 각지에서 모인 성금은 이재민의 구호에 쓸 예정이라고 한다.

글자는 같지만 뜻이 다른 낱말 구호
'구호'는 집회나 시위 등에서 어떤 요구나 주장 등을 간결한 형식으로 표현한 문구라는 뜻으로 쓰이기도 해. "구호를 외치다.", "구호를 내걸다." '와 같이 쓰여.

조직하다
組 짤 조 + 織 만들 직 + 하다

뜻 어떤 목표를 이루기 위해 여럿이 모여 체계 있는 집단을 이루다.

예 환경 문제를 해결하기 위해 어린이 비정부 기구를 조직하고 실천할 수 있는 일을 찾아보기로 하였다.

'組組'와 '織織'의 대표 뜻 모두 쓰였다.

지구 온난화

地 땅 지 + 球 공 구 + 溫 따뜻할 온 + 煖 따뜻할 난 + 化 될 화

뜻 지구의 기온이 높아지는 현상.

예 지구 온난화 문제를 해결하기 위해서 국제적 노력에 동참해야 합니다.

Tip 지구 온난화로 해수면이 상승하면서 투발루라는 섬나라는 섬 자체가 바닷속에 잠길 위함에 처해 있어요.

빈곤

貧 가난할 빈 + 困 가난할 곤

뜻 가난해 생활하는 것이 어려운 상태.

예 가뭄으로 식량 생산량이 줄어들어 빈곤과 기아 문제가 심각해지고 있다.

비슷한말 곤궁, 빈궁
'곤궁'이란 가난해 살림이 구차함을 못하고, '빈궁'이란 가난하고 궁색함을 뜻해. '빈곤', '곤궁', '빈궁' 모두 서로 바꾸어 쓸 수 있는 낱말이야.

속담 가난 구제는 나라도 못한다
'빈곤'과 관련 있는 속담으로, 남의 가난한 살림을 도와주기란 끝이 없는 일이어서, 개인은 물론 나라의 힘으로도 구제하지 못한다는 뜻이야.

세계 시민

世 세상 세 + 界 지경 계 + 市 행정 구역 시 + 民 백성 민

뜻 지구촌 문제가 우리의 문제임을 알고 이를 해결하고자 협력하는 자세를 지닌 사람.

예 지구촌 환경을 위해 세계 시민으로서 장바구니를 사용하기로 했습니다.

Tip 세계 시민은 서로의 다름과 다양성을 존중하고, 지구촌 문제에 책임감을 가져야 해요.

세계 시민으로서
환경을 생각해서 물을
아껴 쓰고, 플라스틱 사용을
줄여야겠어.

기증

寄 부칠 기 + 贈 줄 증

뜻 남을 위하여 자신의 물품이나 재산 등을 내가 없이 줌.

예 작아서 입을 수 없게 된 옷을 나눔 단체에 기증하였다.

비슷한말 증여, 증정
'증여'란 물품 등을 선물로 준다는 뜻이고, '증정'은 어떤 물건 등을 성의 표시나 축하 인사로 준다는 뜻이야. 두 낱말 모두 '기증'과 뜻이 비슷해.

4주차 2회

사회 교과서 어휘

다음 중 낱말의 뜻을 잘 알고 있는 것에 ✓ 하세요.

□ 지속 가능한 미래 □ 위험 □ 지구 온난화 □ 빈곤 □ 세계 시민 □ 기증

📖 낱말을 읽고,   부분에 밑줄을 그으면서 낱말 공부를 해 보세요.

이것만은 꼭!

지속 가능한 미래

持 지닐 지 + 續 계속할 속 + 可 옳을 가 + 能 능할 능 + 未 아닐 미 + 來 올 래

뜻 지구촌의 사람들이 오늘날의 발전뿐만 아니라 미래 세대의 환경과 발전을 위해 책임감 있게 행동해 지구촌의 지속 가능성을 높여 가는 것.

예 지속 가능한 미래를 건설하기 위해서는 지구촌의 모두 살아 있는 생명체가 살아갈 수 있도록 환경을 보존해야 한다.

위험

危 위험할 위 + 險 위험할 험

뜻 무서운 일이나 행동으로 상대방이 두려움을 위험하고 있다.

예 플라스틱 쓰레기가 지구촌 환경을 위협하고 있다.

관련 어휘 지구촌을 위협하는 문제 - 전쟁
전쟁이 일어나는 원인은 자원, 종교, 영토 갈등 등 다양해. 전쟁이 일어나면 사람들이 생명을 잃을 수 있고, 살던 곳을 떠나 떠돌게 되어 힘든 생활을 하게 되지.

확인 문제

✏️ 116~117쪽에서 공부한 낱말을 떠올리며 문제를 풀어 보세요.

4 빈칸에 들어갈 낱말을 글자 카드에서 골라 ○표 하세요.

(1) 지구 기온이 높아지는 현상을 지구 [온]
    냉 온 민 화
    단 화
    (이)라고 한다.

(2) 미래 세대의 환경과 발전을 위해 지구촌의 지속 가능성을 높여 가는 것을 지속 가능한
    [미래]
    미 기 래 과 현
    (이)라고 한다.

(3) 지구촌 문제가 우리의 문제임을 알고 이를 해결하고자 협력하는 자세를 지닌 사람을 세계 [시민]
    시 국 주 양 민
    (이)라고 한다.

해설 | (1)의 빈칸에는 '온난화', (2)의 빈칸에는 '미래', (3)의 빈칸에는 '시민'이 들어가야 합니다.

5 다음 낱말과 뜻이 비슷한 낱말을 보기에서 두 개씩 찾아 기호를 쓰세요.

보기
㉠ 빈궁   ㉡ 증여   ㉢ 곤궁   ㉣ 증정

(1) 빈곤: (㉠, ㉢)
(2) 기증: (㉡, ㉣)

해설 | (1) '빈곤'이란 '가난해 생활하는 것이 어려운 상태'라는 뜻으로, '곤궁', '빈궁'과 뜻이 비슷합니다. (2) '기증'이란 '남을 위하여 자신의 물품이나 재산 등을 대가 없이 줌.'이라는 뜻으로, 증여, 증정과 뜻이 비슷합니다.

6 다음 읽기에서 빈칸에 들어갈 낱말을 완성하세요.

헬베가 전에서 지구촌에서 발생하고 있는 환경 문제에 대한 다큐멘터리를 보았다.
지구의 기온이 점점 높아지는 (1) 지 구 온 난 화 때문에 생태계가 (2) 이 ㅎ 반
고 있다는 내용이 영상이 있다.
(3) 지 수 능 호 미 래 을/를 위해서 우리는 환경을 지키고 보존해야 할 책임이
있다. 지구촌의 한 사람인 (4) 세 계 시 민 (으)로서 우리가 앞장서서 지구의 기온을 높이지
않도록 해야겠다.

날씨: 비 오다가 갬.
○○월 ○○일 ○요일

해설 | (1) 지구의 기온이 점점 높아지는 현상을 '지구 온난화'가 일어납니다. (2) '세계 자연 보호 기금'은 야생 ... (3) 우리가 환경을 지키고 보존해야 하는 기간이 들어가야 ... (4) 지구촌의 한 사람이라는 뜻이 ... '세계 시민'이 일어납니다.

확인 문제

✏️ 114~115쪽에서 공부한 낱말을 떠올리며 문제를 풀어 보세요.

1 뜻에 알맞은 낱말을 글자판에서 찾아 묶어 보세요. (낱말은 가로(ㅡ), 세로(ㅣ), 대각선(＼) 방향에 숨어 있어요.)

❶ 지구 전체를 한 마을처럼 여겨 이르는 말.
❷ 개인끼리나 나라끼리 서로 사이가 좋은 것.
❸ 전쟁이나 재해 등으로 자기 나라를 떠나 머물 곳을 찾아 헤매는 사람.

해설 | ❶은 '지구촌', ❷는 '우호적', ❸은 '난민'의 뜻에 해당합니다.

2 빈칸에 들어갈 말을 ( ) 안에서 골라 ○표 하세요.

(1) 지금도 다른 나라에는 전쟁으로 가슴을 잃거나 삶 곳을 잃지 [들이 아마.]
(난민, 엽마, 만민)

(2)

그래서 그런 사람들을 위해 활동을 하는 단체들 [ ] 이야.
(구속, 구호, 구슬)

해설 | (1) 전쟁이나 재해 등으로 자기 나라를 떠나 머물 곳을 찾아 헤매는 사람은 '난민'이라고 합니다. '만민'이란 모든 사람을 뜻하고, '엽마'라는 낱말은 없습니다. (2) 단체들을 도와 보호한다는 뜻이 들어가야 합니다. '구속'은 행동이나 의사의 자유를 제한하거나 속박함을 뜻하고, '구슬'은 입으로 말함을 뜻합니다.

3 빈칸에 들어갈 낱말을 찾아 선으로 이으세요.

(1) 평화 문제에 관심이 있는 친구들과 함께 비정부 기구를 [ ] 하였다.   •   조직

(2) '세계 자연 보호 기금'은 야생 동물과 환경을 보호하기 위한 [ ] 이다.   •   지구촌 갈등

(3) [ ]이/가 심한 지역의 어린이들은 항상 죽음이 붙임과 두려움을 느낀다.   •   비정부 기구

해설 | (1) 친구들과 함께 비정부 기구를 만들었다는 뜻이므로 '조직하다'가 알맞습니다. (2) 야생 동물과 환경을 보호하기 위해 민간이 국제 협력으로 설립된 '비정부 기구'입니다. (3) 어린이들이 죽음의 붙임과 두려움을 느낀다는 내용으로 보아, 지구촌 갈등이 들어가는 것이 알맞습니다.

4주차 3회 수학 교과서 어휘

수록 교과서 수학 6-2
6. 원기둥, 원뿔, 구

다음 중 낱말의 뜻을 잘 알고 있는 것에 ✓ 하세요.

□ 원기둥　□ 원기둥의 전개도　□ 원뿔　□ 원뿔의 모선
□ 원기둥의 밑면　□ 원뿔의 밑면　□ 원뿔

생일을 맞아 가족과 생일잔치를 하고 있네. 원기둥 모양의 케이크와 선물 상자, 원뿔 모양의 고깔모자가 보이지? 우리 원기둥과 원뿔에 대한 낱말을 알아보자.

낱말을 읽고, ▬▬부분에 알맞은 말들을 그으면서 낱말 공부를 해 보세요.

원기둥
圓둥글 원 + 기둥

뜻 크기가 똑같은 두 개의 원을 밑면으로 하는 기둥 모양의 입체 도형.
예 원기둥은 굴리면 잘 굴러간다.

▲ 여러 가지 원기둥

이것만은 꼭!
원기둥은 옆에서 보면 직사각형 모양이 보이고 위에서 보면 원 모양이 보이는 입체야.

원기둥의 밑면
圓둥글 원 + 기둥 + 의 + 밑 + 面겉 면
↳ '면(面)'의 대표 뜻 '낯'이야.

Tip 원기둥은 두 개의 평행한 두 원이 서로 포개었을 때에 꼭 맞는 것을 말해요.
뜻 원기둥에서 서로 평행하고 합동인 두 면.
예 원기둥의 밑면은 두 개로 서로 마주 본다.

관련 어휘 원기둥의 옆면, 원기둥의 높이
두 밑면과 만나는 굽은 면을 연 '원기둥의 옆면'이라고 하고, 원기둥의 옆면이 '원기둥의 높이'라고 하고, 두 밑면에 수직인 선분의 길이를 '원기둥의 높이'라고 해.

원기둥의 전개도
圓둥글 원 + 기둥 + 의 + 展펼 전 + 開열 개 + 圖그림 도

뜻 원기둥을 잘라서 펼쳐 놓은 그림.
예 원기둥의 전개도에서 두 개의 원은 크기가 같다.

10 cm, 5 cm

원기둥의 전개도에서 옆면은 직사각형, 밑면은 원 모양이야.

원뿔
圓둥글 원 + 뿔

뜻 원의 평면 밖의 한 점과 원둘레 위의 모든 점을 연결하여 생긴 면으로 둘러싸인 입체.
예 고깔모자는 원뿔 모양이다.

▲ 여러 가지 원뿔

원뿔의 밑면
圓둥글 원 + 뿔 + 의 + 밑 + 面겉 면
↳ '면(面)'의 대표 뜻 '낯'이야.

뜻 원뿔에서 평평한 면.
예 원뿔의 밑면은 한 개다.

관련 어휘 원뿔의 옆면, 원뿔의 꼭짓점
원뿔에서 옆을 둘러싼 굽은 면을 '원뿔의 옆면'이라고 하고, 원뿔에서 뾰족한 점을 '원뿔의 꼭짓점'이라고 해.

원뿔의 모선
圓둥글 원 + 뿔 + 의 + 母 + 線선 선
↳ '선(線)'의 대표 뜻 '줄'이야.

Tip 모선은 뾰족에서 곡면을 만드는 직선을 뜻해요.
뜻 원뿔에서 원뿔의 꼭짓점과 밑면인 원의 둘레의 한 점을 이은 선분.
예 자를 원뿔 옆면에 정확히 붙여서 원뿔의 모선의 길이를 잴 수 있다.

관련 어휘 원뿔의 높이
원뿔의 꼭짓점에서 밑면에 수직인 선분의 길이를 '원뿔의 높이'라고 해.

꼭짓점, 옆면, 밑면, 모선, 높이

정답과 해설 ▶ 57쪽

구의 중심
球 공 구 + 中 가운데 중 + 心 심
↳ '심(心)'의 대표 뜻은 '마음'이야.

뜻 구에서 가장 안쪽에 있는 점.

예 구 모형을 분해하여 구의 중심이 어디인지 살펴보았다.

구의 반지름
球 공 구 + 半 반 반 + 지름

뜻 구의 중심에서 구의 겉면의 한 점을 이은 선분.

예 구의 반지름은 모두 같고, 무수히 많다.

건축물
建 세울 건 + 築 쌓을 축 + 物 물건 물

뜻 땅 위에 지은 건물이나 시설.

예 각기둥 모형으로 건축물을 만들어 보았다.

▲ 원기둥 모양의 피사의 사탑
▲ 구와 얇은 원기둥으로 만든 브뤼셀의 아토미움

아토미움은 1958년에 벨기에에서 열린 국제 박람회를 기념하기 위해 만들어졌어.

구상하다
構 얽을 구 + 想 생각 상 + 하다

뜻 예술 작품을 창작할 때, 작품의 중심이 될 내용이나 표현 형식 등에 대하여 생각을 정리하다.

예 원기둥, 원뿔, 구를 사용해서 만들고 싶은 건축물을 구상해 보았다.

여러 가지 뜻을 가진 낱말 **구상하다**

'구상하다'에는 앞으로 할 일의 내용, 규모, 실현 방법 등을 곰곰이 생각한다는 뜻도 있어. "우리 회사는 새로운 제품을 구상했다."처럼 쓰여.

4주차
3회
수학 교과서 어휘

수록 교과서 **수학 6-2**
6. 원기둥, 원뿔, 구

다음 중 낱말의 뜻을 잘 알고 있는 것에 ✓ 하세요.

□ 구   □ 분해하다   □ 구의 중심   □ 구의 반지름   □ 건축물   □ 구상하다

원기둥, 원뿔, 구의 모양을 이용해 우주 공간을 상상하여 그린 그림이야. 우주 공간에 떠 있는 구란 무엇인지 좀 더 자세히 알아보자.

낱말을 읽고, 부분에 밑줄을 그으면서 낱말 공부를 해 보세요.

구
球 공 구

뜻 공처럼 둥글게 생긴 입체적인 물체. 또는 그린 모양.

예 축구공, 농구공, 야구공은 모두 구 모양이다.

이것만은 꼭!

Tip 구는 어떤 방향에서 바도 원 모양이에요.

◀ 축구공   ▲ 농구공   ▲ 야구공
이에요.

분해하다
分 나눌 분 + 解 풀 해 + 하다
↳ '해(解)'의 대표 뜻은 '풀다'이다.

뜻 여러 부분으로 이루어진 것을 낱낱으로 따로따로 나누다.

예 구 모형을 분해하여 구의 구성 요소를 찾을 수 있다.

Tip 구의 구성 요소에는 중심과 반지름이 있어요.

'분해하다'에는 어떤 조직이나 단체 등을 무너뜨리거나 단체를 분해하려고 노력하다.'와 같 이 쓰여.

확인 문제

120~121쪽에서 공부한 낱말을 떠올리며 문제를 풀어 보세요.

1 다음 그림과 낱말의 뜻을 보고 빈칸에 들어갈 알맞은 말을 쓰세요.

(1) 원기둥에서 서로 평행하고 합동인 두 면. → 밑 면
(2) 원기둥의 두 밑면과 만나는 굽은 면. → 옆 면
(3) 원뿔에서 원뿔의 꼭짓점과 밑면인 원의 둘레의 한 점을 이은 선분. → 모 선
(4) 원뿔에서 평평한 면. → 밑 면

해설 | 그림에서 화살표가 가리키는 위치와 뜻을 잘 보고 해당하는 낱말을 빈칸에 알맞게 씁니다.

2 무엇에 대한 설명인지 골라 ○표 하세요.

크기가 작은 두 개의 원을 밑면으로 하는 기둥 모양의 입체 도형.

(1) (원기둥) (2) ( ) (3) ( )

해설 | 크기가 작은 두 개의 원을 밑면으로 하는 기둥 모양의 입체 도형을 '원기둥'이라고 합니다. (1)은 원기둥이고, (2)는 구 모양의 입체 도형을 '원기둥'이라고 합니다. (1)은 원기둥이고, (3)은 구입니다.

3 ( ) 안에서 알맞은 낱말을 골라 ○표 하세요.

(1) 원뿔의 (모선, 높이)의 길이는 5cm이다.

5cm

(2) 아이스크림 콘을 뒤집은 모양은 (원뿔, 원기둥) 모양이다.

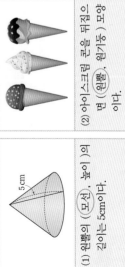

해설 | (1) 원뿔의 꼭짓점과 밑면인 원의 둘레의 한 점을 이은 선분을 '모선'이라고 합니다. (2) 아이스크림 콘을 뒤집은 모양은 원뿔 모양이 됩니다.

---

4 뜻에 알맞은 낱말이 되도록 보기 에서 글자를 찾아 쓰세요. (같은 글자를 두 번 쓸 수 있어요.)

보기 ┃ 분 축 구 상 건 해 물

(1) 공처럼 둥글게 생긴 입체적인 물체. → 구
(2) 땅 위에 지은 건물이나 시설. → 건 축 물
(3) 여러 부분으로 이루어진 것을 짜임새로 나누다. → 분 해 하 다
(4) 작품의 중심이 될 내용이나 표현 형식 등에 대하여 생각을 정리하다. → 구 상 하 다

해설 | (1)은 구, (2)는 건축물, (3)은 분해하다, (4)는 구상하다의 뜻입니다.

5 친구들의 대화를 읽고 ㉠과 ㉡에 들어갈 낱말을 골라 ○표 하세요.

구에서 가장 안쪽에 있는 이 점이 바로 구의 ㉠ 이야.

구의 ㉡ 에서 구 ⊙ 점을 이어야 구의 ㉡ 을/를 잴 수 있어.

(1) ㉠: (중심, 반지름) (2) ㉡: (지름, 반지름, 둘레)

해설 | (1) 구에서 가장 안쪽에 있는 점을 구의 '중심'이라고 합니다. (2) 구의 중심에서 구의 겉면의 한 점을 이은 선분을 '반지름'이라고 합니다.

6 빈칸에 알맞은 낱말을 완성하세요.

(1) 시계 모형을 보 해 하여 시침, 분침, 초침을 빼어 내었다.
(2) 나중에 커서 내가 살고 싶은 집의 모습을 구 상 해 보았다.
(3) 유명한 건 축 물 인 피사의 사탑은 원기둥 모양을 닮았다.
(4) 공처럼 둥글게 생긴 구 는 어떤 방향에서 보아도 모양이 모두 원이다.

해설 | (1) 시계 모형을 시침, 분침, 초침으로 따로따로 나는 것이므로 '분해'가 알맞기 ... (4) 어떤 방향에서 보아도 원기둥이 '구'입니다.

과학 교과서 어휘

수록 교과서 과학 6-2
5. 에너지와 생활

다음 중 낱말의 뜻을 잘 알고 있는 것에 ✓ 하세요.

□ 에너지 □ 열에너지 □ 전기 에너지 □ 화학 에너지
□ 운동 에너지 □ 빛에너지 □ 위치 에너지

> 우리가 살아가는 데에는 반드시 에너지가 필요해. 자동차나 스마트폰 또한 에너지 없이는 작동하지 않아. 우리 생활에 필요한 에너지의 종류에 대한 낱말을 자세히 알아보자.

낱말을 읽고, 낱말을 그으면서 낱말 공부를 해 보세요.

에너지
뜻 기계를 움직이거나 생물이 살아가는 데에 필요한 힘.
예 기계는 전기나 기름에서 에너지를 얻는다.

이것만은 꼭!
> 동물은 식물이나 다른 동물을 먹음으로써 에너지를 얻지.

> 식물은 햇빛을 받아 광합성의 힘으로써 에너지를 얻어.

열에너지
熱 더울 열 + 에너지
뜻 물체 사이에서 이동하면서 온도를 변하게 하는 에너지.
예 다리미의 열과 같이 물체의 온도를 높여 주거나, 음식이 익게 해 주는 에너지는 열에너지이다.
Tip 불이 켜진 전등이나 전기난로 등에서도 열에너지를 찾을 수 있어요.

▲ 다리미

빛에너지
뜻 빛이 가진 에너지.
예 태양의 빛, 전등의 불빛처럼 어두운 곳을 밝게 비춰 주는 에너지는 빛에너지이다.

> 빛에너지는 어두운 곳을 밝게 비춰 주는 고마운 에너지야.

전기 에너지
電 번개 전 + 氣 힘낼 기 + 에너지
'전(電)'의 대표 뜻은 '번개', '기(氣)'의 대표 뜻은 '기운'이야.

뜻 전하의 이동으로 발생하는 에너지.
예 전등, 텔레비전, 시계 등 우리가 생활에서 이용하는 여러 전기 기구들을 작동하게 하는 에너지는 전기 에너지이다.
Tip 전하는 물체가 띠고 있는 전기의 양을 말해요.
Tip 전기 에너지는 일상생활에서 가장 많이 사용하는 에너지예요.

화학 에너지
化 될 화 + 學 배울 학 + 에너지
뜻 화학 결합으로 물질 속에 저장된 에너지.
예 사람이 먹은 음식은 소화를 통해 화학 에너지로 전환된다.

> 광합성을 하는 물과 나무는 모두 화학 에너지와 관련이 있어.

운동 에너지
運 옮길 운 + 動 움직일 동 + 에너지
'운(運)'의 대표 뜻은 '옮기다'야.
뜻 운동하는 물체가 가지는 에너지.
예 뛰어다니는 강아지와 같이 움직이는 물체가 가진 에너지는 운동 에너지이다.

위치 에너지
位 자리 위 + 置 둘 치 + 에너지
뜻 어떤 위치에 있는 물체가 가지는 에너지.
예 벽에 달린 시계와 같이 높은 곳에 있는 물체가 중력에 의해 가지는 잠재적인 에너지는 위치 에너지이다.

▲ 벽시계

과학 교과서 어휘

수록 교과서 과학 6-2 5. 에너지와 생활

다음 중 낱말의 뜻을 잘 알고 있는 것에 ✓하세요.

□ 에너지 전환 □ 태양 전지 □ 에너지 자원 □ 효율 □ 이중창 □ 발광 다이오드등

낱말을 읽고, ___ 부분에 밑줄을 그어면서 낱말 공부를 해 보세요.

이것만은 꼭!

에너지 전환

에너지 + 轉 바뀔 전 + 換 바꿀 환
→ '전(轉)'의 대표 뜻은 '구르다'야.

뜻 에너지의 형태가 바뀌는 것.
예 전기 다리미는 전기 에너지에서 열에너지로 에너지 전환이 이루어진다.

태양 전지

太 클 태 + 陽 볕 양 + 電 전기 전 + 池 못 지
→ '전(電)'의 대표 뜻은 '번개'야.

뜻 태양의 빛에너지를 전기로 바꾸는 장치.
예 태양광 발전은 태양 전지를 이용해 태양의 빛에 너지를 전기 에너지로 전환하는 발전 기술이다.

관련 어휘 발전
열에너지, 화학 에너지 등을 전기 에너지로 변환시키 는 것을 '발전'이라 해. Tip 발전의 종류에는 전기를 생산하기 위해 사용되는 자원에 따라 수력 발전, 화력 발전, 원자력 발전 등이 있어요.

▲ 태양광 발전

에너지 자원

에너지 + 資 재물 자 + 源 근원 원
→ '자(資)'의 대표 뜻은 '재물'이야.

뜻 동력 공급의 원료가 되는 물질. 석유, 석탄, 천연가스, 태양열 등이 있다.
예 에너지 자원의 양은 한정되어 있기 때문에 에너지를 효율적으로 이용해야 한다.
Tip 에너지를 효율적으로 이용하면 지구를 아끼고, 환경 오염도 줄일 수 있어요.

효율

效 힘쓸 효 + 率 비율 율
→ '율(率)'의 대표 뜻은 '비율'이야.

뜻 기계의 일한 양과 공급되는 에너지와의 비.
예 가전제품마다 에너지 소비 효율 등급이 쓰여 있다.

여러 가지 뜻을 가진 낱말 효율
'효율'에는 들인 노력과 얻은 결과의 비율이라는 뜻도 있어. "줄인 상태에서 공부하면 효율이 떨어진다." 처럼 써.
Tip 등급들이 가울급을 가진는 가까운 에너지를 효율적으로 사용하기 위해서예요.

▲ 에너지 소비 효율 등급
▲ 에너지 소비 표시 등급 표시

이중창

二 두 이 + 重 겹칠 중 + 窓 창 창
→ '중(重)'의 대표 뜻은 '무겁다'야.

뜻 온도의 변화나 바깥 소음을 막기 위하여 이중으로 만든 창.
예 건물에는 단열을 위해 이중창을 설치한다.

관련 어휘 단열
'단열'이란 물체와 물체 사이에 열이 서로 통하지 않도록 막음, 또는 그렇게 하는 일을 뜻해. 단열을 잘하면 에너지 손실을 막아 효율을 높일 수 있어.

발광 다이오드등

發 드러낼 발 + 光 빛 광 + 다이오드 + 燈 등 등
→ '발(發)'의 대표 뜻은 '피다'야.

뜻 반도체 소자에 첨가한 화학 첨가물이 전류를 전도해 빛을 내는 등.
예 발광 다이오드등은 다른 전등에 비해 열에너지로 전환되어 손실되는 에너지의 양이 적다.

내가 효율이 가장 높아!

빛에너지 약 90%
전기 에너지 → 열에너지
▲ 발광 다이오드(LED)등

빛에너지 약 40%~50%
전기 에너지 → 열에너지
▲ 형광등

빛에너지 약 5%
전기 에너지 → 열에너지
▲ 백열등

확인 문제

126~127쪽에서 공부한 낱말을 떠올리며 문제를 풀어 보세요.

1

㉠~㉣은 어떤 에너지에 대한 설명인지 ( ) 안에 알맞은 에너지의 종류를 쓰세요.

㉠ 운동하는 물체가 가지는 에너지.　　㉡ 전기의 이동으로 발생하는 에너지.
㉢ 어떤 위치에 있는 물체가 가지는 에너지.　㉣ 화학 결합으로 물질 속에 저장된 에너지.

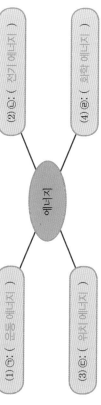

에너지

(1) ㉠: (운동 에너지)
(2) ㉡: (전기 에너지)
(3) ㉢: (위치 에너지)
(4) ㉣: (화학 에너지)

해설 | ㉠은 운동 에너지, ㉡은 전기 에너지, ㉢은 위치 에너지, ㉣은 화학 에너지에 대한 설명입니다.

2

빈칸에 공통으로 들어갈 낱말은 무엇인지 쓰세요.

기계는 전기나 기름 등에서 [   ]을/를 얻고, 식물은 햇빛을 받아 [   ]을/를 얻으며, 동물은 식물이나 다른 동물을 먹음으로써 [   ]을/를 얻는다. [   ]이/가 없으면 기계는 움직이지 못하고 생물은 살아가지 못한다.

(　　　에너지)

해설 | 기계는 전기나 기름 등에서 에너지를 얻고, 식물은 햇빛을 받아 스스로 양분을 만들어 에너지를 얻으며, 동물은 식물이나 다른 동물을 먹고 에너지를 얻습니다. 결과적으로 에너지가 없으면 기계는 움직이지 못하고 생물은 살아가지 못합니다.

3

밑줄 친 낱말의 쓰임이 알맞으면 ○표, 알맞지 않으면 ×표 하세요.

(1) 주변 온도를 높여 주는 난로는 열에너지를 가진다. (○)
(2) 미끄럼틀 위에 올라가 서 있는 아이는 빛에너지와 관련이 있다. (×)
(3) 집 안에서 사용하는 형광등이 가지는 에너지는 운동 에너지이다. (×)
(4) 우리가 음식을 먹고 소화를 시키는 과정은 화학 에너지와 관련이 있다. (○)

해설 | (1) 난로는 주변 온도를 높이므로 '열에너지'를 가집니다. (2) 미끄럼틀을 위해 올라가서 있는 아이는 어떤 위치에 있으므로 '위치 에너지'와 관련이 있습니다. (3) 형광등은 주변을 밝히므로 '빛에너지'와 관련이 있습니다. (4) 음식을 먹어 소화를 시키는 과정은 화학 에너지와 관련이 있습니다.

128~129쪽에서 공부한 낱말을 떠올리며 문제를 풀어 보세요.

4

낱말의 뜻을 보기 에서 찾아 사다리를 타고 내려간 곳에 기호를 쓰세요.

보기
㉠ 동력 공급의 원료가 되는 물질. - 에너지 자원
㉡ 태양의 빛에너지를 전기로 바꾸는 장치. - 태양 전지
㉢ 기계의 운동 양과 공급되는 에너지와의 비. - 효율
㉣ 온도의 변화나 밖의 소음을 막기 위하여 이중으로 만든 창. - 이중창

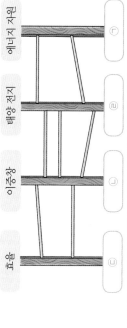

효율　　　이중창　　　태양 전지　　　에너지 자원

㉠　　㉡　　㉢　　㉣

해설 | ㉠은 에너지 자원, ㉡은 태양 전지, ㉢은 효율, ㉣은 이중창이 뜻입니다.

5

다음 대화에서 빈칸에 들어갈 낱말을 완성하세요.

예진: 우리 집 지붕에 태양광 발전을 설치했어.
준우: 그게 뭐야?
예진: 태양의 빛에너지를 전기로 바꾸는 장치인 (1) [태][양][전][지] 을/를 이용한 발전 기술이야.
준우: 빛에너지에서 전기 에너지로 (2) [전][환] 이/가 이루어지는구나.

해설 | (1) 태양의 빛에너지를 전기로 바꾸는 장치는 '태양 전지'이고, (2) 에너지의 형태가 바뀌는 것을 에너지 전환'이라고 합니다.

6

( ) 안에 들어갈 말을 보기 에서 찾아 쓰세요.

보기
효율　　에너지 전환　　에너지 자원　　발광 다이오드등
석탄, 석유, 천연가스와 같은　　　　에너지 전환

(1) 석탄, 석유, 천연가스와 같은 (에너지 자원)은 매장량이 한정되어 있다.
(2) 나무가 광합성을 할 때 빛에너지에서 화학 에너지로 (에너지 전환)이 이루어진다.
(3) 발광 다이오드등과 이중창의 이용은 모두 에너지의 (효율)을 높이기 위함이다.
(4) (발광 다이오드등)은 전구나 형광등에 비해 열에너지로 손실되는 에너지의 양이 적다.

해설 | (1) 석탄, 석유, 천연가스는 우리에게 에너지를 제공하는 '에너지 자원'입니다. (2) 빛에너지에서 화학 에너지로 전환됩니다. (3) 발광 다이오드등과 이중창을 모두 에너지 손실을 줄이는 것으로 에너지의 양이 적으므로 '발광 다이오드등'입니다.

초등 6학년 2학기 131

解(해)가 들어간 낱말

'解(해)'가 들어간 낱말을 읽고, [부분]에 밑줄을 그으면서 낱말 공부를 해 보세요.

解 풀 해

'해(解)'는 뿔 '각(角)'과 칼 '도(刀)', 소 '우(牛)'가 결합한 모습인데, 칼로 소의 뿔을 해체하는 모습을 표현한 글자야. 낱말에서 '해(解)'는 '풀다', '녹이다'의 뜻을 나타내.

角 刀 牛 풀 해

결자解지 / 解방 / 용解 / 解동

풀다 解

결자해지
結 맺을 결 + 者 사람 자 + 解 풀 해 + 之 이를 지
뜻: 맺은 사람이 풀어야 한다는 뜻으로, 자기가 저지른 일은 자기가 해결하여야 함을 이르는 말.
예: 결자해지라는 말처럼 내가 벌인 일에 대해서는 책임을 져야 한다.

해방
解 풀 해 + 放 놓을 방
뜻: 구속이나 억압, 부담 등에서 벗어나게 함.
예: 형은 시험에서 해방되었다고 좋아하셨다.
여러 가지 뜻을 가진 낱말 **해방**
'해방'은 1945년 8월 15일에 우리나라가 일본 제국주의의 강점에서 벗어난 일을 뜻하기도 해.

녹이다 解

용해
溶 녹을 용 + 解 녹을 해
뜻: 물질이 액체 속에서 균일하게 녹아 용액이 만들어지는 일. 또는 용액을 만드는 일.
예: 소금이 물에 녹아 소금물이 되는 것을 소금물에 용해되었다고 한다.

해동
解 녹을 해 + 凍 얼 동
뜻: 얼었던 것이 녹아서 풀림. 또는 그렇게 하게 함.
예: 냉동실에 있던 고기를 해동하였다.
비슷한말 **해빙** Tip '해빙'은 반대말도 '결빙'이에요. '붐'이 되면서 서 얼어붙었던 강물이 해빙이 되기 시작했다.'와 같이 쓰여.

難(난)이 들어간 낱말

'難(난)'이 들어간 낱말을 읽고, [부분]에 밑줄을 그으면서 낱말 공부를 해 보세요.

難 어려울 난

'難(난)'은 진흙을 밟고 올라간 사람과 새의 모습이 합쳐진 것으로, 본래 새의 한 종류를 뜻하려고 만든 글자야. '어렵다'는 뜻을 나타내는데, 이때도 잡기 어려운 새라서 낫고 추측하고 정하기 어려움을 이르는 말. 그 밖에도 낱말에서 '난難'은 '재앙', '꺼리다'의 뜻을 나타내기도 해.

難題난제 / 難이도 / 조難 / 재難

어렵다 難

난형난제
難 어려울 난 + 兄 형 형 + 難 어려울 난 + 弟 아우 제
뜻: 누구를 형이라 하고 누구를 아우라 하기 어렵다는 뜻으로, 두 사물이 비슷하여 낫고 못함을 정하기 어려움을 이르는 말.
예: 결승전에서 만난 두 선수는 난형난제의 실력이 있다.
속담 **도토리 키 재기**
정도가 고만고만한 사람끼리 서로 다툼을 이르는 말도, '난쟁이끼리 키 자랑하기'와 바꾸어 쓸 수 있어.

난이도
難 어려울 난 + 易 쉬울 이 + 度 정도 도
뜻: 어려움과 쉬움의 정도.
예: 선생님께서는 모든 아이들이 문제를 다 풀 수 있도록 문제의 난이도를 낮추셨다.

재앙 難

조난
遭 만날 조 + 難 재앙 난
뜻: 항해나 등산 등을 하는 도중에 재난을 만남.
예: 갑자기 내린 폭설로 수백 명의 등산객이 조난을 당하였다.
Tip 항해나 등산 중에 재난을 만난 사람을 '조난자'라고 해요.

재난
災 재앙 재 + 難 재앙 난
뜻: 뜻밖에 일어난 재앙과 고난.
예: 그는 불의의 재난으로 재앙을 잃었다.
관련 어휘 **천재와 인재**
태풍이나 홍수, 지진, 가뭄 등과 같이 자연의 변화로 인해 일어나는 재앙을 천재라고 하며, 사람에 의해 일어난 불행한 사고나 과물로 다 품고 어려운 일을 '인재'라고 해.

확인 문제

132쪽에서 공부한 낱말을 떠올리며 문제를 풀어 보세요.

1 뜻에 알맞은 낱말을 빈칸에 쓰세요.

(1)

난	형	난	지
이			
도			

가로 열쇠 ❶ 누구를 형이라 하고 누구를 아우라 하기 어렵다는 뜻으로, 두 사물이 비슷하여 낫고 못함을 정하기 어려움을 이르는 말.
세로 열쇠 ❶ 어려움과 쉬움의 정도.

(2)

	❷ 제	
❶ 조	난	

가로 열쇠 ❶ 항해나 등산 등을 하는 도중에 재난을 만남.
세로 열쇠 ❷ 뜻밖에 일어난 재앙과 고난.

해설 | (1) ❶ '누구를 형이라 하고 누구를 아우라 하기 어렵다는 뜻으로, 두 사물이 비슷하여 낫고 못함을 정하기 어려움'을 이르는 말은 '난형난제'입니다. '어려움과 쉬움의 정도'는 '난이도'를 뜻합니다. (2) 두 체조 선수 모두 가장 높은 기술에 성공하여 누구의 실력이 더 낫고 못함을 정하기 어려운 상황이므로 '난형난제'가 들어가는 것이 알맞습니다.

2 빈칸에 알맞은 낱말을 완성하세요.

두 체조 선수는 모두 (1) 난 이 도 의 기술에 성공하였다. (2) 난 형 난 지 의 실력으로 심사 위원들은 누구에게 더 좋은 점수를 주어야 할지 고민에 빠졌다.

3 빈칸에 들어갈 알맞은 낱말을 찾아 선으로 이으세요.

(1) 암벽을 타던 산악인이 갑작스러운 돌풍에 ___을 당하여 구조 요청을 하였다.   • 조난

(2) 화재로 인한 ___을 막기 위해서 절연 기구가 과열되지 않도록 조심해야 한다.   • 재난

해설 | (1) ❶ '돌산을 하다가 재난을 만난 것'이므로 '조난'이 들어가야 합니다. (2)는 화재로 인해 발생할 수 있는 일이기에 '재난'이 들어가야 합니다.

133쪽에서 공부한 낱말을 떠올리며 문제를 풀어 보세요.

4 뜻에 알맞은 낱말을 빈칸에 쓰세요.

❶ 결		❸ 옹	❹ 해
자			방
❷ 해	동		
지			

가로 열쇠 ❷ 얼었던 것이 녹아서 풀림. 또는 그렇게 하게 함.
❸ 물질이 액체 속에서 균일하게 녹아 용액을 만드는 일.
세로 열쇠 ❶ 맞은 사람이 풀어야 한다는 뜻으로, 자기가 저지른 일은 자기가 해결해야 함을 이르는 말.
❹ 구속이나 억압, 부담 등에서 벗어나게 함.

해설 | ❶은 '결자해지', ❷는 '해동', ❸은 '용해', ❶은 '결자해지', ❹는 '해방'의 뜻입니다.

5 다음 대화에서 빈칸에 들어갈 낱말을 골라 ○표 하세요.

(1)

(결조로운 , 걸자해로)

(2)

(해방 , 구속)

해설 | (1) 내가 저지른 일이니까 내가 해결하라고 말한 부분에서 맞은 사람이 풀어야 한다는 뜻이 풀이란 뜻의 '결자해지'가 들어가는 것이 알맞습니다. (2) 숙제의 부담에서 벗어났다는 뜻이므로 '해방'이 들어가는 것이 알맞습니다.

6 ( ) 안에서 알맞은 낱말을 골라 ○표 하세요.

(1) 물이 뜨겁고 많을수록 가루 물질이 더 빨리 (용해 , 해동) 된다.

(2) 냉동실에 들어 있던 생선 (해동 , 해소)하기 위해서 실온에 꺼내 두었다.

(3) 엄마께서는 시가세척기를 산 뒤로 설거지에서 (해방 , 해산)되었다며 기뻐하셨다.

해설 | (1) 물이 뜨겁고 많을수록 가루 물질이 더 빨리 녹는다는 뜻이므로 '용해'가 맞습니다. (2) 냉동실에서 언 것을 녹이는 것이므로 '해동'이 알맞습니다. (3) 엄마께서 설거지의 부담에서 벗어나게 된 것이므로 '해방'이 알맞습니다.

4주차 어휘력 테스트

4주차 1~5회에서 공부한 낱말을 떠올리며 문제를 풀어 보세요.

낱말 뜻

1 낱말과 그 뜻이 바르게 짝 지어지지 않은 것은 무엇인가요? (③)
① 삭제하다 ― 깎아 없애거나 지워 버리다.
② 지구 온난화 ― 지구의 기온이 높아지는 현상.
③ 우호적 ― 적으로 대하거나 적과 같이 대하는 것.
④ 영상 ― 영화, 텔레비전 등의 화면에 나타나는 모습.
⑤ 원기둥 ― 크기가 똑같은 두 개의 원을 윗면으로 하는 기둥 모양의 입체 도형.
해설 '우호적'이란 개인끼리나 나라끼리 서로 사이가 좋은 것으로 '적으로 대하거나 적과 같이 대하는 것'은 '적대적'의 뜻입니다.

반대말

2 밑줄 친 낱말과 뜻이 반대인 낱말은 무엇인가요? (④)
글을 고쳐 쓰면서 글의 주제와 관련 없는 내용을 삭제했다.
① 제거했다 ② 생략했다 ③ 중복했다
④ 첨가했다 ⑤ 공유했다
해설 '삭제하다'는 '깎아 없애거나 지워 버리다'라는 뜻으로 '삭제하다'와 뜻이 반대인 낱말은 '이미 있는 것에 덧붙이다.'라는 뜻인 '첨가하다'입니다.

글자는 같지만 뜻이 다른 낱말

3 빈칸에 공통으로 들어갈 낱말은 무엇인가요? (⑤)
• 지구촌 갈등으로 인한 난민 □□ 활동에 우리나라도 동참하였다.
• 한 환경 단체는 공포감 조성을 반대하면서 □□을 내걸었다.
① 보해 ② 조직 ③ 보안 ④ 위험 ⑤ 구호
해설 첫 번째 빈칸의 '구호'는 지해나 재난 등으로 어려움에 처한 사람을 돕고 보호함.'이라는 뜻으로 쓰였고 두 번째 빈 칸의 '구호'는 집회나 시위 등에서 어떤 요구나 주장 등을 간결한 형식으로 표현한 문구.'라는 뜻으로 쓰였습니다.

낱말 활용

4~5 빈칸에 들어갈 낱말을 완성하세요.

4 이스라엘과 팔레스타인은 대표적인 [지][구][촌][갈][등]으로 지역으로, 지금까지 많은 사람이 다치거나 죽었으며 사람들은 불안한 마음으로 하루하루를 보내고 있다.
해설 이스라엘과 팔레스타인은 지역 사람들이 다치거나 죽고 불안한 마음으로 하루하루를 보낸다는 것으로 보아, 국가 간의 충돌을 일으켜 가장 긴장 관계에 있는 상황을 뜻하는 지구촌 갈등이 들어가는 것이 알맞습니다.

5 뉴스를 볼 때 [자][막]을 함께 보면 중요한 내용을 한눈에 파악할 수 있어서 좋다.
해설 '자막'이란 영화나 텔레비전 등에서, 관객이나 시청자가 읽을 수 있도록 제목, 대화, 설명 등을 화면에 나타내는 글

숙어

6 다음 대화의 빈칸에 들어갈 숙어로 알맞은 것을 골라 ○표 하세요.

흥부: 가족들이 오랫동안 음식을 먹지 못하여 입에 거미줄 칠 지경입니다. 형님, 제발 도와주세요.
놀부: □□□□□□고 했다. 당장 돌아가거라!

(1) 흐르는 물은 썩지 않는다 ( )
(2) 소 잃고 외양간 고친다 ( )
(3) 가난 구제는 나라도 못한다 (○)
해설 '입에 거미줄 치다'는 기본에 먹지 못하고 오랫동안 굶고 있다고 오랫동안 굶는 상황입니다. 이 상황에 가장 잘 어울리는 속담은 남이 가난한 살림을 도와주기란 끝이 없어서, 개인은 몰라도 나라의 힘으로도 구제하지 못한다는 뜻이 '가난 구제는 나라도 못한다'입니다.

낱말 활용

7 밑줄 친 낱말을 알맞게 사용한 친구에 ○표 하세요.

(1)  난 영화 속 주인공에게 편지를 쓰는 형식으로 영화 감상문을 썼어. ( )

(2) 우리 세계 시민으로서 다른 나라에서 겪는 문제에도 관심을 가질 필요가 있어. ( )

해설 '세계 시민'은 '지구촌 문제가 우리의 문제임을 알고 이를 해결하고자 협력하는 자세를 지닌 사람.'이라는 뜻입니다. 세계 시민이라면 다른 나라의 문제에도 관심을 기울여야 합니다.

낱말 활용

8~10 ( ) 안에 들어갈 낱말을 **보기**에서 찾아 쓰세요.

> **보기**
> 기증   효율   흡음   에너지

8 에너지 효율 등급이 1에 가까울수록 에너지 (효율)이/가 더 높다.
해설 에너지 효율은 등급은 에너지의 효율 정도를 보여 주는 등급으로, 에너지 효율 등급이 1에 가까울수록 에너지 효율은 더 높습니다.

9 사람은 음식을 섭취하면서 생활에 필요한 (에너지)을/를 얻는다.
해설 사람이 생활하기 위해서는 '에너지'가 필요하고, 필요한 에너지의 대부분은 음식을 섭취함으로써 얻는 화학 에너지입니다.

10 할머니께서는 장식을 하며 평생 동안 모은 재산을 장학 재단에 (기증)하셨다.
해설 할머니의 재산을 장학 재단에 대가 없이 준 것이므로 '기증'이 들어가는 것이 알맞습니다.

정답고 해설

3 주차 어휘 학습 점검

3주차에서 학습한 어휘를 잘 알고 있는지 ✔ 해 보고,
잘 모르는 어휘는 해당 쪽으로 가서 다시 한번 확인해 보세요.

국어

사회

수학

과학

한자

어휘 학습 점검

4주차에서 학습한 어휘를 잘 알고 있는지 ✔해 보고,
잘 모르는 어휘는 해당 쪽으로 가서 다시 한번 확인해 보세요.